DIE TOTEN VON BANSIN

Elke Pupke

Die TOTEN von Bansin

Mittwoch, 19. September 2012

Er kann sich nicht erinnern, weiß weder, wie spät es ist, noch wo er sich befindet. Endlich gelingt es ihm, die Augen zu öffnen. Er sitzt in seinem Auto, es ist dunkel und still, er kann sich nicht bewegen, ist wie gelähmt. Die Luft umfließt ihn wie zäher Brei, liegt schwer auf seinen Gliedern, nicht einmal den Kopf kann er drehen. Aus der Ferne naht ein Zug.

Von links ein Lufthauch, das Fenster der Fahrertür ist offen. Draußen scheint jemand zu stehen. Schwerer Atem ist zu hören, dann eine Stimme, ein heiseres Flüstern, ein Zischen. Der Hass darin erschreckt ihn mehr als die Worte.

Jetzt ist der Moment, in dem er aufwachen sollte aus dem Albtraum.

Sonntag, 16. Mai 2010

Ihr letzter Arbeitstag im Reisebüro war ein Freitag gewesen. Über drei Jahre hatte sie dort Reklamationen bearbeitet, eine undankbare Aufgabe, die der Chef nun wohl selbst erledigen musste. Vielleicht hatte er deshalb fast Tränen in den Augen, als er ihr mitteilte, es ginge nicht anders, er müsse Personal abbauen, vielleicht, wenn es wieder besser laufe ... Nun ja, es war keine Katastrophe. Er würde sogar noch eine Abfindung zahlen. Sie hatte sich gleich arbeitslos gemeldet. Ab Montag wollte sie sich in aller Ruhe nach etwas Neuem umsehen.

Inzwischen war es früher Sonntagnachmittag. Sophie Kaiser, 45 Jahre alt, ledig, aber liiert, saß schlecht gelaunt in der Wohnung ihres Lebensgefährten in Berlin-Friedrichshain. Vom Spielplatz her ertönte Kindergeschrei, vor dem Haus heulte ein schweres Motorrad und auf dem Nachbarbalkon wurde die Grillsaison eröffnet. Nichts, was ihre Stimmung verbessert hätte. Selbst der strahlende Sonnenschein erinnerte sie nur daran, dass die Fenster dringend geputzt werden müssten.

Sophie hatte sich in dieser Wohnung nie wohlgefühlt, sie immer nur als vorübergehenden Aufenthalt betrachtet. Inklusive des Mannes, der zu dieser Wohnung gehörte. Rüdiger sah gut aus, war gebildet, hatte Manieren, aber er war ihr egal. Eigentlich lebte sie nur noch aus Bequemlichkeit mit ihm zusammen.

Ihre Beziehungen waren immer irgendwie gescheitert, nie hatte es ganz gereicht, kein Mann erschien ihr gut genug für ein ganzes Leben – drum prüfe, wer sich ewig bindet – nun ja, sie hatte wohl zu streng geprüft, zu lange auf die ganz große, romantische Liebe gewartet, die es vermutlich gar nicht gab. Oder die sich vielleicht entwickelt hätte, aus einer Beziehung, der Sophie keine Zeit gegeben hatte. Geduld zählte nicht zu ihren Stärken. Außerdem fühlte sie sich immer wieder zu verheirateten Männern hingezogen. Aus einer unbewussten Bindungsangst heraus? Mag sein.

Sie lächelte ein wenig, als sie an Frank Sonnenberg dachte, mit dem sie sich heimlich traf, wenn er beruflich in Berlin war. Mit seinem Charme, Humor und seiner Unbekümmertheit war er das genaue Gegenteil zu Rüdiger. Er kam aus Bansin, dem kleinen Idyll an der Ostsee, wo ihre Tante lebte. Als Kind hatte Sophie dort alle Sommerferien verbracht und bis heute auch die meisten Urlaubstage.

Sie sah sich in der teuer und modern eingerichteten, ungemütlichen Wohnung um. Hier gab es nichts, woran ihr Herz hing, nichts, was ihr wirklich Freude machte. Ihre persönlichen Sachen lagerten in Pappkartons verstaut im Keller.

Plötzlich hatte sie das Gefühl, es keine Minute länger auf diesem Sofa, in diesem Haus, in dieser Stadt auszuhalten. Rüdiger würde bald heimkommen, herumnörgeln, sie solle sich um einen neuen Job bemühen und dafür diverse Vorschläge machen, die sie absolut nicht interessierten. Schon jetzt konnte sie sich ausmalen, wie das Gespräch verlaufen würde. Wahrscheinlich würden ihm auch noch die ungeputzten Fenster auffallen und natürlich müsste er sie dann wieder daran erinnern, dass es schließlich seine Wohnung sei, in der sie lebten. Was hatte sie nur geritten, ihre eigenen vier Wände in Marzahn aufzugeben?

Sie sprang auf und lief in die Küche. Von der grünen Wandtafel neben der Tür löschte sie Rüdigers Einkaufsliste. Dass sie dazu einfach das Geschirrhandtuch benutzte und dass er nun nicht mehr wusste, was im Haushalt fehlte, würde ihn wahrscheinlich am meisten ärgern. Vielleicht mehr als ihr lakonischer Abschiedssatz, der jetzt auf der Tafel stand: »Ich bin weg. Mach's gut.«

Nach kurzer Überlegung löschte sie die letzten beiden Worte und eilte ins Schlafzimmer. Es konnte jetzt gar nicht schnell genug gehen. Vor fünf Minuten hatte sie noch nichts von ihrem Auszug gewusst, inzwischen erschien er ihr vollkommen logisch.

Schwungvoll holte sie den Koffer vom Kleiderschrank, legte ihn geöffnet aufs Bett und warf hastig ihre Kleidung hinein. Ein Arm voll Jacken und ein Mantel wurden in eine Decke eingewickelt. In eine große Ikea-Tüte kamen Bettwäsche und Handtücher. Ihr Kopfkissen und die Bettdecke nahm Sophie einfach bezogen mit. Nach einer halben Stunde sah sie sich erleichtert um. Alles, was sie mitnehmen wollte, war in ihrem kleinen Auto verstaut. Auch die wichtigsten Kartons aus dem Keller. Die anderen würde sie später holen.

Vorsorglich steckte sie den Ersatzschlüssel für den Keller in die Tasche. Vielleicht bekam sie es ja hin, Rüdiger nie wieder zu sehen.

Als sie das Haus verließ, verschwendete sie schon keinen Gedanken mehr an den Ex-Geliebten, sondern freute sich auf die Fahrt. Keine Sekunde hatte sie überlegen müssen, wohin die Reise gehen würde. Tante Berta war schon immer ihre Zuflucht gewesen und hatte sie stets mit offenen Armen empfangen.

Warum war sie darauf nicht schon früher gekommen? Das Arbeitsamt würde doch eine Weile zahlen und was dann kam, darüber konnte sie immer noch nachdenken. Erst einmal wollte sie sich jetzt erholen. Wie sie sich freute auf die Ostsee, den Wind und das Möwengeschrei!

Sie würde mal wieder richtig ausschlafen, lange Strandspaziergänge machen und vor allem klönen. Kein noch so langes Telefonat konnte die gemütlichen Gespräche bei einem Glas Rotwein am Stammtisch in Bertas Kneipe ersetzen. In Weißensee stoppte Sophie noch einmal, tankte voll und erstand auch ein belegtes Brötchen und einen Becher Kaffee zum Mitnehmen. Dann gab sie Vollgas und hoffte, dass sie kein Polizist anhielt, denn das Auto war vermutlich etwas überladen. Am frühen Abend war sie in Bansin.

Freitag, 21. September 2012

Sophie Kaiser steht hinter dem kleinen Empfangstresen ihrer eigenen Pension. Die kleine, zierliche Frau mit den glänzenden, kupferrot gefärbten Haaren ist jetzt 47 Jahre alt, was man allerdings nur sieht, wenn sie müde oder erschöpft ist. In den seltenen Momenten, in denen sie sich Zeit zum Nachdenken nimmt, stellt sie erschrocken fest, dass mindestens die Hälfte ihres Lebens vorbei ist. Dabei hat sie immer noch das Gefühl, am Anfang zu stehen. Sie hat weder Kinder noch eine feste Beziehung und im Unterbewusstsein nach wie vor die vage Vorstellung *Das kommt schon noch.*

Doch meistens ist Sophie vollkommen zufrieden. Ihre Arbeit füllt sie aus, sie mag die Menschen, die sie umgeben, und vor allem den Ort, an dem sie lebt. Bansin ist ihre Heimat, sie fühlt sich angekommen.

Angestrengt blickt sie auf den Computerbildschirm. Die Belegungslisten für die 25 Räume sind gut gefüllt. Heute reisen zwei Familien ab, das eine Zimmer wird morgen schon wieder gebraucht. Sie macht eine Notiz für die Zimmerfrauen. Dann zieht sie ein dickes Buch aus der Schublade und vergleicht die Eintragungen mit denen im PC. Sie weiß, dass sich alle darüber lustig machen, kann aber ihre Angst, dass das Programm abstürzt und alle Buchungen verloren gehen, nicht ablegen.

Stolz sieht sie sich um. Der Empfangsbereich ist, wie das ganze Gebäude, hell und freundlich. Blau und Weiß herrschen vor, maritimes Flair wird hier erwartet und passt zur Lage der Pension. Den Namen *Kehr wieder* trägt dieses Haus direkt an der Strandpromenade seit über hundert Jahren. Darin drückt sich der größte Wunsch aus, den die damaligen Besitzer hegten. Er ist in Erfüllung gegangen, Sophies Urgroßvater ist von seinen Fahrten als Kapitän stets zu seiner Familie zurückgekommen und im hohen Alter friedlich eingeschlafen, mit der Pfeife in der Hand, die erstarrten Augen auf seine geliebte Ostsee gerichtet.

Die Veranda, wo er in den letzten Jahren seines Lebens saß, ist heute der schönste Teil des Restaurants. Sophie sieht auf ihre Armbanduhr. »Wir können das Büfett jetzt abräumen«, ruft sie der Kellnerin zu, die bereits Servietten für das Mittagessen faltet. Die letzten Frühstücksgäste nicken ihrer Wirtin freundlich zu, als sie an ihr vorbei zur Treppe gehen, die zu den Zimmern führt.

Die Kellnerin bringt die Wurstplatten in die Küche und Sophie will gerade dabei helfen, als die Haustür aufgeht. Die Frau, die eilig hereinstürmt, trägt trotz ihres Alters und einer beträchtlichen Körperfülle Jeans und eine knallrote Steppjacke, die gut zu den kurzen grauen Haaren passt. Sie hat die gleichen strahlend blauen Augen wie Sophie und auch die hohen Wangenknochen sowie das ausgeprägte Kinn lassen Verwandtschaft erahnen. Die Zeit hat im Gesicht der Alten mehr Lach- als Sorgenfalten hinterlassen und Sophie hofft, dass sie in 25 Jahren genauso aussieht wie ihre Tante heute.

»Plötz will wissen, was du an Fisch haben willst, er hat schönen Zander gefangen«, teilt die nun kurzatmig mit, ohne sich mit einem Gruß aufzuhalten.

Sophie lacht. »Guten Morgen, Tante Berta. Setz dich erst mal hin, so eilig wird es ja wohl nicht sein. Kaffee?« Sie hat die Kanne schon in der Hand und nimmt eine Tasse vom Frühstücksbüfett.

Berta schüttelt den Kopf. »Natürlich ist es eilig, sonst wär ich ja wohl nicht so gerannt. Da sind schon einige am Strand, die Fisch haben wollen. Heute Mittag gibt's nichts mehr. Also, was ist nun?«

»Hast du eigentlich schon von der Erfindung des Telefons gehört? Ich glaub, sogar die Fischer haben inzwischen Handys.«

»Ja, bloß dass Plötz da nicht rangeht, wenn er gerade anderes zu tun hat. Und das hat er. Nämlich Fisch verkaufen.«

»Also gut. Renate!«

Die Köchin wischt sich die Hände an ihrem Vorstecker ab, als sie aus der Küchentür schaut. »Guten Morgen, Berta«, grüßt sie freundlich und sieht Sophie fragend an.

»Lass doch mal Anke einen Moment auf das Essen aufpassen und geh zum Strand runter. Wenn's da ein paar schöne Zander gibt, können wir die heute Abend für die Halbpension nehmen, oder was meinst du?«

»Wir können den auch schön heute Mittag verkaufen, die Pensionsgäste hatten schon zweimal in dieser Woche Fisch und gestern Rinderbraten, wir wollen doch mal nicht übertreiben.« Renate blickt ihre Chefin herausfordernd an.

Berta nickt zustimmend. »Richtig. Der Winter ist lang und die Bank will jeden Monat ihr Geld haben. Bratkartoffeln mit Hering sind auch ein schönes Essen.«

»Na, dann seid ihr euch ja mal wieder einig.« Sophie gießt ihrer Tante nun doch Kaffee ein. »Sag Plötz, er soll eine Rechnung schreiben, Berta bringt ihm nachher das Geld«, ruft sie der Köchin nach, die eine Jacke über ihren weißen Kittel gezogen hat und schon das Haus verlässt.

Dann setzt sie sich ihrer Tante gegenüber. »Magst du ein Brötchen? Die sind noch schön frisch.«

Berta seufzt. »Du weißt doch, was der Doktor gesagt hat. Ich soll abnehmen. Aber – na ja. Ich kann ja morgen damit anfangen.«

»Schmier doch statt Leberwurst Quark drauf. Und heute Abend isst du eben mal nur Knäckebrot oder Schwarzbrot ohne Butter und ein Stück Fisch.«

»Ja. Und in der allergrößten Not, da schmeckt der Fisch auch ohne Brot«, höhnt Berta, streicht dick Marmelade auf die Brötchenhälfte und legt eine Scheibe Käse darauf. Sophie schüttelt sich.

»Übrigens«, die alte Frau spült den letzten Bissen mit einem Schluck Kaffee herunter und sieht ihre Nichte besorgt an, bevor sie weiterspricht.

»Bist du eigentlich sauer, dass sich der Stammtisch praktisch an den Strand verlagert hat? Ich meine – wenn du willst, bring ich die Gäste wieder her. Plötz wächst das sowieso bald über den Kopf. Da kommen immer mehr, tun so, als wollen sie nur Fisch kaufen und setzen sich dann in seine Hütte und trinken Bier. Und dann pinkeln sie einfach in die Dünen.«

»Nein, lass die um Gottes Willen bloß da. Ich meine, als das hier noch deine Kneipe war, gehörten die Fischer am Stammtisch einfach dazu. Aber jetzt passen die nicht mehr hierher. Du weißt ja, wie sie manchmal hier ankamen, direkt vom

Strand, in Stiefeln und Arbeitsklamotten voller Fischschuppen. Dazu der Lärm, wenn sie getrunken haben, und das Rauchen ist inzwischen auch verboten. Nein, sei mir nicht böse, das geht wirklich nicht mehr.«

»Na gut. Ehrlich gesagt, fühlen wir uns da in der ollen Fischerhütte auch wohler als hier, wo alles piekfein ist. Aber wenn es uns da zu kalt wird im Winter, dann dürfen wir doch mal wieder herkommen, oder?«

»Klar, Tante Berta. Im Winter ist das kein Problem. Wenn nicht gerade eine Reisegruppe da ist. Dann mach ich auch wieder Extrapreise für den Stammtisch.«

Lange bevor es das Seebad gab, standen hier, hinter den Dünen, schon Fischerhütten. Manche sehen aus, als seien sie noch aus dieser Zeit vor 150 Jahren. Damals grenzte der hohe Buchenwald an den Strand, heute führt hier die Promenade entlang. Die prächtigen, meist drei- und vierstöckigen weißen Villen aus der Gründerzeit sind fast lückenlos erhalten. Sie dienen wieder ihrem ursprünglichen Zweck, der Beherbergung von Gästen, fast alle wurden, um heutigen Ansprüchen zu genügen, umfassend restauriert. Hinter den Fassaden, einer Mischung aus vielen Regionen und Epochen, verbergen sich hochmoderne Hotels.

Dagegen stehen viele der Hütten zwischen Strand und Promenade leer. Der Fischer Paul Plötz hat aus zwei Buden eine gemacht, deshalb hat er jetzt etwas mehr Platz und zwei kleine eiserne Öfen, von denen der eine mitten im Raum steht. In den Ecken türmen sich flache Kisten, manche noch aus Holz, die meisten aus buntem Plastik. Ein Berg Netze liegt daneben, einige sind zum Trocknen gespannt. An der Wand hängen

Angelschnüre. Der Eingang befindet sich an der Strandseite, von der Promenade nicht einsehbar.

Plötz ist ein mittelgroßer, kräftiger Mann, das karierte Hemd spannt über dem Bauch, ein Hosenträger hält die Cordhose, der andere baumelt lose herunter. Er schiebt die blaue Schirmmütze aus der Stirn, um sich mit dem Ärmel den Schweiß abzuwischen. Dann sieht er aus der Tür zu seinem Gehilfen Arno Potenberg, der abwartend neben einem Wagen mit dicken luftbereiften Rädern steht. Die meisten Kisten haben sie abgeladen, einige Männer mit Plastiktüten in der Hand stehen daneben und sehen abschätzend auf die manchmal noch zappelnden Fische.

»Bring die anderen Kisten hier rein«, zeigt Plötz und tritt zu den Kunden. Er hat ein Bier in der Hand, nimmt einen tiefen Schluck und wischt sich den Mund mit dem Handrücken ab.

»Sucht euch aus, was ihr haben wollt.« Er dreht sich um. »Arno, bring mal die Waage mit raus.« Der hagere, blonde Mann folgt schweigend der Aufforderung. Die Geldkassette holt der Fischer selbst und öffnet sie umständlich.

Eine Stunde später liegen nur noch wenige Fische in der Kiste neben der Waage. Paul Plötz thront in einem ziemlich ramponierten Sessel neben dem Ofen, zwei andere Männer haben es sich auf Fischkisten bequem gemacht. Arno sitzt auf einem alten Küchenstuhl, steht aber auf, als Berta ihren Kopf in die Tür steckt.

»Komm rein«, fordert Plötz sie auf. »Und mach die Tür hinter dir zu, wir haben geheizt.«

»Ein bisschen frische Luft könnte hier aber nicht schaden«, bemerkt die Frau und wedelt Qualmwolken mit der Hand auseinander.

»Ich bin sehr für frische Luft, aber da, wo sie hingehört, nämlich draußen.« Plötz steckt sich eine Zigarette an. »Na, war deine Nichte zufrieden?«

Berta nickt und reicht ihm einige Geldscheine. »Stimmt so. Sophie sagt, sie nimmt auch gern mehr, wenn du jetzt gut fischt. Sie frieren den Zander ein, für den Winter.«

Der Fischer nickt zufrieden. »Klar, kann sie haben. Wir gehen dann auch mal wieder ordentlich einen trinken bei ihr. Schließlich braucht sie im Winter auch ein paar Gäste. Und was sollen wir uns hier den … Allerwertesten abfrieren. Außer Arno natürlich, der friert ja nicht.«

Er deutet mit dem Kopf auf seinen Kollegen, der sich ein Stück vom Ofen entfernt auf einen Stapel Kisten gesetzt hat.

Berta sieht den jungen Mann bewundernd an. »Schwimmst du tatsächlich noch jeden Tag in der Ostsee?«

Arno nickt gleichmütig. »Ist gar nicht schlimm. Man darf nur keinen Tag auslassen. Ich geh ja immer nur kurz ins Wasser. Aber jedenfalls bin ich nie erkältet.«

»Ich find es hier ziemlich gemütlich«, mischt sich einer der beiden Gäste ein und hält Plötz eine leere Bierflasche hin. »Hast du noch eine?«

»Klar ist das gemütlich«, stimmt der Fischer zu und blickt auf den Euro, den sein Gast ihm gegeben hat, »und billig auch. Aber wie arm ist das denn, wenn wir nicht wenigstens eine Kneipe im Ort ernähren können. Ach Berta«, etwas wehmütig sieht er die Frau an, »haben wir nicht schöne Stunden am Stammtisch verbracht?«

Berta nickt. »Haben wir. Machen wir im Winter auch wieder, Sophie hat nichts dagegen. Muss ja nicht jeden Tag sein«, fügt sie schnell hinzu.

Der weißhaarige Mann, der bisher schweigend in der Ecke gesessen hat, drückt seine Zigarette in einer Konservendose aus und räuspert sich. »Habt ihr von Töpfer gehört?« Als ihn alle fragend ansehen, fährt er fort. »Der ist gestern Nacht vom Zug überfahren worden. An dem unbeschrankten Bahnübergang, da bei Damerow. Hat mit seinem Auto direkt auf den Schienen gestanden.«

»Schon wieder?« Plötz setzt die Flasche ab und sieht Berta fragend an. »Ist da nicht erst letztes Jahr ein altes Ehepaar vom Zug angefahren worden?«

»Ja, stimmt, da war schon öfter mal was. Ich glaube, was du meinst, ist schon zwei Jahre her. Trotzdem – allmählich sollten sie sich da mal etwas einfallen lassen. Das ist wirklich eine gefährliche Stelle.«

Die Frau überlegt. »Was mag Töpfer da gewollt haben? Da kommt man doch nur zum Niemeyer-Holstein-Museum und zu dem Hotel.«

Der Weißhaarige zuckt mit den Schultern. »Fragen kann man Töpfer nicht mehr. Jedenfalls wird er nicht antworten.«

Einen Moment herrscht Schweigen. Alle versuchen, sich an Gerd Töpfer zu erinnern. Jeder von ihnen kannte den Mann, aber niemand kann sich so richtig an sein Gesicht erinnern.

»War er nicht Chef vom Aldi?«, überlegt Plötz. »Da ist er jedenfalls immer wichtigtuerisch rumgelaufen. Vor der Wende war er in dem Elektroladen, da an der Ecke. Da hat er wohl auch gelernt. War ein hässlicher, pickliger Bengel, kam mir immer so schleimig vor. Ich mochte ihn nicht.«

»Er soll ja auch bei der Stasi gewesen sein«, mischt sich ein junger Mann ein, der mit einer Bierflasche in der Hand in der jetzt offenen Tür lümmelt.

»Und woher weißt du das?«, fährt Plötz ihn an. »Da hast du doch noch als Quark im Schaufenster gelegen.«

»Mein Vater hat gesagt ...«

»Dein Vater sagt viel, wenn der Tag lang ist«, knurrt der Fischer, »ich kann's nicht mehr hören.«

»Hatte er eigentlich Kinder?«, fragt Berta.

»Ach wo.« Der Weißhaarige schüttelt den Kopf. »Der hat erst spät geheiratet. Seine Frau ist auch komisch, die passt zu ihm, na ja, hat gepasst. Ich bin mit ihm zur Schule gegangen. Den mochte eigentlich keiner so richtig, die Mädchen schon gar nicht. War immer so ein Weichei und Wichtigtuer. Stasi würde zu ihm passen. Aber ich weiß das nicht«, fügt er schnell hinzu, nach einem vorsichtigen Blick zum Gastgeber.

Der junge Mann im Jeansanzug, der immer noch in der Tür steht, wagt es wieder, sich einzumischen. »Einen tollen Schlitten ist er gefahren. So einen richtig schicken Mercedes mit allem Drum und Dran.«

»Na, der ist jetzt jedenfalls im Arsch«, vermutet der Weißhaarige zufrieden.

»Stimmt.« Plötz erinnert sich. »Der ist ja sogar auf die Promenade gefahren damit, frei nach dem Motto: Für Mercedesfahrer gelten Verkehrsschilder nicht.«

Der Mann in der Tür tritt beiseite, als eine Frau hinter ihm auftaucht. »Moin!«, ruft sie munter in die Hütte und strahlt über das ganze runde Gesicht.

»Guten Tag heißt das«, knurrt Plötz, »wir sind hier nicht im Westen.«

»Na, dann: Guten Tag!« Scheinbar unbeeindruckt von der schroffen Begrüßung lächelt sie freundlich und tritt noch einen Schritt näher. »Darf ich?«

Niemand reagiert, alle mustern die Fremde nur misstrauisch. Wie Berta trägt auch sie trotz eines beträchtlichen Leibesumfangs Jeans. Allerdings ist sie mindestens einen Kopf größer und hat ihre Haare blond gefärbt. Das blasse, gepflegte Gesicht verrät den Stadtbewohner, auch der viele Schmuck, den sie trägt.

»Haben Sie auch Räucherfisch?«

»In einer halben Stunde macht der Kiosk auf.« Plötz zeigt mit der Bierflasche die ungefähre Richtung.

»Gut. Kann ich hier warten?« Als niemand antwortet, tritt sie einen Schritt zurück in Richtung Tür. »Na ja, ich kann ja auch draußen ...«

Berta räuspert sich. »Nun kommen Sie schon rein.« Sie sieht Plötz missbilligend an. »Wollen Sie ein Bier?«

Die Angesprochene nickt strahlend. »Wissen Sie, ich war noch nie in so einer Fischerhütte. Überhaupt noch nie an der Ostsee. Der Fisch schmeckt ganz anders als bei uns. Und wie das riecht! Toll! Sind Sie von hier?«

›Was für eine blöde Frage‹, denkt Berta, nickt aber freundlich. Sie braucht nichts zu sagen, die Frau redet sofort weiter. Nach einer halben Stunde wissen die Anwesenden, dass sie aus Köln kommt, von Beruf Friseurin, aber schon Rentnerin und verwitwet ist, einen Sohn namens Hartmut und zwei Enkel hat und zurzeit in Bansin Urlaub macht. Nebenbei hat sie zwei Flaschen Bier getrunken, eine Runde ausgegeben und immer wieder versucht, die Männer auszufragen, aber nur sehr einsilbige Antworten bekommen.

Arno hat sich inzwischen in eine Ecke zurückgezogen, wo er mit der Kleische, einer Art hölzerner Riesennähnadel, an einem Netz flickt. Der Weißhaarige hat sich mit einem Kopfnicken verabschiedet und auch der junge Mann hat den Platz in der Tür verlassen, um seinen Fisch nach Hause zu bringen.

Plötz allerdings gefällt die rheinische Frohnatur inzwischen, besonders gefällt ihm, wie sie ihn, seinen Beruf und seine Heimat bewundert. Außerdem mag er dicke Menschen, besonders dicke Frauen. Sie wirken auf ihn beruhigend, warm und gemütlich.

Auch Berta ist die Frau sympathisch. Und sie ist froh, mal wieder etwas anderes zu hören, als die Gespräche über Fisch und über das Wetter. Erst als sie nach Hause geht, fällt ihr ein, dass sie die Runde noch fragen wollte, ob Gerd Töpfer betrunken war, als er mit seinem Auto auf dem Bahnübergang gestanden hat. Aber wahrscheinlich hätte das sowieso keiner gewusst. Sie schlendert zurück zur Pension.

Bei den Einheimischen hat das vierstöckige Haus an der Strandpromenade immer den Namen *Kehr wieder* behalten, auch wenn es zu DDR-Zeiten *Fortschritt* hieß, was Berta in Bezug auf den damals fortschreitenden Verfall mit Galgenhumor für passend befand. Die alte Villa aus der Gründerzeit des Seebades hat ihren Charme behalten. Um 1900 wurde sie gebaut, als Pension für Sommergäste, mit großen, hellen Räumen und nicht beheizbar. Bertas Großvater, der das Haus kurz danach kaufte, ließ die eine Seite des Erdgeschosses zu einer Wohnung für seine Familie umbauen, an der anderen Seite wurden eine große Küche und eine Gaststätte eingerichtet. Die Zimmer wurden weiterhin im Sommer vermietet.

Anfang der Dreißigerjahre kam Bertas Mutter mit ihren »Herrschaften« aus Berlin hierher in die Sommerfrische. Sie, die vorher nur die Großstadt kannte, an Hektik, Lärm und das Gekeife ihrer »Gnädigen« gewöhnt war, verliebte sich sofort in die Ostsee, die Ruhe des Waldes und des Strandes bei Sonnenaufgang und später auch ein bisschen in den Junior des Hauses, in dem sie wohnten. Das war ein schmächtiger, kränklicher Mann, nicht mehr ganz jung, der sich nur einmal gegen seine dominante Mutter durchsetzte, als er den »Dienstbolzen« der Berliner Herrschaften bat, im September nicht in die Stadt zurückzukehren, sondern als seine Ehefrau in der Pension zu bleiben. Die Frau musste nicht lange überlegen. Die ganz große Liebe war es nicht, aber auf die wartete sie auch nicht mehr. Abenteuer hatte sie in Berlin genug erlebt, jetzt sehnte sie sich nach Ruhe und Geborgenheit und vor allem nach etwas Eigenem, für das es sich lohnte, zu arbeiten.

Und arbeiten, das konnte sie. Sie führte die Pension durch alle schwierigen Zeiten, so wie ihr Schwiegervater, der nun schweigend und zufrieden seine Pfeife rauchend auf der Veranda saß, als Kapitän sein Schiff durch schwierige Gewässer geführt hatte. Mit der Schwiegermutter wurde sie zwar nie so richtig warm, aber die hielt ihr immerhin den Rücken frei: Berta und ihre jüngere Schwester waren vor allem von ihrer Oma betreut worden.

Noch vor Kriegsende waren die Frauen allein, Bertas Opa und ihr Vater starben kurz hintereinander. Während die Mädchen von ihrer Mutter lernten, wie man eine Tafel deckt, Silber putzt und sich den herrschaftlichen Gästen gegenüber benimmt, sprach ihre Großmutter plattdeutsch mit ihnen, lehrte sie die Zubereitung von Fisch und anderen regionalen Gerichten und erzählte von Seeräubern, vom Klabautermann und von ihren Vorfahren: pommerschen Bauern, Fischern und Seeleuten.

Das Haus hatte den Krieg und auch die Zeit danach fast unbeschadet überstanden, die Belegung durch Kinder, deren Heimatstädte bombardiert wurden, ebenso wie die durch sowjetische Soldaten und später durch Flüchtlinge, die aus dem Osten kamen. 1953 dann wurde das Gebäude unter fadenscheinigen Gründen enteignet, so wie die meisten Hotels und Pensionen auf Usedom. Bertas Großmutter, die alte Kapitänswitwe, überlebte die Aufregung nicht. Berta selbst blieb auch nach der Enteignung im Haus wohnen und pflegte hier ihre Mutter, die den neuen Staat hasste und eine verbitterte alte Frau wurde.

Nach dem Tod der Mutter dachte Berta kaum noch daran, dass das Haus einmal ihrer Familie gehört hatte. Ihre Schwester war nach Berlin gezogen und hatte dort eine Familie gegründet. Sie selbst hatte keinen Nachwuchs und auch nie geheiratet. Mit ihrer Nichte jedoch verband sie von Anfang an ein inniges Verhältnis, schon als Kind betrachtete Sophie Bansin als ihr zweites Zuhause.

Nach dem gründlichen Umbau des *Kehr wieder* im letzten Jahr ist fast das ganze Erdgeschoss ein großer, heller Raum. Nur die Küche ist noch abgeteilt. Wenn man von der Straße ins Haus tritt, befindet sich links der Empfangsbereich. Die hohe Rückwand verdeckt den runden Stammtisch und den Eingang zur Küche. Der Ausschank ist als kleine Bar im maritimen Stil gestaltet.

Gegen 21 Uhr hat Sophie die Kellnerin nach Hause geschickt. »Ich habe bloß eine Reisegruppe im Haus«, erklärt sie ihren Gästen am Stammtisch, einem einheimischen Ehepaar. »Die fahren morgen ziemlich früh ab, deshalb sind sie schon alle schlafen gegangen. Außerdem ist da wohl kein Einziger dabei, der noch in der Lage wäre, auf einen Barhocker zu klettern.«

»Das kannst du glauben«, bestätigt ihre Freundin Anne von einem solchen Hocker am Tresen. »Ich hab heute mit denen eine Inselrundfahrt gemacht. Die brauchten schon eine halbe Stunde, um aus dem Bus auszusteigen.«

Die beiden Frauen kennen sich schon aus ihrer Kindheit. Schon damals war Anne äußerst lebhaft und ständig zu waghalsigen Aktionen aufgelegt, bei denen Sophie gern mitmachte. Noch heute, fast 40 Jahre später, erinnern die Freundinnen sich mit Schaudern daran, wie sie im Winter in der Ostsee eingebrochen waren. Die Eisschollen hatten einfach zu verlockend auf dem blauen Meer geschaukelt. Die Mädchen waren von einer zur anderen gesprungen, bis eine von ihnen ausrutschte und in das eiskalte Wasser fiel. Bei dem Versuch, sie wieder auf das Eis zu ziehen, glitt auch die andere hinein. Sie hatten großes Glück, dass Spaziergänger vom Strand aus das Geschehen beobachtet hatten und sie retteten, denn das Wasser war an der Stelle mindestens zwei Meter tief und allein wären sie wohl nicht wieder herausgekommen. Bis heute wissen weder Tante Berta noch Annes Eltern davon.

Anne war schon mit zwölf Jahren so groß und so schwer wie Sophie heute. Seitdem ist sie noch einmal beträchtlich gewachsen und hat ihr Gewicht fast verdoppelt. Ständig kämpft sie mit ihrer Figur und mit den wirren Locken, deren Farbe, im Gegensatz zu Sophies Haaren, von Natur aus rot ist. Die kesse Stupsnase und die Gewohnheit, gern, viel und schnell zu reden, hat sie aus ihrer Kindheit bewahrt.

Die Tür klappt und Sophie geht einen Schritt vom Stammtisch weg, um zum Eingang zu sehen. Ein attraktiver Mittvierziger bleibt neben dem Empfangstresen stehen und zwinkert ihr zu.

»Gibt es hier noch ein Bier oder willst du schließen?«

Sie zuckt mit den Schultern. »Komm schon rein, Frank.«

Das Paar am Stammtisch ist erleichtert. Als einzige Gäste haben sich die beiden nicht wohl gefühlt, Anne zählt nicht, sie ist Sophies Freundin und gehört eigentlich zum Inventar im *Kehr wieder*.

Der neue Gast stellt sich zu Anne an die Bar. Die blickt wissend von ihm zu ihrer Freundin, die den Mann auffallend wenig beachtet, ihm nur nebenbei ein Glas Bier hinstellt und sich wieder an den Stammtisch wendet.

»Was war denn das für ein Unfall auf dem Bahnübergang bei Damerow?«, fragt sie das Paar. »Kanntet ihr den Mann?«

Bevor jemand antworten kann, kommt noch jemand hereingestürmt. Es ist Inka Weber, die sich atemlos auf Anne stürzt. »Gut, dass du noch hier bist, ich muss dich doch etwas fragen. Kann ich morgen wieder mitkommen? Warum gehst du eigentlich nicht an dein Handy?«, sprudelt sie hervor, während sie auf einen Hocker klettert. Dann sieht sie sich etwas verlegen um. »Hallo übrigens«, sagt sie dann und nickt den anderen zu.

Sophie grinst die zierliche junge Frau an. »Fall da bloß nicht runter.«

Inka errötet ein wenig, was bei ihrer blassen Haut und den hellblonden Haaren besonders auffällt. »Hat Anne euch erzählt, dass ich aus dem Bus gefallen bin? Na ja, wär ja auch ein Wunder, wenn ich mich mal nicht blamiert hätte. Ist aber nichts weiter passiert. Weißt du, was das Schönste an diesem Job ist?«, wendet sie sich eifrig an Anne, »Ich steige abends aus und sehe die Leute nie wieder. Da ist es nur halb so peinlich, wenn einmal was schiefgeht.«

Alle lachen. Inka Weber ist für ihre Missgeschicke bekannt. Nicht nur, dass sie häufig stolpert, gegen Hindernisse läuft oder etwas umstößt, meist sagt sie das Falsche oder auch das Richtige zu den falschen Leuten.

Gerade hat sie eine gut bezahlte Stelle an der Rezeption eines Hotels verloren. Sie war noch in der Probezeit, hatte Spaß an der Arbeit und war überzeugt, hier den Job für die nächsten Jahre gefunden zu haben. Ihre freundliche, offene Art kam bei den Gästen an und auch mit den Kollegen verstand sie sich gut. Nur der Chef war von ihrer Plapperei nicht sehr angetan. In ziemlich scharfem Ton wies er sie an, etwas mehr Distanz zu den Kunden zu wahren und sich stattdessen auf den Computerbildschirm zu konzentrieren, um Flüchtigkeitsfehler zu vermeiden. Inka fühlte sich gekränkt. In einer E-Mail teilte sie einem befreundeten Kollegen von zu Hause aus mit, was sie von der Arbeit des Hoteldirektors im Allgemeinen und seinem Umgang mit Angestellten im Besonderen hielt. »Außerdem trägt er hässliche Krawatten«, machte sie sich abschließend Luft. Sie wusste, dass der Kollege am Abend Dienst an der Rezeption tat und die Mitteilung erhalten würde, aber nicht, dass ihr gemeinsamer Chef hinter ihm stand und mitlas. Fröhlich wie immer trat sie am nächsten Morgen ihren Dienst an. Gegen Mittag kam der Chef an die Rezeption. »Guten Tag, Herr Brinkmann«, grüßte sie höflich. Auffallend freundlich erwiderte er den Gruß und wartete, bis die Gäste, die einen Schlüssel abgaben, aus der Tür gingen. »Frau Weber«, hatte er dann begonnen. »Sie sind ja noch in der Probezeit. Wie ich gehört habe, sind Sie pünktlich, freundlich und wie ich seit gestern Abend weiß, sagen Sie auch gern direkt ihre Meinung. Sie sind ehrlich, Sie sind mutig – und Sie sind entlassen.«

Daraufhin hatte er ihr zugenickt und war weggegangen. Wie all ihre Missgeschicke nahm Inka den Vorfall mit Humor: »Auf Dauer wäre ich mit dem sowieso nicht klar gekommen.«

Es war Sophies Idee gewesen, dass Inka bei Anne als Reiseleiterin arbeiten könnte, die im Tourismusgeschäft selbständig ist. Inka war schnell begeistert. Anne zunächst weniger, doch sie hatte sich von ihrer Freundin breitschlagen lassen. »Da hast du mir ja wieder eine Made in den Speck gesetzt«, maulte sie Sophie an. Die hatte gelacht: »Was hab ich?« – »Oder so ähnlich«, hatte Anne ergänzt. Noch eine halbe Stunde danach hatte Sophie überlegt, wie die Redensart eigentlich richtig heißt.

Niemand fühlt sich schuldig. Sie haben es einfach vergessen. Sie wissen es doch alle! Sie waren alle dabei und leben einfach so, als wäre nichts geschehen. Sie haben Menschenleben zerstört, eine ganze Familie.

Dieser Mann da, wie freundlich er ist und wie ruhig. Damals war er nicht ruhig. Er hat gezittert, weil er maßlos war. Niemand wirft es ihm noch vor. Sie gehen zu ihm, sie mögen und sie vertrauen ihm. Nein, ihn werde ich nicht ermorden. Er hat versucht, zu helfen. Seine Gier hatte Schuld, also soll auch er daran zugrunde gehen. Er wird wieder versagen. Dann werden sie sich erinnern und erkennen: er muss bestraft werden!

Sonntag, 7. Oktober

Der schlanke, fast hagere Mann keucht, als er die letzten Meter auf dem Waldweg zu seinem Auto zurücklegt. Völlig erschöpft stützt er sich über der Fahrertür des dunkelblauen Golf ab, beugt sich vor und ringt nach Atem. Er bleibt noch eine Weile stehen, bis das Rauschen in den Ohren nachlässt und er wieder Vogelstimmen hört und das Rascheln im Unterholz. Sicher gibt es hier Wildschweine.

Tief atmet er noch einmal ein und sieht sich um. Er liebt den Wald zu jeder Jahreszeit, aber besonders jetzt im Herbst, wenn es nach Pilzen riecht und sich die Blätter färben. Hier findet er Ruhe, auch wenn später der Nebel alle Geräusche dämpft oder der Novembersturm die hohen Kiefern zum Ächzen und Knarren bringt. Im Winter verschlingt der Schnee alle Laute des Waldes und er verzichtet auf das Joggen und genießt die Stille bei langen Spaziergängen, auf denen ihn manchmal sogar seine Tochter begleitet.

Er öffnet die Fahrertür und lässt sich auf den Sitz fallen. Auf dem Beifahrersitz liegt eine Wasserflasche. Er schraubt sie auf und nimmt einen tiefen Zug. Schon bevor er schluckt, durchfährt ihn der Schreck. Er schmeckt Alkohol, reinen Wodka anscheinend. Der Mann reißt die Autotür auf und spuckt auf den Waldboden. Aber es ist zu spät, er spürt, wie etwas von der scharfen Flüssigkeit die Kehle hinunterrinnt. Ihm wird glühend heiß und er beginnt zu zittern.

Er muss überlegen, wer ihm das angetan hat und warum, aber er kann keinen klaren Gedanken fassen, er hat nur noch Angst. Irgendwann greift er unter einen Lappen in der Türablage und holt den Autoschlüssel hervor.

Auch Berta liebt den Herbst. Es ist so viel Platz am Strand, die meisten Strandkörbe sind schon in ihren Winterquartieren, es sind nur noch wenige Urlauber da. Vereinzelte Menschen spazieren dicht am Wasser entlang, viele mit Hunden. Eine Familie versucht, einen Drachen steigen zu lassen, aber der Wind reicht nicht aus.

Schon immer war der Oktober der Monat des Aufatmens, der Ruhe, nach lauten, anstrengenden Wochen. Früher konnte sich ihre Mutter, nachdem die Pensionsgäste abgereist waren, endlich wieder ihren Kindern widmen, die den ganzen Sommer hindurch von der etwas strengen Großmutter betreut wurden. Dieser Rhythmus bestimmt eigentlich bis heute Bertas Leben ebenso wie das aller anderen Bansiner. In den wenigen Sommerwochen muss das Geld für ein ganzes Jahr verdient werden, es bleibt kaum Gelegenheit zum Luftholen, schon gar nicht, um den Strand und das Meer zu genießen.

Während der DDR-Zeit gehörte das Haus dem FDGB, der größten Gewerkschaft des Landes, und wurde ganzjährig genutzt, im Sommer von Urlaubern, im Winter waren Kurgäste da. So blieb gar keine Zeit, etwas am Haus zu machen, selbst wenn die Mittel oder das Baumaterial vorhanden gewesen wären. Es wurde immer nur das Nötigste repariert. So war die schöne alte Villa ziemlich heruntergewohnt, als Berta den Familienbesitz wiederbekam.

Für sie war diese Rückübertragung damals völlig überraschend gekommen. Sie investierte all ihre Ersparnisse und nahm zudem einen kleinen Kredit auf, um wenigstens das Dach erneuern zu lassen. Und sie leistete sich einen schneeweißen Außenanstrich, auf dem nun der alte Hausname zu lesen war.

Ohne eine feste Vorstellung, wie es weitergehen sollte, nahm sie den Hotelbetrieb wieder auf. In der Zeit des Aufbruchs lief es zunächst gar nicht schlecht, es gab noch nicht viel Konkurrenz, aber viele Bauarbeiter und Vertreter, die preiswerte Unterkünfte suchten und keine hohen Ansprüche stellten. Auch die Gaststätte brachte gute Einkünfte, Berta kochte gut und preiswert und die Einheimischen fanden im *Kehr wieder* eine der letzten Kneipen, in der sie sich wohlfühlten und die sie sich leisten konnten.

Aber nach einigen Jahren genügte der DDR-Standard nicht mehr und sie musste eine Entscheidung treffen. Es widerstrebte ihr, das Haus zu verkaufen. Sie ist zwar nicht besonders abergläubisch, aber dennoch davon überzeugt, dass sich ihre Eltern und Großeltern im Grab umdrehen würden, wenn sie den Familienbesitz wieder aus der Hand gäbe.

Davon abgesehen, waren ihr auch die sogenannten Investoren, die ihr schon unmittelbar nach der Rückübertragung die Tür einliefen, äußerst suspekt. Einige gaben offen zu, dass sie hier schnell viel Geld verdienen wollten. Die anderen, die sie noch weniger mochte, erzählten ihr etwas von ihrer plötzlich entdeckten Liebe zu dem herrlichen Seebad, dem Haus oder gar den Einwohnern, denen sie uneigennützig helfen wollten, sich in der Marktwirtschaft zurechtzufinden. Manch einer saß an ihrem Stammtisch, redete auf sie ein und füllte ihr Glas immer wieder mit ihrem bevorzugten Rotwein. Berta hatte den Chianti für sich entdeckt, der ihr schmeckte und den sie sehr gut vertrug. Jedenfalls besser, als ihr Besucher ahnte. Dieser glaubte, mit der naiven alten Frau, die völlig weltfremd schien und keine Ahnung hatte, was sie da eigentlich besaß, ein leichtes Spiel zu haben. Im späteren Verlauf des Abends war es dann Berta, die nachschenkte, Fragen stellte und das Gespräch in eine ihr genehme Richtung lenkte.

Nachdem sie einigen dieser Herren aufmerksam zugehört hatte, befand sie zum einen, dass diese lange nicht so schlau waren, wie sie selber glaubten, zum anderen, dass die Sache mit der Marktwirtschaft eigentlich ganz einfach sei. Letztlich reduziert sich alles auf Angebot und Nachfrage. Der Optimismus, den diese Leute in Bezug auf die Nachfrage entwickelten und der sich mit zunehmendem Alkoholgenuss in Euphorie steigerte, schien Berta ziemlich überzogen und widersprach auch völlig ihrer Natur. Immerhin bestärkten diese Tiraden sie aber in ihrem Entschluss, das Haus zumindest vorläufig nicht zu verkaufen. Die sonst so freundliche, offene und herzliche Wirtin konnte diesen Goldgräbern und all ihren Nachfolgern keinerlei Sympathie entgegenbringen. Als sie ihrer Nichte Sophie von ihnen erzählte, versicherte sie: »Du kannst mir glauben, wenn du dir die eine Weile anguckst und denen zuhörst, hast du danach das dringende Bedürfnis, einen Hering zu streicheln, oder eine Möwe freundlich zu grüßen.« Auf der anderen Seite wurde ihr von Jahr zu Jahr klarer, dass sie die Pension auf Dauer nicht weiter betreiben konnte.

So hatte Sophie nach ihrer Flucht aus Berlin in Bansin eine ziemlich ratlose Tante vorgefunden. Eigentlich war sie selbst hergekommen, um Trost und Ruhe zu finden. Aber das Haus war in einem viel schlechteren Zustand, als sie es in Erinnerung hatte und Berta hatte sich gerade schweren Herzens durchgerungen, nun doch zu verkaufen. Den Entschluss, die Pension zu übernehmen und damit für immer hierzubleiben, machte Sophie sich nicht leicht. Berta wagte nicht, ihrer Nichte zu diesem Schritt zu raten, auch wenn sie selbst sich nichts sehnlicher als das wünschte. Aber dann entschloss sich Sophie tatsächlich, einen hohen Kredit aufzunehmen. Das Konzept ihres Unternehmensberaters überzeugte die Bank und im Hinterkopf gab ihr der Gedanke Mut, das Haus jederzeit gewinnbringend verkaufen zu können.

So fiel es Berta leicht, aus der großen Villa, in der sie ihr ganzes Leben lang gewohnt hatte, in ein kleines Häuschen ganz am Ende der Strandpromenade zu ziehen. Inzwischen ist das *Kehr wieder* auch außerhalb der Saison recht gut belegt und die alte Frau ist stolz auf ihre Nichte, die das Geschäft offenbar gut im Griff hat. Zufrieden wirft sie einen Blick hinüber auf den alten Familienbesitz, bevor sie zum Strand abbiegt.

Schon bevor sie die Fischerhütte betritt, hört Berta die Stimmen von Paul Plötz und Steffi Bach, die sich angeregt unterhalten. Sie ist angenehm überrascht. Der Fischer ist eigentlich nicht dafür bekannt, schnell Freundschaften zu schließen, vor allem kann er Fremde in seiner Hütte nicht leiden. Aber die rundliche Frau mit dem Kölner Dialekt hat anscheinend den richtigen Nerv bei ihm getroffen. Erstaunt hört Berta, dass die beiden sich bereits duzen. Plötz bemüht sich sogar, hochdeutsch zu sprechen, nur hin und wieder mit etwas Plattdeutsch durchsetzt. Aber Begriffe wie »Tüdelkram« oder »de Kanzlersch« versteht sogar eine Rheinländerin.

Die steht jetzt vom Küchenstuhl neben dem Ofen auf. »Mir ist das hier sowieso zu warm«, erklärt sie. »Außerdem wollte ich schon immer mal auf einer Fischkiste sitzen.« Sie lässt sich vorsichtig nieder und lächelt die beiden Einheimischen an. »Herrlich«, erklärt sie, »genau so habe ich mir meinen Urlaub vorgestellt.«

»Sind Sie ganz allein hier in Bansin?«, fragt Berta.

»Ja. Ich war zur Kur, in Heringsdorf. Ich hab's mit der Luft, wissen Sie. Lunge, Bronchien, na ja, solche Sachen eben. Der Arzt sagt, ich soll abnehmen, was natürlich Quatsch ist, schließlich wiege ich hier genauso viel wie in Köln und bekomme viel besser Luft. Dann war die Kur zu Ende und ich hatte überhaupt keine Lust, nach Hause zu fahren. Also hab ich mir ein Zimmer genommen, hier in der *Seeresidenz*, erst einmal für zwei Wochen. Aber ich glaube, ich möchte noch länger bleiben. Nur wird mir das Hotel auf Dauer zu teuer. Mal sehen, ob ich etwas Preiswerteres finde, vielleicht eine Ferienwohnung. Da könnte ich dann auch selbst kochen.«

Sie sieht Berta abwartend an. Die nickt. »Klar. Bei Brinkmann können Sie auf Dauer nicht bleiben, der hat das teuerste Hotel im Ort. Die Ferienwohnungen sind bald alle leer. Allerdings wollen viele nicht mehr vermieten, weil es sich nicht lohnt, wenn geheizt werden muss. Aber ich höre mich mal um.«

»Das wäre total nett.« Steffi strahlt. »Übrigens, wollen wir uns nicht duzen? Wir müssen ungefähr gleichaltrig sein.«

Berta grinst über das durchsichtige Kompliment. »Also, ich bin 72. Da kommst du wohl nicht ganz ran, was?«

»Ich bin genau zehn Jahre jünger. Aber das macht doch nichts, oder?«

Paul Plötz, der an seinem Heringsnetz flickt und den beiden Frauen wohlwollend zuhört, mischt sich ein. »Berta, kann Steffi nicht erst mal im *Kehr wieder* wohnen? Sie muss doch Brinkmann nicht das Geld in den Rachen schmeißen, Sophie ist bestimmt billiger.«

»Na, für zwei Wochen habe ich ja schon bezahlt. Ich will dem Mann auch nicht vor den Kopf stoßen, er ist mir im Preis sehr entgegengekommen. Ich würde also noch bis zum Ende der nächsten Woche in dem Hotel bleiben. Vielleicht finde ich ja bis dahin eine Ferienwohnung.«

»Wartet denn zu Hause niemand auf dich?«

Berta amüsiert sich im Stillen über den offensichtlichen Flirtversuch, der so gar nicht zu dem Fischer passt.

»Doch, doch, das ist ja gerade das Schöne. Ich wohne bei meinem Sohn im Haus, der ist Architekt. Ich hab da die Einliegerwohnung und meine Schwiegertochter meint, aus lauter Dankbarkeit könnte ich ihr den ganzen Haushalt machen. Sie kann nämlich weder vernünftig kochen noch bügeln. Na ja, ich mach es für meinen Sohn und für die Jungs. Aber die können ruhig mal sehen, wie es ist, wenn ich nicht da bin. Mein großer Enkel ist nicht mehr oft zu Hause, der studiert in Berlin. Aber der Kleine wird mich schon vermissen. Basti ist 15, er geht aufs Gymnasium und ist ein sehr begabter Geiger. Und wenn seine Mutter keine Zeit hat, weil sie sich mit ihren Freundinnen treffen muss oder shoppen ist, dann fahr ich ihn zur Musikschule. Na, er wird schon zurechtkommen.«

Einen Moment lang sieht sie traurig aus, aber dann schüttelt sie den Kopf und lacht. »Also, ich würde schon eine Weile hier bleiben, vielleicht den ganzen Winter über. Nur Weihnachten fahre ich nach Hause und natürlich zum Karneval. Habt ihr schon mal vom Kölner Karneval gehört?«

Berta nickt. »Klar, die zeigen das doch immer im Fernsehen. Aber ehrlich gesagt – dazwischen sein möchte ich nicht unbedingt.«

»Mein Ding wär das auch nicht«, bestätigt Plötz. Er sieht auf die Uhr. »Ich muss nach Hause, das Essen wird schon auf dem Tisch stehen. Es gibt Grützwurst mit Sauerkraut. Das schmeckt nicht mehr, wenn es kalt wird.«

Die beiden Frauen schlendern gemeinsam ein Stück auf der Strandpromenade.

»Ich gehe hier zum Essen«, verabschiedet Berta sich vor dem *Kehr wieder*. »Wenn du Freitagabend nichts weiter vorhast, komm doch mal vorbei. Dort gibt es frisch gebratenen Hering mit Bratkartoffeln. Und dann hören wir uns am Stammtisch mal gleich nach einer Ferienwohnung um.«

Steffi nickt sichtlich erfreut. »Ich komme gern. Bis später!«

Mittwoch, 10. Oktober

Jenny Sonnenberg sieht ärgerlich auf den Bildschirm ihres Computers. Ein Reiseunternehmen hat zwei Inselrundfahrten im November storniert. Angeblich wegen Mangels an Beteiligung. Na ja, vielleicht ist das so. Aber immer häufiger bemerkt sie, dass die Rundfahrten trotzdem stattfinden. Die Unternehmen meinen, wenn der Busfahrer schon dreimal auf der Insel war, kann er die Führungen selbst durchführen. Dann sparen sie den Reiseleiter. Oder, was Jenny noch mehr ärgert, sie buchen einen anderen Reiseleiter, der billiger ist. Leider ist es in Deutschland so, dass sich jeder pensionierte Lehrer, der sich zu Hause langweilt, in einen Bus setzen und Reiseleitungen durchführen kann. In anderen Ländern braucht man dazu eine Ausbildung, muss eine Prüfung ablegen. Und da die Rentner nicht unbedingt auf den Verdienst angewiesen sind, verderben sie Agenturen wie der ihren natürlich die Preise.

Die blonde Frau steht auf und holt sich einen Kaffee von der Maschine auf einem Sideboard. Sie behält die Tasse in der

Hand und nippt daran, während sie aus dem großen Panoramafenster in den Garten schaut. Der sieht eigentlich immer gleich aus, wenn nicht gerade Schnee liegt. Es gibt keine Blumen, überhaupt keine Beete, dafür bringt Jenny weder Zeit noch Interesse auf. Nur ein paar kleine Nadelbäume unterbrechen die Rasenfläche. Hinter dem Zaun beginnt der Wald. Manchmal sieht man dort Rehe oder Wildschweine, aber das ist Jenny völlig egal. Sie würde sich in einer Stadtwohnung genauso wohlfühlen. Immerhin entspricht dieser luxuriöse Bungalow in märchenhafter Waldrandlage, den ihr Mann selbst entworfen und gebaut hat, ihrem Repräsentationsbedürfnis. Sie lacht bitter auf. Es ist alles nur Fassade. Ihre glückliche Ehe mit dem attraktiven Architekten Frank Sonnenberg, das perfekte Paar, beide groß, gutaussehend und schlank, beide kultiviert, wohlhabend, freundlich und aufgeschlossen und höflich im Umgang miteinander. Ja, das ist es: höflich. Mehr nicht. Keine Zärtlichkeiten mehr, keine Vertrautheit, nicht einmal Freundschaft. Nur noch die Fassade, die bereits bröckelt und jederzeit zusammenbrechen kann.

Jenny setzt sich an ihren Schreibtisch und schaltet den PC aus. Sie wird die E-Mails später beantworten, jetzt ist sie zu wütend, da wird sie schnell unfreundlich und vergrämt die Kunden. Noch vor einem Jahr hätte sie so eine Stornierung kaum aufgeregt. Aber inzwischen ist sie auf jeden Auftrag angewiesen. Nicht einmal ihr eigener Ehemann ahnt, wie schlecht es um die Agentur steht. Ob es den überhaupt interessieren würde? Er verdient gut, eigentlich brauchen sie ihre Einnahmen gar nicht.

Aber für Jenny ist es so ziemlich das Schlimmste, was sie sich vorstellen kann: zugeben zu müssen, dass sie als Geschäftsfrau gescheitert ist. Es ist ihr ganzer Lebensinhalt, eine Figur, die sie über Jahre hinweg aufgebaut hat: die schöne, kühle, erfolgreiche Geschäftsfrau. Was bleibt noch übrig, wenn sie das nicht mehr ist? Eine Frau mittleren Alters, ohne Kinder, ohne Beruf – ihr in der DDR begonnenes Studium hat sie 1989 abgebrochen –, ohne Geld und vielleicht auch ohne Ehemann.

Wie konnte es so weit kommen? Wie konnte sich ihr Leben innerhalb eines Jahres so verändern? Wie eine heiße Flut steigt Hass in ihr auf. Nicht auf Frank. Er ist ein großer Junge, lieb und freundlich, er lebt in den Tag hinein, ohne sich allzu viel Gedanken zu machen. Nur sein Beruf ist ihm wichtig, da ist er richtig gut und mühelos erfolgreich.

Jenny weiß, dass er sie betrügt und nimmt es ihm nicht einmal übel. Sie war schon immer etwas kühl, hat nie großen Wert auf Sex oder auch nur auf Zärtlichkeit gelegt und wenn er sich woanders holt, was er braucht – was soll's. Es war nie etwas Ernstes, hat ihre Ehe nie gefährdet.

Jetzt ist alles anders. Die Agentur geht den Bach hinunter. Die Gewinne reichen selbst im Sommer kaum noch aus, um ihren Lebensunterhalt zu bestreiten und es besteht keine Aussicht auf Besserung, im Gegenteil.

Und gleichzeitig scheint Frank ihr zu entgleiten. Er schläft kaum noch mit ihr, in den letzten Monaten war ungewöhnlicherweise sie es, die im Bett die Initiative ergriff, um wenigstens den Anschein einer normalen Ehe zu erhalten.

Aber wozu? Jenny ballt unwillkürlich die Hände zusammen und zerknüllt ein Blatt Papier auf ihrem Schreibtisch. Sie muss endlich etwas tun, bevor ihr ganzes Leben wie ein Kartenhaus zusammenbricht! Sie muss sich der Situation stellen, Prioritäten setzen und wenn es sein muss, wird sie kämpfen, um die Dinge, die ihr wichtig sind. Sie überlegt, ob es lohnt, an der Agentur festzuhalten. Es macht einfach keinen Spaß mehr, weil es keine Entwicklung gibt, die ihren Ehrgeiz befriedigt. Sie denkt über Alternativen nach.

Ein Hotel zu betreiben, war schon lange ihr Traum. Ein exklusives Haus, nichts für die Masse, sondern für Gäste, die sich das Besondere etwas kosten lassen. Sie hatte sogar schon ein geeignetes Objekt gefunden und ein Konzept entwickelt, nach dem Frank die alte Villa umbauen sollte. Aber dann verweigerte die Bank den Kredit. ›Blöde Provinzspießer‹, denkt Jenny und sieht Manfred Jahn vor sich. Der Bankangestellte hatte ihr nicht einmal richtig zugehört, sondern das Projekt von vornherein abgelehnt. Das Risiko sei zu groß, die Kosten im Verhältnis zur Bettenzahl zu hoch.

Aber inzwischen hat sich einiges im Ort verändert. Sicher, Mittelklassehotels gibt es genug und Ferienwohnungen sogar zu viele. Es gibt überhaupt schon zu viele Gästebetten. Heißt die Devise nicht neuerdings *Qualität statt Quantität*? Das wäre doch ein Ansatz für ein Gespräch mit der Bank. Aber zunächst wird sie sich nach einem neuen Objekt umsehen. Nur nichts überstürzen, diesmal lässt sie es langsam angehen.

Von ihrer Idee ermuntert, schaltet sie den Computer wieder ein und öffnet die Seite mit den Immobilienangeboten.

»Das ist der letzte dieses Jahr«, erklärt Plötz, »den nächsten gibt es erst wieder zu Pfingsten.« Er sticht die Metallstange durch einen Aal und hängt ihn in den Räucherofen neben der Hütte.

Steffi sieht interessiert zu. »Wie lange muss der da drinnen hängen?«, will sie wissen.

»Na ja, bei diesen Außentemperaturen dauert das schon so vier, fünf Stunden.«

»Was? So lange?«

»Das ist nicht lange. Es hängt natürlich vom Fisch ab. Sprotten sind schneller durch.« Der Fischer lacht. »Aber die machen mir zu viel Arbeit, die lütten Dinger. Lachs zum Beispiel, der braucht noch länger.«

»Vor allem, wenn du ihn kalt räucherst.« Berta ist an die beiden herangetreten.

»Jau«, stimmt Plötz zu. »Das mach ich auch noch vor Weihnachten.«

»Dann denk an mich. Kalt geräucherter Lachs ist das Beste, was es gibt«, erklärt Berta ihrer neuen Bekannten. »Der muss richtig lange im Ofen bleiben, mehrere Tage, aber das lohnt sich. Er wird ganz fest, so wie Schinken, und schmeckt sagenhaft gut.«

Berta sieht sich um. »Weiter hast du heute auch nichts, was?«

»Nein, die Netze holen wir morgen erst rein. Zum Wochenende ist Sturm angesagt, da will ich die drin haben. Letztes Mal hat er die mir so aufgewickelt, das ganze Netz war wie ein Seil, nicht, Arno?«

Der nickt und bringt die leere Fischkiste weg.

»Na, vielleicht hast du morgen ein paar Zander drin«, hofft Berta.

»Ja. Aber meist hat man vor dem Sturm auch nicht viel. Als ob die Biester das merken und sich zurückziehen. Am besten ist der Fang bei Windstärke zwei bis drei. Aber egal, wird schon was dabei sein. Reinholen müssen wir sie sowieso.«

Er hängt die letzte Stange mit den aufgereihten Fischen in den Räucherofen und schließt die Metalltür. Dann gehen sie in die Bude. Plötz hängt seine gummierte Jacke an einen Haken und tauscht die hohen Fischerstiefel gegen normale Schuhe. Heute spannt sich eine blaue Latzhose über seinen Bauch, darunter trägt er einen ebenfalls dunkelblauen, dicken Troyer und ein kariertes Flanellhemd. Arno hat schon den Ofen angeheizt, Plötz setzt sich daneben und wärmt seine Hände über der Platte.

»Denn wollen wir uns erst mal einen schönen Grog machen«, verkündet er und stellt vier Gläser zurecht.

»Ich trink lieber einen Tee«, ruft Arno aus seiner Ecke, wo er mit den Aalschnüren beschäftigt ist. »Ich muss nachher noch fahren.«

Der Briefträger steckt den Kopf durch die Tür. »Tach auch. Soll ich deinen Brief gleich hierlassen oder soll ich ihn dir zu Hause in den Kasten stecken?«, fragt er.

»Nun komm schon rein und trink einen Grog mit«, fordert Plötz ihn auf. »Und zeig her, was du wieder für einen Mist bringst.«

Der junge Mann reicht ihm einen Brief und nimmt bereitwillig ein Glas Grog entgegen. »Räucherst du?«, fragt er dann scheinheilig.

Der Fischer lacht. »Nun tu man nicht so, das hast du doch gerochen. Deswegen bist du doch reingekommen. Kannst vorbeikommen, wenn du Feierabend hast, und dir ein paar Aale holen.«

Mit seinem Taschenmesser hat er den Brief geöffnet, liest und schimpft los.

»Von der Berufsgenossenschaft«, erklärt er, »die werden doch immer bekloppter. Nun sollen wir jeder einen Überlebensanzug im Boot haben. Wo sollen wir denn da noch mit hin? Wir haben sowieso schon keinen Platz im Ruderhaus. Und im kleinen Boot schon gar nicht.«

»Na ja«, wagt der Briefträger einzuwenden, »es ist doch für eure Sicherheit. Kann doch leicht mal einer über Bord gehen, wenn ihr die Netze oder Angeln ins Boot zieht bei Seegang.«

»Quatsch!«, poltert Plötz. »Da fällt keiner raus, wir fischen doch nicht erst seit gestern. Und wenn, dafür haben wir die Schwimmwesten, das reicht. Kostet bloß wieder Geld. Es wird von Jahr zu Jahr schlimmer, immer mehr Bürokratie und weniger Verdienst.«

»War das denn zu DDR-Zeiten besser?«, fragt Steffi.

Der Fischer zögert mit seiner Antwort. »Na ja, besser verdient haben wir schon. Für eine Tonne Plötz hab ich tausend Mark bekommen, das war schönes Geld. Jetzt gibt es so gerade mal 200 Euro, wenn ich ihn abliefere beim Großhandel, für Blei 150. Aber dafür kann ich jetzt mit meinem Fisch machen, was ich will, früher musste ich alles abliefern, war ja alles Genossenschaft. Bloß für den Eigenbedarf durfte ich ein paar Fische behalten«, grinst er.

Der Briefträger lacht. »Ja und euer Eigenbedarf war ganz schön groß. Die Fischer haben sich hier dumm und dämlich verdient«, erzählt er Steffi. »Das waren die kleinen Könige hier. Als Einheimischer hatte man ja seinen Fischer, da hat man immer mal etwas bekommen können. Aber die Urlauber? Offiziell, im Fischladen oder so, gab es kaum was. Also haben sie schwarz gekauft, mit Westgeld bezahlt oder mit Autoersatzteilen, Fliesen, was weiß ich. Die Fischer hatten alles.«

Plötz zuckt mit den Schultern. »So war das nun mal. Du hast doch nichts kaufen können im sogenannten Arbeiter- und Bauernstaat. Da musste eben jeder sehen, wo er bleibt.«

Berta nickt. »Das stimmt. Ich staune auch immer, wie viele das vergessen haben. Ist doch komisch, diejenigen, die früher am meisten gemeckert haben, tun das jetzt wieder. Aber ich glaube, den Fischern ging es wirklich besser, oder?«

Arno hat die Aalschnüre in eine flache Kiste gelegt und steht jetzt auf. Er nimmt sein Glas Tee, entfernt den Beutel daraus und stellt sich zu den anderen.

»Also, ich finde es heute besser«, bemerkt er. »Dieses Eingesperrtsein und die dauernden Kontrollen empfand ich immer als beklemmend.«

»Ja«, nickt Plötz, »uns haben sie nicht aus den Augen gelassen. Wir mussten jede Fahrt anmelden: wer, wann, wohin, wie lange. Das ging einem schon auf die Nerven.«

»Und man durfte niemanden mitnehmen«, ergänzt Arno. »Nicht mal ich durfte mit rausfahren, um meinem Vater zu helfen.«

»Ist denn mal jemand abgehauen?«

»Also, von uns hier wüsste ich keinen. Aber ich glaube, wenn es einer wirklich gewollt hätte – also ich kann mich erinnern, in den Fünfzigerjahren hat noch einer seinen Sohn nach Schweden rübergebracht. Aber da war das auch noch nicht so schlimm.«

»Na ja, ist schon ganz gut, dass das vorbei ist.« Berta erhebt sich stöhnend. »Eigentlich wollte ich heute Mittag Fisch machen, aber nun gibt es eben Pellkartoffeln mit Stipp.«

»Was?«, fragt Steffi, »das hab ich ja noch nie gehört.«

»Das glaub ich«, lacht Plötz. »Das ist ein pommersches Arme-Leute-Essen, schmeckt aber. Macht meine Alte auch öfter.«

»Das ist einfach eine dunkle Mehlschwitze mit Speck und Zwiebeln drin, ich schmeck das mit ein bisschen Thymian ab«, erklärt Berta, als die Frauen hinausgehen. »So etwas kann man natürlich den Gästen nicht anbieten, aber wir mögen das.«

Freitag, 12. Oktober

Mit zitternden Händen schließt Dr. Markus Moll sein Auto ab. Seit dem Vorfall im Wald lässt er es nie mehr offen, nicht mal hier im Hinterhof seiner Praxis. Er flucht leise, als ihm der Schlüssel aus der Hand rutscht und in eine Pfütze fällt. Es regnet, feiner dichter Nieselregen. Beim Bücken rutscht ihm die Kapuze ins Gesicht und er bemerkt, dass er mit seinen dünnen weißen Schuhen im Wasser steht. Er ist schon an der Haustür, dann fällt ihm etwas ein, er läuft zurück und vergewissert sich, dass auch die Beifahrertür verriegelt ist. Vielleicht sollte er sich doch endlich mal ein neues Auto kaufen, mit Zentralverriegelung zum Beispiel.

Als er durch das noch leere Wartezimmer geht, hört er das etwas meckernde Gelächter seiner Sprechstundenhilfe. Die Räume sind warm und hell, der vertraute Geruch hat ihm bisher immer Geborgenheit und Sicherheit suggeriert. Jetzt ist alles anders. Er hat Angst.

Er räuspert sich und ruft betont munter »Morgen, Mädchen! Ist der Kaffee fertig?« in die hinteren Räume.

Schwester Marita steckt den Kopf um die Ecke. »Klar, Doktor, kommt sofort.«

Auch sie bemüht sich um einen normalen Ton, kann aber einen prüfenden Blick nicht vermeiden.

Der Arzt geht in sein Sprechzimmer. Vorsichtig sieht er sich um, es scheint alles in Ordnung zu sein. Aber das hat er gestern auch gedacht. Dann war ein wichtiger Befund, den er mit Sicherheit am Vorabend auf den Schreibtisch gelegt hatte, spurlos verschwunden. Er musste ihn noch einmal anfordern, was äußerst peinlich war, und den ohnehin aufgeregten Patienten warten lassen.

Später fand er in seinem Schreibtisch eine Packung Weinbrand-Pralinen, die er dort nicht hingelegt hatte. Auch niemand aus seinem Umfeld würde ihm das antun. Oder?

Seine Sprechstundenhilfe stellt ihm eine Tasse auf den Schreibtisch. »Alles in Ordnung, Doktor Moll?« Ihre Stimme klingt besorgt.

Unwillkürlich nickt er, schüttelt dann aber heftig den Kopf. »Nein, natürlich nicht! Nichts ist in Ordnung! Was ist los? Was passiert hier?«

»Ich weiß es nicht. Ich kann es mir nur damit erklären, dass Sie wieder trinken.«

Er ist dankbar für ihre Offenheit. Schwester Marita ist schon seit über 30 Jahren in dieser Praxis, viel länger als er selbst. Sie war noch nie eine Schönheit, mit ihren wirren, längst ergrauten Haaren und der knochigen Figur in einem meist zu weiten Kittel und zu kurzen weißen Hosen. Buschige Augenbrauen und eine Hakennase geben ihr etwas Furchteinflößendes und der oft barsche Ton passt zum Aussehen.

Aber der Arzt weiß ihre Kompetenz ebenso zu schätzen wie die Patienten. Besonders die Kinder lieben sie trotz ihres Aussehens, denn sie kann viel schmerzloser spritzen als die anderen Schwestern und der Arzt selbst und findet immer ein paar aufmunternde Worte oder ein Trostpflaster in Form einer Leckerei. Ihr Chef hat schon oft bedauert, dass sie ganz allein lebt. ›Sie sollte einen ganzen Stall voll Enkel haben‹, denkt er manchmal.

Jetzt schüttelt er den Kopf. »Nein, wirklich. Jedenfalls nicht absichtlich.« Er schildert den Vorfall im Wald, den er bisher verschwiegen hat. »Jemand will, dass ich wieder trinke. Aber wer und warum?« Er sieht sie verzweifelt an. »Und was war gestern mit dem Befund und den Pralinen? Das macht mir am meisten Angst, dass jemand hier in die Praxis eindringt, um mir zu schaden. Ich hätte die Polizei informieren sollen.«

Sie zuckt unsicher mit den Schultern. »Ja, vielleicht. Aber ich kann es mir einfach nicht vorstellen. Ich denke, das sind Zufälle. Den Befund werden wir bestimmt in irgendeiner Patientenakte wiederfinden, den haben wir versehentlich mit weggeräumt. Ich werde noch mal die Akten von allen Patienten, die vorgestern hier waren, durchsehen. Und die Weinbrandbohnen hat Ihnen jemand geschenkt, das haben Sie nur vergessen, da bin ich mir ziemlich sicher.«

Sie überlegen beide. Der Arzt schöpft etwas Hoffnung. Vielleicht sieht er tatsächlich Gespenster.

»Aber der Schnaps in der Wasserflasche«, fällt ihm dann ein. »Das kann ja nun kein Zufall gewesen sein.«

»Nein, das war ein ziemlich übler Streich. Haben Sie denn keine Idee, wer Ihnen so etwas antun könnte? Haben Sie sich in letzter Zeit mit jemandem gestritten? Hat sich ein Patient beklagt?«

Dr. Moll zuckt hilflos mit den Schultern. »Ich weiß es wirklich nicht. Darüber zerbreche ich mir seit Tagen den Kopf.«

Sie hören die Außentür klappen und die Schwester blickt auf ihre Uhr. Dann redet sie leise, aber schnell und energisch auf den Arzt ein. »Wir sollten abwarten. Wenn wir die Polizei einschalten, werden die Patienten verunsichert und es entstehen wieder Gerüchte. Sie kennen das doch, das haben wir schon einmal durch. Jetzt haben die Leute endlich wieder Vertrauen zu Ihnen, das sollten wir nicht zerstören. Seien Sie vorsichtig, Sie sind ja nun gewarnt. Schließen Sie Ihr Auto ab, achten Sie auf Ihre Getränke. Hier in der Praxis passe ich schon auf und nachts ist die Alarmanlage an.«

Sie sieht ihn fragend an und er nickt zögernd. »Sie haben Recht, Marita. Wahrscheinlich war das mit dem Schnaps nur ein dummer Streich und ich bin in Panik geraten. Danke.«

Frank Sonnenberg sitzt auf einem Barhocker, nippt an seinem Glas und sieht zu, wie Sophie Bier zapft, Wasserflaschen öffnet und Gläser mit Saft füllt. Er stützt sich lässig am Bartresen ab, seine langen Beine reichen bis zum Boden. Als Anne hereinkommt, setzt er sich unwillkürlich ordentlich hin und blickt ihr abwartend entgegen, als erwarte er eine kritische Bemerkung. Aber Anne nickt ihm nur flüchtig zu und begrüßt ihre Freundin. »Hab ich einen Hunger«, stöhnt sie. »Ich könnte ein ganzes Schwein verschlingen.«

Sonnenberg verschluckt wohlweislich eine Bemerkung, die ihm auf der Zunge liegt, während er beobachtet, wie sich Anne etwas mühselig auf den schmalen Barhocker hievt, der ihre ausladenden Proportionen ungünstig betont. Als ahne sie seine Gedanken, bedenkt sie ihn mit einem misstrauischen Blick, den Frank offen und scheinheilig erwidert, ohne eine Miene zu verziehen.

Sophie, die die beiden beobachtet, muss unwillkürlich grinsen. »Ein Bierchen?«

Anne schüttelt den Kopf. »Danke, ich muss erst mal etwas essen. Hat Renate noch viel zu tun?«

»Nein, geh ruhig in die Küche und sag ihr, was du willst. Die Gäste sind im Moment alle versorgt.«

Anne geht zur Köchin und bestellt sich ihr Lieblingsessen, Schnitzel mit Champignons und Kroketten. Sie hat gerade wieder einmal eine Diät aufgegeben und beschlossen, sich nun endgültig mit ihrer Figur abzufinden. Sophie ist darüber erleichtert, ihre große vollschlanke Freundin ist beinahe unausstehlich, wenn sie hungrig ist. Außerdem bringen Diäten bei ihr wenig, weil sie nicht fett, sondern nur sehr kräftig ist.

Sophie spült ein Bierglas und stellt es zum Abtropfen umgedreht auf die Theke. Dann sieht sie sich prüfend im Gastraum um, während sie sich die Hände abtrocknet. »Man merkt jetzt doch, dass die Saison vorbei ist. Es kommen kaum noch Touristen von draußen. Gut, dass ich die Reisegruppen habe.«

Frank nickt. »Ja, das war wirklich eine gute Idee, die Zusammenarbeit mit Jenny bringt euch beiden etwas.«

Unwillkürlich blickt Sophie zur Seite. Sie kann ihr schlechtes Gewissen kaum verbergen und wundert sich über Frank, der so tut, als wäre ihre gemeinsame Affäre völlig normal.

In diesem Moment kommt Berta durch die Tür, zusammen mit Inka, die aufgeregt auf die ältere Frau einredet.

»Also ehrlich, das macht richtig Spaß, warum bin ich da nicht schon viel früher drauf gekommen? Die Leute sind total nett und ich hab über 50 Euro Trinkgeld bekommen.«

Sie setzen sich an den Stammtisch, wo Anne inzwischen auf ihr Essen wartet und Inka misstrauisch anblickt. »Na, alles gut gegangen? Keine Pannen? Nicht verfahren, nicht verquatscht?«

Die junge Frau ist nicht so leicht zu kränken. »Alles super«, versichert sie munter, »kannst den Busfahrer fragen. Der war total nett zu mir.«

»Sind sie immer«, bestätigt Anne trocken. »Wenn man sie nicht gerade beleidigt.«

Inka blickt verlegen auf den Tisch und zupft an der Decke. »Na ja«, murmelt sie, als Berta sie fragend anblickt, »woher sollte ich denn damals wissen, dass das ein Pole war?«

»Inka hat sich im Bus einmal über den Zusammenhang der Grenzöffnung und der rasant gestiegenen Kriminalität auf Usedom geäußert. Als Auflockerung ist ihr dann auch noch ein schöner Witz zu dem Thema eingefallen. Den fand der Busfahrer allerdings gar nicht lustig.«

»Aber heute ist wirklich alles gut gegangen«, versichert die zierliche junge Frau.

»Na gut«, gibt sich Anne versöhnlich, »auch ein blindes Huhn legt mal ein Ei.«

»Oder findet ein Korn«, murmelt Berta, geht aber nicht näher auf das Thema ein, denn gerade betritt Steffi die Gaststätte. Sie hat sich richtig herausgeputzt. Ihre Jeans hat sie gegen eine schwarze Hose ausgetauscht, ein glitzernder Pullover betont ihren imposanten Busen, sie ist frisch frisiert und trägt auch jetzt wieder einige große Schmuckstücke, die an einer anderen Frau kitschig aussehen würden, zu ihr aber irgendwie passen.

Sie grüßt Sophie freundlich und wendet sich an den Stammtisch. »Darf man sich dazu setzen?«

Berta nickt und deutet auf einen Stuhl. »Klar, setz dich. Das da hinter der Bar ist meine Nichte Sophie, ihr gehört der Laden hier. Und das sind Anne und Inka. Der da auf dem Barhocker ist Frank Sonnenberg. Er ist Architekt und hat das Haus umgebaut. Und das ist Steffi, die macht hier Urlaub.«

Die Vorgestellten nicken der Frau etwas unsicher zu. Es ist nicht Bertas Art, schnell Freundschaften zu schließen. Auch an den Stammtisch lässt sie nicht jeden. Aber Steffi strahlt über das ganze Gesicht, als sie erklärt: »Ich bin so froh, dass ich nach der Kur noch hier geblieben bin. Bansin ist herrlich. Die Luft und das Meer – und die Leute sind alle so nett. Und dass es hier so eine schöne Gaststätte gibt – allein hätte ich die gar nicht entdeckt. So ein Glück, dass ich Berta kennen gelernt habe. Ich würde gern eine Runde Getränke ausgeben. Was trinken Sie denn? Ein Gläschen Sekt vielleicht?«, wendet sie sich an Inka, die ihr am nächsten sitzt.

»Bier reicht auch«, entscheidet Berta energisch, »das passt außerdem besser zu Hering mit Bratkartoffeln.«

»Hier ist alles so natürlich«, schwärmt die Kölnerin weiter, »auch das Essen. Zu Hause esse ich eigentlich nur ungesundes Zeug.«

»Ach, das ist alles relativ«, meint Berta. »letztes Jahr, als hier umgebaut wurde, hab ich ja auch oft zu Hause gekocht und gegessen. Dabei hab ich dann ferngesehen. Und meistens hat das auch so geklappt, wenn ich gerade mit Appetit reinhauen wollte, haben die eine Putenfarm gezeigt oder was von Antibiotika im Schwein erzählt, oder von Pflanzengiften auf dem Gemüse, oder wie ungesund Fast Food ist. Ich hab eine Menge dabei gelernt, vor allem eines: Man soll beim Essen nicht fernsehen.«

»Man sollte überhaupt nicht fernsehen«, ergänzt Anne. »Jedenfalls nicht am Tage. Die bringen bis abends nur Sendungen, in denen du erkennst, warum manche Leute Hartz-IV-Empfänger sind und es vermutlich auch bleiben. Ich weiß gar nicht, für wen die so was zeigen, ich werde ganz depressiv dabei.«

»Wahrscheinlich für genau diese Leute, die Zeit haben, den ganzen Tag vor der Glotze zu sitzen«, vermutet Berta.

»Aber abends ist es auch nicht viel besser.« Anne steigert sich in das Thema hinein. »Was die da ›Comedy‹ nennen, am Freitagabend zum Beispiel, also ich kann da nicht drüber lachen. Ich meine, wir sind ja bestimmt nicht prüde, aber was die zeigen, ist einfach nur eklig.«

»Stimmt«, bestätigt Frank von seinem Hocker aus, »manche scheinen zu glauben, je schamloser sie sind, um so lustiger ist es. Irgendjemand, ich glaube, es war Freud, hat mal gesagt: ›Die Abwesenheit von Schamgefühl ist das sicherste Zeichen für Schwachsinn.‹ Das ist doch sehr bezeichnend für unser Fernsehprogramm.«

›Wie schlau wir doch wieder sind‹, denkt Anne, sagt aber nichts, um Sophie nicht zu verärgern, deren verliebter Blick auf den attraktiven Mann ihr nicht entgangen ist.

Zwei Stunden später ist man am Stammtisch dann doch zu Sekt übergegangen. Außer den vier Frauen – Steffi, Berta, Anne und Inka – sind keine Gäste mehr da. Jenny Sonnenberg, die zwischenzeitlich hier gegessen und ein bisschen mit Anne und Inka über die Reisegruppen geplaudert hat, hat die Gaststätte zusammen mit ihrem Ehemann Frank verlassen. Annes Kommentar dazu – »Das ist das Holz, aus dem Waschlappen gemacht sind« – hat ihr einen warnenden Blick von Sophie eingebracht, was wiederum Berta nachdenklich registriert hat. Inka unterhält sich jetzt angeregt mit Steffi. In der mütterlichen Frau hat sie endlich jemanden gefunden, der sie ernst nimmt und nicht über ihre Missgeschicke lacht, sondern sogar etwas Mitgefühl aufbringt.

»Ich kenne das«, erklärt die Kölnerin. »Man will sich besondere Mühe geben und dann klappt es erst recht nicht. Besonders, wenn alle darauf warten, dass man wieder etwas falsch macht. Das ist ein Teufelskreis. Aber vielleicht hast du ihn ja heute durchbrochen. Ich glaube, dass die Reiseleitungen sehr gut sind für dich. Du bekommst Anerkennung und dann wirst du auch sicherer. Ob ich wohl mal mitfahren kann? Ich würde die Insel so gern besser kennen lernen.«

»Bist du eigentlich mit dem Auto hier?«

»Nein, mit der Bahn. Zu Hause fahre ich zwar Auto, aber die Strecke von Köln hierher war mir dann doch zu weit. Allerdings, wenn ich jetzt länger bleibe – ich glaube, ich bitte meinen Enkel, mir das Auto herzubringen. Dann bin ich doch beweglicher.«

Inka staunt. »Dein Enkel? Wie alt ist der denn, wenn der schon Auto fährt?«

»Mario ist 22. Er studiert in Berlin Kunstgeschichte, ist aber oft zu Hause in Köln. Er könnte ja mal mit meinem Auto herkommen und dann mit der Bahn weiter nach Berlin fahren. Das macht der bestimmt für seine Oma, er ist ein ganz Lieber. Ach, ich werde ihn morgen gleich mal anrufen. Nur schade, dass man nicht mehr in der Ostsee baden kann. Der Junge ist so eine Wasserratte. Wie ist es denn bei dir? Gehst du im Sommer schwimmen?«

»Ehrlich gesagt, nicht so oft.« Inka ist etwas verlegen. »Eigentlich gar nicht. Ich fürchte mich ein bisschen vor dem Meer. Albern, nicht?«

»Ach wo.« Steffi schüttelt lachend den Kopf. »Das ist ja manchmal so, dass man das, was man jeden Tag haben kann, nicht zu schätzen weiß. Aber weißt du was? Ich komme im Sommer mal her, dann gehen wir zusammen in die Ostsee. Du hältst dich einfach an mir fest, dann kann dir nichts passieren. Mich schmeißt so leicht keine Welle um.«

Es ist nach Mitternacht, als Sophie die letzten Gläser spült. Anne gähnt, während sie dabei zusieht. Die anderen sind gegangen.

»Ist Inka wirklich wasserscheu?«, fragt Sophie. »Das wusste ich gar nicht. Ist ja komisch, sie ist doch hier aufgewachsen.«

»Ja, das stimmt. Als Kind ist sie oft am Strand gewesen und auch geschwommen. Aber heute bekommen sie keine zehn Pferde mehr ins Wasser. Keine Ahnung, was da genau passiert ist. Ich glaube, Inka ist wohl sensibler, als sie immer tut. Ich hab schon erlebt, dass sie plötzlich anfing zu heulen und keiner wusste so richtig, weshalb.«

»Vielleicht ist sie deshalb immer so unsicher und ungeschickt. Das tut mir ja leid, ich mag sie eigentlich.«

»Ja, ich kann sie auch gut leiden, obwohl sie manchmal nervt. Aber in letzter Zeit geht es wirklich mit ihr. Die Arbeit scheint ihr gut zu tun. Diese Steffi ist übrigens auch nett.«

»Na klar, sonst hätte Tante Berta sie hier ja nicht angeschleppt.«

»Ach was, es braucht doch nur jemand zu jammern, dass es ihm schlecht geht, schon nimmt deine Tante ihn unter ihre Fittiche. Sie ist eben eine richtige Glucke.«

»Sie ist es halt gewohnt, für alles in ihrer Umgebung die Verantwortung zu übernehmen. Das war schon so, als das hier noch ein FDGB-Heim war. Da war sie ja für die Lehrlinge zuständig. Aber eigentlich hat sich jeder ihrer Kollegen bei ihr ausgeheult. Sie hat auch vielen geholfen. Das war eben ihre Ersatzfamilie. Na ja, sie fühlt sich nur wohl, wenn sie sich kümmern kann und es allen gut geht.«

»Und das lieben wir ja auch so an ihr«, bestätigt ihre Freundin nur ein ganz wenig ironisch.

Da geht er, ungeniert Hand in Hand mit seinem Freund, selbstbewusst und unbeschwert. Es macht mich so wütend, ihn lachend zu sehen. Er hat es längst vergessen, dass er aufpassen sollte. Er hatte die Verantwortung! Sie haben sich auf ihn verlassen. Der große Bruder des Kindes war auch so sportlich, hat sich auch gern gut gekleidet. Nach dem Unglück hat er nur noch selten gelacht, wurde still und gleichgültig, hatte keine Freunde mehr. Wenige Jahre später hat er sich nur noch dafür interessiert, woher er Geld für seine Drogen bekommt. Diesem gewissenlosen Bengel da wird das Lachen auch vergehen.

Samstag, 13. Oktober

Auf ihrem vormittäglichen Spaziergang über die Strandpromenade geht Berta heute besonders langsam. Es ist ein typischer Oktobertag, mit hohem blauen Himmel und frischer klarer Luft. Tief atmet sie den herbstlichen Geruch von modrigem Laub ein. Ungewöhnlich deutlich ist die Küste der Insel Wollin zu sehen, das Seebad Misdroy kann man klar erkennen. Davor zeichnet sich die Pyramide der Heringsdorfer Seebrücke ab. Am Horizont leuchtet die große weiße Schwedenfähre auf ihrem Weg in den Swinemünder Hafen.

Bevor sie in die Fischerhütte tritt, bleibt Berta stehen und blickt nach Westen. Dort türmen sich dicke dunkelblaue Wolken und bilden einen faszinierenden Hintergrund für die leuchtend bunten Bäume, die noch von der Sonne beschienen werden. Die alte Frau bedauert, keinen Fotoapparat dabei zu haben. Aber das Bild würde wahrscheinlich nur kitschig aussehen. Sie speichert es stattdessen in ihrem Gedächtnis und öffnet die Tür.

»Unter ›Bude‹ versteht man bei uns etwas ganz anderes«, erklärt Steffi gerade. »In Köln ist das so ein Kiosk, wo es Zeitungen gibt, Schabau, Zigaretten und Süßkram.«

»Was ist denn ›Schabau‹?«, unterbricht Berta erstaunt.

»Na, Schnaps.«

»Ja, das ist ja denn auch das Einzige von dem Zeug, was es bei mir auch gibt«, stellt Plötz fest. Aber 'ne Bude ist hier eigentlich eine Fischerhütte. Und ich hab jetzt sogar zwei. Weil mein Bruder nicht mehr fischen kann, der kann sich kaum noch rühren wegen seinem Rheuma und sein Sohn hat keine Lust. Kann man ihm ja auch nicht verdenken.«

»Lohnt sich das denn nicht?«, will Steffi wissen. »Der Fisch ist doch ziemlich teuer. Und romantisch ist es auch, immer auf dem Wasser, das hat so etwas von Freiheit und Abenteuer, find ich.«

Plötz schüttelt nur den Kopf, aber Berta erklärt: »Wenn du nachher im November oder im Frühjahr mit klammen Fingern stundenlang Hering aus den Netzen pellst, vergeht dir die Romantik. Und reich wird da auch keiner bei, jedenfalls kein Fischer.«

»Nee«, bestätigt Plötz, »das ist vorbei. Ende der Vierzigerjahre gab es hier über vierhundert Fischer, die haben alle davon gelebt, zu DDR-Zeiten waren noch über hundert in der Genossenschaft, jetzt sind wir noch acht. Ich denk mal, so in zehn Jahren gibt es gar keine Küstenfischerei mehr.«

»Das wäre aber wirklich schade. So eine Tradition kann man doch nicht einfach abschaffen. Das verstehe ich nicht.« Die Großstädterin ist entsetzt.

»Der Fischer hat zwei natürliche Feinde: den Kormoran und den Politiker. Schlimmer als dieser naturgeschützte Mistvogel, der uns den Fisch wegfrisst, sind die Fangquoten. Kein Schwein versteht das. Der Hering läuft uns um, es hat noch nie so viel Hering gegeben wie in den letzten Jahren, und wir dürfen ihn nicht fangen, die kürzen jedes Jahr die Fangquoten. Das ist doch die reine Schikane.«

»Nu jammer ma nich, du kommst doch ganz gut zurecht«, wirft Berta ein.

»Ja, aber auch bloß durch die Hotels, durch deine Sophie und Brinkmann. Die nehmen mir den Fisch ab zu einem vernünftigen Preis und schicken auch ab und zu mal Leute, die mit rausfahren wollen. Na ja, und natürlich der Kiosk von Brinkmann …«

»Was? Der Kiosk gehört Brinkmann?« Steffi ist erstaunt. »Ich dachte, das wäre deiner. Aber du bewirtschaftest ihn doch. Warum das denn?«

Der Fischer zuckt mit den Schultern. »Er hatte eben die Idee, gleich Anfang der Neunziger. Und das Geld.«

»Das wirst du nicht verstehen«, ergänzt Berta. »Du bist mit der Marktwirtschaft aufgewachsen, wir mussten das erst lernen. Die meisten in unserem Alter haben das bis heute nicht begriffen. Einige Wessies haben hier schöne Schnäppchen gemacht, kurz nach der Wende. Aber Brinkmann ist nicht der Schlechteste. Mein Freund ist er zwar nicht gerade, zumal er mir mein Haus abluchsen wollte, aber für Bansin tut er ja doch einiges und sein Hotel ist immerhin das beste im Ort.«

»Na, leck mej am Aasch, wenn das das beste Hotel im Ort ist«, platzt Steffi heraus, verstummt jedoch sofort.

Die beiden anderen sehen sie erstaunt an. »Nu komm, vertell«, drängt Plötz, als Steffi schweigt. Verlegen streicht sie sich über ihre akkurate Kurzhaarfrisur.

»Na gut. Aber das muss unter uns bleiben, jedenfalls darf Brinkmann nie erfahren, dass ich was gesagt hab. Der ist mir nämlich bei der Bezahlung noch mal sehr entgegengekommen, der olle Knießkopp, dafür dass ich sozusagen versprochen hab, das Maul zu halten.«

»Nun erzähl schon!« Berta stößt sie erwartungsvoll an. »Wäre doch mal schön, wenn der seine Nase nicht mehr ganz so hoch tragen würde. Wir werden ihm schon nicht erzählen, was wir von dir wissen, obwohl der sich das wahrscheinlich denken kann. Aber ist doch egal, du wohnst doch sowieso nicht mehr bei ihm.«

»Nein, das stimmt. Die Ferienwohnung bei Sophie im Haus ist wirklich toll und die kann ich mir den ganzen Winter über leisten, da können mich sogar meine Kinder mal besuchen kommen – übrigens hat deine Nichte mir auch angeboten, dass ich ihr Auto mal benutzen kann, sie ist wirklich sehr nett.«

Steffi räuspert sich. »Also gut – mindestens dreimal sind Gäste wieder abgereist, weil die Zimmer dreckig waren. Und einmal ist angeblich etwas aus einem Zimmer geklaut worden, Schmuck, glaube ich. Brinkmann konnte aber keiner Zimmerfrau etwas nachweisen, es war immer auf einer anderen Etage. Mit dem Frühstücksbüfett gab es auch dauernd Ärger, einmal war verdorbener Joghurt drauf, einmal war die Kaffeesahne sauer und ich hab sogar Schimmel auf der Marmelade entdeckt. Und dann muss da noch irgendetwas mit dem Swimmingpool gewesen sein. Ein Gast hat sich lautstark an der Rezeption beschwert, der Pool wäre verunreinigt, er würde das Gesundheitsamt anrufen und was noch alles. Wisst ihr, ich hab manchmal im Foyer gesessen und Zeitung gelesen, da bekommt man ja alles mit. Einer sagte auch mal, dass im Internet etwas drinstünde über das Hotel, aber vom Internet habe ich keine Ahnung.«

Berta nickt befriedigt. »Das muss ich Sophie erzählen, die findet das schon raus.«

»Schadenfreude ist doch die reinste Freude«, lästert Plötz. »Na ja, verkehrt wäre es nicht, wenn der mal 'nen Dämpfer kriegt. Wenn ich das recht überlege, ist der in letzter Zeit ohnehin nicht mehr ganz so großmäulig wie sonst. Aber so wie ich den kenne, wird der schon die Schuldigen finden. Da wird es wohl in Bansin bald ein paar Arbeitslose mehr geben.«

Montag, 15. Oktober

Der Polizist lässt die Kelle sinken, mit der er das Auto gestoppt hat, und öffnet die Fahrertür. Fast mitleidig sieht er den Mann an, der jetzt den Kopf mit den vollen grauen Haaren zwischen seine Hände auf das Lenkrad legt. »Sind Sie betrunken, Doktor Moll?«, fragt er leise.

Der Arzt blickt verzweifelt zu ihm auf. »Ich muss zu meiner Tochter. Sie hatte einen Unfall, sie braucht mich!«

»Einen Unfall? Wann und wo?«

»Ja, sie ist an einen Baum gefahren, in Ahlbeck, kurz vor der Grenze. Mein kleiner Enkel war mit im Auto!«

Der Polizist sieht zu seinem Kollegen, der schüttelt den Kopf. »Hören Sie, Herr Doktor, es gab heute keinen Unfall in Ahlbeck. Das wüssten wir. Wie kommen Sie denn darauf?«

»Aber – der Anrufer – er hat gesagt, sie ist schwer verletzt, ich muss sofort kommen ...«

»Beruhigen Sie sich. Haben Sie die Telefonnummer Ihrer Tochter? Geben Sie mir Ihr Handy, so wird das nichts.«

Er nimmt dem Mann das Telefon aus den zitternden Händen und wählt die eingespeicherte Nummer.

»Corinna? Hier ist Fred, Fred Müller. Nein, keine Angst, deinem Vater ist nichts passiert. Aber ihm hat jemand erzählt, du hättest einen Unfall gehabt.«

Einen Moment hört er der aufgeregten Frau zu, mit der er zusammen zur Schule gegangen ist, dann unterbricht er sie. »Ja, nun beruhige dich, ist ja nichts weiter passiert. Wir klären das schon. Aber ich muss deinen Vater jetzt erst mal mitnehmen, zur Befragung, ich bring ihn dann nachher nach Hause. Vielleicht kannst du dich um das Auto kümmern? Wir sind hier am Bahnhof in Heringsdorf, ich stelle es auf den Parkstreifen. Ich ruf dich an, wenn ich mehr weiß. Mach's gut.«

Er seufzt, als er dem Arzt das Handy zurückgibt. »So, mit Ihrer Tochter ist alles in Ordnung. Es gab keinen Unfall. Steigen Sie aus, Herr Doktor Moll. Sie fahren jetzt mit uns mit.«

Dann sieht er zu seinem Kollegen. »Wer hat uns eigentlich angerufen?«

Der Angesprochene zuckt mit den Schultern. »Keine Ahnung«, entgegnet er und fährt mit einem Blick auf den Arzt leise fort: »Wahrscheinlich derselbe, der den Doktor angerufen hat. Ein ziemlich übler Streich. Wir sollten mal herausfinden, wen er in letzter Zeit falsch behandelt hat.«

»Irgendwie ist die nicht ganz symmetrisch«, stellt Sophie fest, die neben der Jugendstiluhr steht und auf die Ahlbecker Seebrücke blickt.

Anne nickt. Sie hat ihre Jacke ausgezogen und um die ausladenden Hüften gewickelt. Bevor sie zu einer Erklärung ansetzt, beißt sie noch einmal genüsslich in die Bratwurst, die sie gerade am Grillstand gekauft hat, und wischt die Brötchenkrümel vom Pullover. »Ja, die wurde auch erst so nach und nach zusammengebaut. Zuerst waren das nur vier Imbissstände auf einer Plattform im Wasser. Dann wurde dahinter ein Anlegesteg für Motorboote errichtet und schließlich wurden die einzelnen Buden durch hölzerne Kolonaden ringsherum verbunden. In den Dreißigerjahren wurde als krönender Abschluss das Dach gebaut und die Seebrücke bekam ihr heutiges Aussehen.«

»Und ist das Symbol der Insel«, ergänzt Berta. »Ich habe noch keine Fernsehsendung über Usedom gesehen, in der sie nicht die Ahlbecker Seebrücke gezeigt haben.«

»Na ja, ist ja auch die älteste Seebrücke Deutschlands, die einzige, die aus dem 19. Jahrhundert erhalten geblieben ist.«

Anne will noch weiterreden, aber ihre einen Kopf kleinere Freundin unterbricht. »Ist ja gut, du hast heute frei. Das kannst du alles morgen wieder erzählen, wenn du mit deiner Reisegruppe unterwegs bist.«

»Na dann los, ihr Ignoranten. Wenn ihr nichts über die Geschichte wissen wollt, dann eben nicht.«

»Das wissen wir doch alles schon«, besänftigt Berta. »Aber wir wollen doch noch zur Drogerie und Sophie muss zurück, die Gaststätte aufmachen.«

Derweil ist ihre Nichte schon vorausgegangen. »Schlimm genug, dass man nach Ahlbeck fahren muss, wenn man ein bisschen Kosmetik braucht«, sagt sie über die Schulter. »In Heringsdorf gibt es zwar jede Menge Läden, aber nicht das, was man braucht.«

»Wir hätten ja auch in Bansin einkaufen können«, wendet Berta ein.

»Ja«, bestätigt Sophie. »Aber nicht mit dir. Da brauchen wir nämlich den ganzen Tag, weil du alle zehn Meter stehen bleibst und mit irgendjemandem redest.«

Berta zuckt mit den Achseln. »Ja, so ist das nun mal, wenn man alle kennt im Ort. Mir gefällt das auch so. Außerdem hab ich ja Zeit genug.«

Einträchtig schlendern sie die Promenade entlang, vorbei an zahlreichen Urlaubern.

»Für die Jahreszeit sind noch erstaunlich viele Gäste da und das werden von Jahr zu Jahr mehr«, stellt Berta im Gedanken an die Pension ihrer Nichte zufrieden fest.

Bevor sie in die Seestraße einbiegen, kann Anne ihre beiden Begleiterinnen noch zu einem Eis beim Italiener überreden.

Sörens Dorf liegt idyllisch am Ufer eines Sees. Die meisten Häuser sind klein und mit Schilfrohr gedeckt. Fremde nennen sie »Reetdächer« oder »Ried«, hier sagt man einfach Rohrdächer. Es gibt ganz alte, moosbedeckte, auf einer halb verfallenen Scheune zum Beispiel und einige ganz neue. Sie sind noch hell, größer als die alten, auch die Häuser darunter sind größer. Manche stehen im Winter leer, die Fensterläden sind bereits verschlossen, die Briefkästen zugeklebt. Unten am Wasser, neben dem Steg, liegt oft ein kleines Boot, umgedreht oder mit einer Plane bedeckt. Große Boote sind nicht erlaubt, überhaupt keine Motorboote, der See steht unter Naturschutz.

Die Einwohner dieses Dorfes haben vor mehr als hundert Jahren das Seebad Bansin gegründet, es waren ein paar Bauern, hauptsächlich Fischer. Weder vom Ackerbau auf dem mageren Sandboden noch von der Fischerei konnte eine Familie leben, deshalb haben die meisten sowohl Landwirtschaft betrieben als auch gefischt. Als das Badewesen in Mode kam, haben sie in Strandnähe, einen Kilometer vom Dorf entfernt, Sommerhäuser gebaut, große, prächtige Villen. Nur wenige von ihnen wurden reich damit, und auch sie haben spätestens in der Weltwirtschaftskrise ihre Häuser verloren.

Sörens Dorf blieb Fischerdorf. Noch vor 20 Jahren wohnte in jedem zweiten der 35 Häuser eine Fischerfamilie. Die anderen arbeiteten in der Landwirtschaft, waren in einer Genossenschaft angestellt. Zu Hause hatten die meisten noch ein paar Hühner und Kaninchen und einen Garten. Die Kuh- und Schweineställe hatten sie umgebaut, zu Ferienwohnungen, das brachte mehr ein und war bequemer als die Viehzucht. Es roch auch etwas besser.

Jetzt ist es ruhig im Dorf. Im Sommer fällt das nicht auf, dann sind Urlauber da, teure Autos fahren auf der engen Dorfstraße, abends hört man auch mal ein Kinderlachen oder die Musik von einem Grillfest. Doch wenn die Saison vorbei ist, bemerkt man, dass fast nur noch alte Leute hier wohnen.

Die Kinder sind weggezogen, dahin, wo sie Arbeit finden. Hier lebt man nur vom Tourismus, die Hotels sind die größten Arbeitgeber. Landwirtschaft gibt es kaum noch, die Strandfischerei stirbt aus.

Sören Mager sitzt in der Küche seines Elternhauses. Es ist eines der wenigen Häuser, das kaum umgebaut wurde, nicht zu DDR-Zeiten und auch nicht danach. Nur ein Herd, der mit Propangas betrieben wird und dessen Backofen schon lange nicht mehr funktioniert, steht neben dem alten Kohleherd. Und aus der Speisekammer ist ein Bad geworden, das inzwischen allerdings auch schon wieder veraltet ist. In den beiden straßenseitigen Räumen, im Wohn- und im Schlafzimmer, stehen noch die Möbel, die Sören von seinen Eltern übernommen hat.

Die Küche liegt auf der Rückseite des Hauses, durch eine Tür tritt man auf den Hof, ein leicht abschüssiges Gelände, das am See endet. Das Rohrdach ist im Sommer frisch gedeckt worden, davon abgesehen ist der Bootssteg das Einzige, was Sören in den letzten Jahren erneuert hat. Er sitzt an dem großen Holztisch mitten im Raum und löffelt Sojajoghurt, in den er Ananasstücke geschnitten hat. Der Kontrast zwischen dem jungen Mann und seiner Umgebung könnte kaum größer sein. Sören ist sehr attraktiv und sich dessen durchaus bewusst. Er trägt auch hier zu Hause enge Markenjeans und ein modisches T-Shirt. Das lange blonde Haar hat er zu einem Zopf zusammengebunden.

Sein Freund Carlos läuft in der Küche hin und her und schimpft abwechselnd spanisch und deutsch. Wie fast täglich teilt er Sören mit, wie sehr er dieses Dorf hasst, das Haus und die Menschen.

»Ich kann nicht leben hier – keine Farbe, alles schwarz und grau. Ist kalt hier und traurig, wie soll ich arbeiten, ich bin Künstler, ich kann das nicht.«

»Dann mal halt schwarz und grau, das sind tolle Bilder, mir gefallen sie jedenfalls. Ein bisschen müssen wir noch hierbleiben, das weißt du doch.«

Sören isst weiter, ohne sich um das alltägliche Gezeter seines Lebensgefährten zu kümmern. Wie ein Tiger im Käfig läuft der temperamentvolle Südländer in dem engen Raum umher und erklärt mit großen Gesten und dramatischer Stimme, er werde hier sterben oder aber Sören verlassen – bald, morgen vielleicht – und allein zurück nach Spanien gehen.

Der blonde junge Mann schiebt schließlich den Teller beiseite und seufzt genervt. Es war wirklich eine blöde Idee, Carlos mit hierher zu bringen. Sie hatten sich im Winter in Tirol kennen gelernt, wo Sören als Skilehrer arbeitete. Der Spanier hatte von Anfang an eine Aversion gegen die Ostseeinsel und in der ersten Verliebtheit hatte Sören versprochen, seinen Besitz auf Usedom zu verkaufen und das Geld in eine Surfschule auf Mallorca zu investieren. Aber inzwischen scheint ihm diese Idee gar nicht mehr so verlockend. Er kann sich einfach nicht entschließen, sein Elternhaus zu verkaufen und würde am liebsten hierbleiben. Je mehr sein Partner sich in die Abneigung gegen die Insel und ihre Bewohner hineinsteigert, desto mehr wird ihm klar, wie sehr er selbst mit allem hier verbunden ist.

Auch Carlos' Charakter ist ihm auf Dauer zu anstrengend. Sein Freund ist überempfindlich, krankhaft eifersüchtig und fasst jeden harmlosen Scherz als tödliche Beleidigung auf. Außerdem scheint er von Tag zu Tag gebrochener Deutsch und mehr Spanisch zu sprechen. Sören meint sich zu erinnern, dass sie beide im Oetztal ohne Schwierigkeiten in seiner Muttersprache kommuniziert haben. Hat Carlos nicht sogar deutsche Wurzeln erwähnt? Alle Versuche, den Spanier in die neue Umgebung zu integrieren, sind absolut gescheitert. Nur ein einziges Mal waren sie beide gemeinsam im Fitnessstudio. Ob ihn dort vielleicht jemand gekränkt hat? Dem blonden Deutschen ist Carlos' Wut auf seine Landsleute ein Rätsel.

Wenn er doch nur seine Drohung, nach Spanien abzureisen, wahr machen würde! Aber das wird er nicht tun, ohne sein Geld zurückzufordern. Sören ärgert sich, dass er die Ersparnisse seines Freundes angenommen hat, um das Dach des Hauses neu decken zu lassen. Bei einem Verkauf hätte sich diese Investition durchaus gelohnt, zumal ihm der Rohrdachdecker, ein guter Bekannter, einen Freundschaftspreis gemacht hat.

Sören überlegt, von wem er sich Geld leihen könnte, um Carlos auszuzahlen. Arno Potenberg oder Paul Plötz würden ihm sicher helfen, aber es ist peinlich, sie darum zu bitten. Vielleicht sollte er es einfach bei der Bank versuchen. Er könnte in den nächsten Tagen mal ins *Kehr wieder* gehen, wo er Manfred Jahn, den Banker, vermutlich am Stammtisch trifft. Oder geht er doch lieber zur Fischerbude? In letzter Zeit hat er seine Freunde ohnehin ziemlich vernachlässigt.

Ohne sich weiter um Carlos zu kümmern, der gerade das geschlossene Fenster anbrüllt, schiebt er die Hände in die Hosentaschen und verlässt leise pfeifend das Haus.

Dienstag, 16. Oktober

Steffi ist inzwischen Stammgast im *Kehr wieder*. Sie bewohnt eine Ferienwohnung direkt im Haus gegenüber, wo auch Sophie die Dachgeschosswohnung gemietet hat. Aber die Kölnerin ist nicht gern allein. Oft kommt sie schon zum Frühstück in die Pension, hilft beim Aufräumen oder in der Küche, oder sie fährt mit Sophies Auto für die Frauen einkaufen. Dabei ist sie nicht aufdringlich und merkt schnell, wenn sie nicht gebraucht wird. Ansonsten unternimmt sie lange Spaziergänge an der Steilküste oder am Strand entlang bis in die Nachbarorte. Oder sie bummelt einfach durch Bansin, sieht sich in den Geschäften um, trinkt mal hier und mal dort einen Kaffee und freut sich, wenn sie jemanden trifft, den sie kennt. Nachdem sie ein paar Mal im Kreis gefahren ist, kennt sie sich sogar mit der komplizierten Verkehrsführung im Ort aus, der für einen Nichteingeweihten nur aus Einbahnstraßen zu bestehen scheint.

Fast täglich sucht sie Plötz in seiner Bude auf, trinkt mit ihm ein Bierchen, schwärmt ihm von Köln vor oder von ihren Enkeln und hört ihrerseits interessiert zu, wenn er von seinem Leben in der DDR erzählt.

Wie immer täglich gegen elf Uhr sitzt Sophie mit ihren Angestellten, der Köchin Renate, einer Kellnerin und einer Zimmerfrau, am Stammtisch, um zwischen Frühstück und Mittagsgeschäft eine Tasse Kaffee zu trinken und die anfallenden Aufgaben zu besprechen. Sie haben gerade den Arbeitsplan für die nächste Woche erstellt, als Steffi empört schnaufend hereinkommt.

»Stör ich?« Sie bleibt zögernd stehen.

»Nein, wir sind gerade fertig. Möchtest du auch einen Kaffee?« Sophie steht schon auf, um eine Tasse zu holen.

»Ja, gern. Ich bin vielleicht sauer, sag ich euch. Ich musste doch heute zum Doktor. Nicht, dass ich malad bin, ich muss bloß immer mal hin, wegen der Pillen und so. Nicht *die* Pille«, erklärt sie der Kellnerin, die sie mit großen Augen ansieht, »sondern Tabletten für meine Pumpe und zum Einschlafen und Spray, falls mir mal die Luft wegbleibt. Eigentlich bräuchte ich das gar nicht mehr, seit ich hier bin, geht es mir ja schon viel besser. Na ja«, sie atmet tief ein und trinkt einen Schluck Kaffee, den Sophie ihr hingestellt hat, »da hab ich jetzt über eine Stunde rumgesessen und nun hab ich immer noch kein Rezept. Da geht alles drunter und drüber. Erst war der Doktor wohl noch da und dann kam die Schwester, so eine alte, struppige, und sagte, er musste plötzlich weg und die Sprechstunde fiele aus. Ein Rezept hat sie mir auch nicht gegeben. Was sind das für Fisimatenten? Und soll ich euch was sagen? Ich glaub, der Doktor war betrunken. So, wie der aussah! Und ich hab das schon mal gedacht, als ich bei dem war, dass das ein Säufer ist. Ich hab einen Blick für so etwas.«

Berta kommt herein, sie holt sich ihren Kaffee gleich selbst, bevor sie sich an den Tisch setzt und Steffi alles noch einmal erzählt. »Der Tünnes!«, schließt sie empört.

Sophie blickt betroffen. »Ich mag den Doktor Moll eigentlich, der ist wirklich nett und ich halte ihn für sehr kompetent. Meint ihr wirklich, der trinkt?«

Ihre Tante nickt zögernd. »Möglich ist es. Aber das würde mir wirklich leidtun. Er ist trockener Alkoholiker. Vor ungefähr zehn Jahren war es ganz schlimm mit ihm. Ich glaube, Schwester Marita hat ihm viel geholfen, dass da nichts passiert ist, mit seinen Patienten. Sie hat ihn öfter nach Hause geschickt und gesagt, dass er krank sei oder dringend weg müsse. Hoffentlich geht das jetzt nicht wieder los.«

Renate überlegt. »Stimmt. Jetzt, wo du es sagst – da gab es wirklich so ein Gerücht, dass er trinkt. Hat seine Frau ihn deshalb nicht auch verlassen?«

»Ja, das wurde jedenfalls erzählt. Das könnte so ungefähr um die Zeit gewesen sein. Seine Tochter war da gerade so 14, 15 Jahre alt. Sie ist bei ihm geblieben. Er hat dann wohl einen Entzug gemacht, ich hab jedenfalls nie wieder gehört, dass er trinkt.«

»Na ja,« Renate zuckt mit den Schultern, »du weißt aber selbst, wie oft das passiert. Ich finde, zu DDR-Zeiten war das noch viel schlimmer. Wie viele von unseren ehemaligen Kollegen haben gesoffen und wer hat es wirklich geschafft, damit aufzuhören?«

Berta nickt. »Das stimmt schon. Damals war das Trinken so etwas wie ein Kavaliersdelikt, besonders in der Gastronomie.« Sie überlegt. »Irgendwie lag es auch wohl daran, dass wir öfter zusammengesessen und gefeiert haben. Einen Anlass gab es ja immer. Heute ist jeder mit sich selbst beschäftigt und bleibt abends zu Hause vor dem Fernseher.«

»Manche konnten es ab und andere wieder nicht, die wurden dann abhängig«, fährt die dicke Köchin fort. »Ich hab ja auch genug gesoffen, aber dann hab ich eben aufgehört. Sonst könnte ich hier ja auch nicht arbeiten. Stimmt's Berta?« Die Angesprochene nickt. »Aber siehst du, Christine Jahn schafft es auch nicht. Wie oft wollte die schon aufhören, hat Entziehungskuren gemacht und so was. Aber die hat nach wie vor Durst wie eine Ziege.«

Berta ist es etwas unangenehm, dass Renate so abfällig über einen von Sophies Stammgästen spricht. Aber Steffi hat sich sicher schon ein eigenes Bild von dem Ehepaar Jahn gemacht, mit dem sie bereits einige Male am Stammtisch zusammengesessen hat. Manfred Jahn ist ein unauffälliger Mann, besitzt wenig Humor und spricht nur nach sorgfältiger Überlegung. Umso peinlicher ist es ihm, wenn seine Frau betrunken ist und sich völlig daneben benimmt. Christine Jahn ist eigentlich attraktiv und kultiviert. Sie wirkt gepflegt, ist meist gut gekleidet, trägt die dunkelblonden Haare sorgfältig frisiert und benimmt sich höflich und zurückhaltend. Allerdings nur, solange sie nüchtern ist, und in letzter Zeit kann sie immer seltener verbergen, dass sie ein Alkoholproblem hat.

»Die Jahn kann ich nicht leiden«, erklärt Steffi bestimmt, »die hat so ein falsches Lachen. Auf mich wirkt die unehrlich.«

»Ich glaub, sie ist nur unsicher«, entgegnet Sophie. »Obwohl ihr eigentlich klar sein müsste, dass wir es alle wissen, versucht sie immer zu vertuschen, dass sie Alkoholiker ist. Vielleicht meinst du das mit ›unehrlich‹, aber sonst – mir tut sie eigentlich leid.«

»Na gut«, Steffi dämpft ihre Stimme und beugt sich vor, als könne jemand Unbefugtes zuhören, »ich wollte ja eigentlich nicht darüber reden.« Jetzt hat sie die volle Aufmerksamkeit, auch die Köchin, die gerade an ihre Arbeit gehen wollte, setzt sich wieder.

»Als ich letzte Woche im Drogeriemarkt war, wurde Christine Jahn beim Klauen erwischt.«

Steffi setzt sich gerade hin und legt eine rhetorische Pause ein, bevor sie ihre Erzählung fortsetzt. »Sie hat ihren Einkaufsbeutel lose in den Wagen gelegt und darunter eine teure

Creme versteckt. Die Verkäuferin hat es aber wohl bemerkt. Die Jahn tat dann so, als sei es ein Versehen gewesen, aber das hat ihr keiner geglaubt. Es hörte sich auch so an, als wäre das nicht zum ersten Mal passiert.«

Sophie schüttelt den Kopf. »Ich kann das gar nicht glauben, das passt irgendwie nicht zu ihr.«

Auch Berta zweifelt. »Könnte es nicht wirklich ein Versehen gewesen sein? Schusslig ist sie ja, aber Diebstahl – das traue ich ihr einfach nicht zu. So wie sie immer auf ihren guten Ruf bedacht ist, ich glaube, beim Ladendiebstahl erwischt zu werden, ist so ziemlich das Schlimmste, was ihr passieren kann.«

Obwohl Berta Christine Jahn eigentlich selbst nicht besonders mag, hat sie das Bedürfnis, die Frau zu verteidigen. Vielleicht, weil sie außer Sophie keine nahen Angehörigen hat, betrachtet sie die Stammgäste quasi als Familie. Es erscheint ihr völlig selbstverständlich, sich in deren privateste Angelegenheiten einzumischen und sie, wenn es nötig ist, gegen Fremde in Schutz zu nehmen.

Die junge Kellnerin widerspricht zögernd. »Es stimmt aber. Meine Freundin arbeitet doch in der Modeboutique an der Strandpromenade. Da hatte Frau Jahn einen teuren Pullover in der Tasche und wusste angeblich gar nicht, wie der da reingekommen ist. Weil sie dann so aufgeregt war und geheult hat, haben sie es ihr sogar geglaubt, dass es ein Versehen war. Sie war ja auch nicht ganz nüchtern. Sie hatte auch genug Geld dabei und hat sogar noch was Teures gekauft. Aus Mitleid haben die Verkäuferinnen dann versprochen, dass sie nicht darüber reden.« Als Sophie grinst, fährt sie schnell fort. »Ich hätte es ja auch nicht erzählt, aber wenn das nun öfter vorkommt ...«

Berta schüttelt nachdenklich den Kopf. »Allmählich zweifle ich an meiner Menschenkenntnis. Da sieht man mal wieder, was der Alkohol so anrichtet. Trotzdem, ich gehe jetzt zu Plötz in die Bude. Kommst du mit, Steffi?«

Mittwoch, 17. Oktober

Sören Mager beugt sich tief über seinen Fahrradlenker, als er kurz nach 22 Uhr bei strömendem Regen nach Hause fährt. Wie an jedem Mittwoch war er in Bansin im Fitnessstudio. Dabei hatte er heute Abend zu Hause bleiben wollen, das Wetter ist wirklich schlecht und ein Auto besitzt er nicht. Aber dann hat es wieder Streit mit Carlos gegeben und er musste sich ablenken. Sören nimmt sich vor, etwas netter zu seinem Freund zu sein. Der hat es schließlich auch nicht leicht. Außer ihm kennt er hier kaum jemanden, er findet durch seine schwermütige Art eben nur schwer Anschluss. Im Sommer ging es noch, da konnte er in der Natur malen, aber nun ist er nur im Haus und bekommt wohl allmählich Depressionen. Das könnte sein zeitweise wirklich unerträgliches Verhalten erklären.

Vielleicht wird es doch Zeit, dass sie hier wegkommen, denkt Sören und ist doch im gleichen Atemzug erleichtert, dass er die endgültige Entscheidung darüber noch ein paar Wochen hinausschieben kann. In vier Wochen wollen sie in Tirol sein, dort hat er wie jedes Jahr einen Vertrag als Skilehrer und Carlos arbeitet in einem Hotel, in dem hauptsächlich spanische Gäste sind.

Und im nächsten Sommer wollen sie endlich die Surfschule in Spanien eröffnen. Während er durch den eisigen Regen strampelt, grübelt Sören, ob dies möglich sein könnte, ohne sein Elternhaus zu verkaufen. Die Idee, es als Ferienwohnung zu vermieten, erschien ihm zunächst sehr verlockend: Warum sollte man eine Kuh schlachten, die Milch gibt? Aber dann hat er sich kundig gemacht und den Plan wieder verworfen. Manfred Jahn, mit dem er über einen Kredit verhandeln wollte, hat ihm abgeraten und heute ist Sören ihm dankbar dafür. Seit im Seebad immer mehr Ferienwohnanlagen entstanden sind, ist der Bedarf so ziemlich gedeckt. Nur noch in der Hochsaison, für sechs bis acht Wochen, weichen die Gäste auch auf das Hinterland aus. Da kann die Landschaft noch so schön sein, die Urlauber, die auf die Insel kommen, wollen so nahe wie möglich an der Ostsee wohnen.

Sören seufzt und tritt fester in die Pedale. Die Landstraße führt hier in einer weiten Kurve ziemlich steil hoch. Das Auto, das hinter ihm plötzlich beschleunigt, hört er nicht, er spürt nur einen Aufprall, dann gar nichts mehr.

Der Wagen bleibt ein paar Meter weiter stehen, eine Gestalt steigt aus, sieht sich kurz um und beugt sich dann über Sörens leblosen Körper. Die leise Stimme klingt dumpf und unheimlich, vorwurfsvoll, aber auch irgendwie befriedigt. »Warum hast du nicht aufgepasst?«

Der Tote kann die Frage nicht mehr beantworten.

Donnerstag, 18. Oktober

Die Tür der Fischerbude geht von innen auf und zwei Polizisten treten heraus. Der eine von ihnen, es ist Fred Müller, nickt ihr kurz zu und will vorbeigehen, aber Berta hält den großen kräftigen Mann am Ärmel seiner Uniformjacke fest.

»Seid ihr wegen Sören hier?«, fragt sie leise. »Wisst ihr schon, wer es war?«

Fred schüttelt bedrückt den Kopf. Er kennt Berta schon sein ganzes Leben lang und kommt gar nicht auf die Idee, ihre Hand abzustreifen und ihr eine Antwort zu verweigern.

»Kriminalhauptkommissar Schneider«, stellt er seinen Begleiter vor. »Er kommt aus Anklam und leitet die Ermittlungen. Und das ist Frau Kelling, Berta Kelling. Sie hatte hier mal eine Gaststätte.«

Der drahtige Mann mit den schütteren dunklen Haaren lächelt freundlich. »Dann kennen Sie ja sicher viele Leute hier. Also, falls Sie irgendetwas hören sollten ...«

Berta nickt grimmig. »Natürlich. Ich werde mich umhören. Sie müssen den doch finden, der den armen Jungen überfahren hat.« Niedergeschlagen betritt sie die Hütte.

Paul Plötz ist tief erschüttert. Die Falten in seinem Gesicht, die Wind und Sonne, ein Leben im Freien, geprägt haben, erscheinen noch tiefer als sonst. Auch wenn es ihm gut geht, schätzt man ihn nicht jünger als seine 60 Jahre, aber heute sieht er noch viel älter aus. Die Knöchel seiner Hand sind weiß, so fest umklammert er eine Bierflasche. »Wenn ich die Sau erwische!«

Noch mehr als die hilflose Wut des Fischers berührt Berta das Verhalten seines Gehilfen. Arno sitzt wie immer still in seiner Ecke, ein Netz auf dem Schoß, als wolle er es flicken, aber er rührt sich kaum, wischt nur hin und wieder mit dem Handrücken über seine Augen, ohne zu verhindern, dass ihm die Tränen über das Gesicht laufen.

Auch Berta hat feuchte Augen und schluckt einen dicken Kloß im Hals hinunter.

»Die Polizei wird herausfinden, wer das getan hat«, versucht sie mit unsicherer Stimme zu trösten.

»Ja, wie denn!« Plötz brüllt sie fast an. »Nach dem Unwetter gestern gibt es doch überhaupt keine Spuren.« Er schüttelt verzweifelt den Kopf. »Dass es gerade den Sören treffen muss. Er war so ein guter Junge. Freundlich und hilfsbereit und immer gut drauf. Der hat doch niemandem was getan! Wer macht so etwas nur?«

»Na, es wird ja nicht gerade Absicht gewesen sein«, versucht Berta ihn zu besänftigen.

»Ja, aber ihn einfach da liegen zu lassen. Vielleicht hätte ein Arzt noch helfen können.«

Berta schweigt. Plötz ahnt wohl genauso wie sie, dass Sören Mager niemand mehr hätte helfen können, aber sie denkt auch, man hätte es zumindest versuchen müssen. Sie bekommt diese Vorstellung nicht aus dem Kopf, der tote Radfahrer, der im strömenden Regen ganz allein auf der Landstraße liegt. Er soll die ganze Nacht dort gelegen haben. Erst am Morgen, als der erste Dorfbewohner zur Arbeit fuhr, wurde er gefunden.

»Er war noch vor ein paar Tagen hier«, fährt Plötz düster fort und starrt vor sich hin. »Was haben wir wieder gelacht über sein Spijöök. Wie der die Gäste nachmachen konnte, der brachte jeden zum Lachen. So war der schon als Steppke. Sein Vater war ja auch Fischer«, erklärt er Steffi, die bedrückt an der Seite sitzt und aus Mitleid mit ihren Freunden selbst mit den Tränen kämpft, obwohl sie den jungen Mann gar nicht kannte.

»War ein hübsches kleines Kerlchen mit seinen blonden Locken und den blauen Augen und immer hat er gelacht. Seine Eltern waren ja nicht mehr so jung, er war ein Nachkömmling, die konnten gar nicht auf ihn aufpassen, so wild, wie der war. Und immer im Wasser, bei jedem Wetter!

Wir haben uns alle um ihn gekümmert, in jeder Bude war er zu Hause. Er war ja auch immer hier am Strand, auch noch, als sein Vater nicht mehr gefischt hat und seine Eltern dann kurz hintereinander gestorben sind. Da ging er noch zur Schule. Seine Schwester hatte wohl Sorgerecht für ihn, sie ist ja viel älter. Aber er war immer hier bei uns, manchmal hat er hier sogar seine Schularbeiten gemacht und jedes Zeugnis hat er zuerst uns gezeigt. Arno –«, er sieht zu dem hageren Mann in der Ecke hinüber, schluckt und bricht ab.

Berta erinnert sich, dass Sören jahrelang ständig mit Arno zusammen war. Wie ein Schatten hat er den Älteren verfolgt. Der junge Fischer war sehr stolz auf seinen Schützling, als Sören Abitur gemacht und dann Sport und Geschichte studiert hat. Warum ist er eigentlich nicht Lehrer geworden, wie er es geplant hatte? Nachdenklich sieht sie zu Arno, aber sie mag jetzt nicht danach fragen. Vielleicht später einmal.

»Was wollte die Polizei eigentlich hier?«, fragt sie stattdessen Paul Plötz.

»Wissen, ob ich etwas gesehen hab. Ich fahr doch auch immer da lang, von zu Hause zum Strand. Meistens wohl sogar als Erster aus dem Dorf. Gott sei Dank hab ich ihn nicht gefunden. Außerdem weiß Fred ja, dass wir Sören gut kannten.

Sie haben gefragt, ob er vielleicht Feinde hatte. Es könnte ja auch Absicht gewesen sein. So ein Quatsch!«

Plötzlich fällt Berta der Tote am Bahnübergang ein. Sören ist schon das zweite Verkehrsopfer innerhalb von vier Wochen. Im Stillen nimmt sie sich vor, Fred zu fragen, ob auch wegen Gerd Töpfers Tod noch ermittelt wird. Etwas mühsam steht sie auf und nickt Steffi zu, die die ganze Zeit stumm dagesessen hat. »Wir gehen dann mal«, sagt sie leise zu Plötz und legt ihm im Vorbeigehen tröstend die Hand auf die Schulter. »Kommt doch heute Abend zum Stammtisch«, schlägt sie vor und sieht Arno traurig an. »Ist nicht gut, so allein zu sein.«

Auf dem Heimweg mischt sich in Bertas Trauer eine leise Angst. Etwas Kaltes, Fremdes ist in ihre heile Welt eingedrungen. Aber dann hört sie das Lachen von Kindern, die mit einem Hund am Strand herumtollen, winkt einem Einheimischen zu, der mit dem Fahrrad vorbeifährt und freundlich grüßt, und schüttelt dann über sich selbst den Kopf. Warum sollte denn zwischen Sören und Töpfer ein Zusammenhang bestehen?

Im *Kehr wieder* herrscht niedergeschlagene Stimmung, obwohl Sören Mager hier nicht zu den Stammgästen zählte. Jenny Sonnenberg, die in die Gaststätte gekommen ist, um Näheres über den Unfall zu hören, schüttelt fassungslos den Kopf. »Ich kann es gar nicht glauben. Er war doch so – jung, so vital, voller Leben, er hatte alles noch vor sich. Ich habe gestern noch mit ihm gesprochen. Er hatte so viele Pläne, so viele Ideen.«

Einen Moment lang ist Sophie erstaunt über diese heftige Anteilnahme. Dann fällt ihr ein, dass Sören auch mit Jenny zusammengearbeitet hat. Neben seiner Arbeit als Surflehrer hat er für sie auf Zuruf geführte Radtouren mit Gästen unternommen.

Anne nippt nachdenklich an ihrem Glas. Wusste Jenny eigentlich, dass Sören nicht mehr für sie arbeiten wollte? Mehrfach hatte er erzählt, dass er sich ausgebeutet fühle, inzwischen genügend eigene Kontakte habe und keine Agentur mehr brauche, um Aufträge zu bekommen. »War er nicht eigentlich Lehrer?«, sagt sie laut.

Jenny nickt. »Soweit ich weiß, hat er das Studium abgeschlossen. Er war auch mal hier an der Schule. Aber vielleicht nur als Referendar. Ich weiß das nicht mehr genau. Aber dann hat ja sein Kumpel die Surfschule gegründet und da machte Sören sein Hobby zum Beruf und wurde Surf- und Segellehrer. Und im Winter Skilehrer.« Die attraktive Blondine lächelt traurig. »Er hat das Leben wirklich genossen, hat einfach getan, was ihm Spaß macht. Als hätte er geahnt, dass er wenig Zeit hat.«

»Vielleicht wollte er nicht als Lehrer arbeiten, weil er schwul war«, vermutet Anne. »Kinder können ganz schön gemein sein.«

»Nicht nur Kinder«, wirft Sophie ein.

Anne nickt. »Bei ihm war es aber auch die reine Verschwendung«, seufzt sie dann und zuckt verlegen mit den Schultern, als Sophie sie empört anstößt. »Na ja, mir fiel gerade ein, dass er früher Rettungsschwimmer war. Der schönste, den wir jemals hatten.«

»Anne!« Sophie ist empört. »Da war der noch keine zwanzig und du über dreißig. Und überhaupt – wie kannst du heute so reden?«

Ihre Freundin will sich gerade rechtfertigen, als die beiden Fischer hereinkommen. Als Sophie sieht, dass Arno geweint hat, möchte sie ihn am liebsten in den Arm nehmen. Stattdessen versucht sie, ihn zum Essen zu bewegen. Sie ist sich ziemlich sicher, dass er heute noch keinen Bissen zu sich genommen hat. Das tut er auch erst, als Berta und später Steffi dazukommen und sie alle gemeinsam zu Abend essen.

Hin und wieder versucht mal der eine, mal der andere vom Thema abzulenken, aber das Gespräch kommt immer wieder auf Sören Mager zurück. »Was ist eigentlich mit seinem Freund?«, fragt Anne irgendwann in die Runde. »Für den muss es doch furchtbar sein, jetzt da ganz allein im Haus zu sitzen, wo er doch hier kaum jemanden kennt.«

»Ich habe den einmal beim Malen gesehen, an der Steilküste«, erzählt Steffi. »Is ja en staatse Kerl, groß und schlank, mit seinen schwarzen Haaren macht der durchaus was her. Aber sehr unfreundlich. Als ich ihm über die Schulter geschaut habe, da hat der mich so angebrüllt, auf Spanisch, dass ich es direkt mit der Angst bekommen habe. Das Bild war so düster und unheimlich, aber immerhin – so aus de Lamäng – doch im Haus möchte ich so etwas nicht haben.«

»Carlos soll schon weg sein«, meint Jenny. »ich hab doch mit Sörens Schwager gesprochen. Die haben ihm gesagt, dass Sören tot ist. Das war wirklich schlimm. Er wollte ihn noch einmal sehen und ist dann gar nicht mehr zurückgekommen ins Haus. Er kommt wohl nicht zur Beerdigung.«

»Wann findet die eigentlich statt?«

Plötz zuckt mit den Schultern. »Ich weiß noch nicht genau. Sörens Schwester will das selbst organisieren. Aber jedenfalls bekommt der Junge eine ordentliche Seebestattung.«

Freitag, 19. Oktober

Sophie knallt wütend das Telefon auf den Empfangstresen und starrt auf den Computerbildschirm, ohne ihre Tante zu beachten, die eben durch den Eingang gekommen ist und nun vorsichtig näher tritt.

»Was ist denn los, Schieter? Ärger?«

»Hör bloß auf!« Sophie holt ihr dickes Buch hervor, schlägt es auf und vergleicht die Eintragungen mit denen im PC. »Hier steht es auch. Ich bin doch nicht bescheuert!« Sie überlegt kurz, dann schüttelt sie den Kopf. »Das kann gar nicht passieren.«

»Ja, was ist denn passiert? Hast du eine Doppelbuchung?«

»Eine? Wir haben ab morgen für eine Woche alle Zimmer belegt. In Niedersachsen und Thüringen sind Herbstferien. Und heute Mittag steht auf einmal ein Bus vor der Tür. Und der Fahrer hat einen Vertrag, von mir unterschrieben, für vier Übernachtungen, ebenfalls für das ganze Haus. Aber bei mir sind die ab 29. Oktober eingetragen.«

»Und heute ist der 19. Da hast du dich wohl verschrieben.«

»Gleich zweimal? Deshalb hab ich ja das Buch, obwohl alle darüber lachen, damit so was nicht passiert. Als Sicherheitsnetz sozusagen.«

»Na schön. Da kannst du ja später drüber nachdenken, wie das passiert ist. Jetzt musst du erst mal die Gäste unterbringen.«

»Das habe ich schon.« Wütend wirft Sophie das Buch in die Schublade und geht zur Kaffeemaschine.

»Du auch einen?«

Berta nickt.

»Meine Gäste sind jetzt alle bei Brinkmann untergebracht«, erklärt Sophie, als sie am Stammtisch sitzen. »Der hat sich sicher gefreut und tat noch so, als ob er mir einen Gefallen damit tut.«

»Macht er ja auch«, wirft Berta trocken ein.

»Ja, schon, aber der kann doch froh sein, dass er die Buchungen übernimmt. Muss ja ganz schön viel frei haben. Er hat sich sogar auf meine Preise eingelassen. Verstehst du? Die Übernachtung bei ihm ist teurer als bei uns, aber die Gäste haben einen Vertrag mit mir. Schlimmstenfalls hätte ich die Differenz bezahlen müssen. Na, ich hab ihm dann gesagt, ab Mitte der Woche ist mein Haus leer, dann können die Gäste ja zu mir kommen. Das wollte er natürlich nicht und so haben wir uns geeinigt, dass sie die ganze Woche bei ihm bleiben, aber eben zu dem Preis, den sie bei mir gezahlt hätten.«

Berta nickt. »Schon klar. Dann hast du doch auch keinen Schaden.«

»Natürlich hab ich Schaden. Das Haus steht die halbe Woche leer, obwohl Ferien sind, jetzt bekomme ich doch keine Gäste mehr für die restliche Zeit. Und mein Ruf leidet, die Leute halten mich für unzuverlässig. Nun fehlt bloß, dass bei Brinkmann wieder etwas schiefläuft.«

Sonntag, 28. Oktober

»Mit euch beiden lerne ich Usedom erst einmal richtig kennen«, sagt Berta zufrieden. Sie steht auf der Mole in Kamminke und blickt auf das Oderhaff. »Schön ist es hier.«

Sophie nickt. Ihre Gäste sind heute Morgen abgereist, zum ersten Mal seit Saisonbeginn ist das Haus leer. Nach dem ganzen Stress und dem Ärger über die Fehlbuchungen gönnt sie sich heute einen freien Tag. Falls Mittagsgäste kommen, werden Renate und die Kellnerin sie allein versorgen. »Ja, so schön ruhig.«

Anne ist schon an die kleine Bude getreten und begutachtet den Räucherfisch. »Der Lachs sieht gut aus«, lobt sie. »Haben Sie auch Kartoffelsalat?«

Ihre Freundin mault. »Eigentlich wollte ich heute mal etwas anderes essen als Fisch.«

Berta stößt sie aufmunternd an. »Ach, nun komm. Der Fisch hier ist wirklich gut, der kommt ganz frisch aus dem Ofen. Nächste Woche, wenn Renate Urlaub hat, koch ich dir was Schönes.«

»Nichts gegen Renate«, verteidigt Sophie ihre Köchin. »Aber gut, wenn du nächste Woche deinen Schweinebraten mit Honig machst –«

»Oder selbstgemachte Kohlrouladen«, schlägt Anne vor.

»Mach ich alles«, verspricht Berta. »Wir haben ja genug Zeit über den Winter.«

Wenig später sitzen die drei an einem rustikalen Holztisch dicht am Ufer und genießen ihr Essen.

»Das muss ewig her sein, seit ich das letzte Mal hier war«, sinniert Berta. »Auf dem Golm, ja, da war ich mal vor ein paar Jahren, als sie die Kriegsgräberstätte neu gestaltet haben. Wirklich beeindruckend.«

»Ich fahre hier öfter her, mit den Reisegruppen.« Anne wischt sich die Lippen ab, lehnt sich zurück und stöhnt zufrieden. »Das war gut.«

»Kannst du mit den alten Leuten da überhaupt hochgehen?«, wundert sich Sophie. »Ist ja nicht gerade ein Gebirge, aber immerhin die höchste Erhebung auf der Insel.«

»Die meisten gehen nicht bis nach ganz oben mit. Die sehen sich das Mahnmal an und die Gedenktafeln und warten dann auf uns oder gehen zurück zum Bus. Aber der Ausblick von da oben lohnt den Aufstieg. Man hat eine tolle Sicht auf Swinemünde, den Hafen und bis nach Wollin.«

Die Frauen schlendern am Ufer entlang. Ein paar Fischerboote sind am Kai festgebunden und schaukeln behäbig auf den kleinen Wellen. Ein Schwarm Möwen stürzt sich kreischend auf das Wasser.

»Das da ist schon Polen.« Anne weist auf einen etwa hundert Meter entfernten Schilfgürtel. »Der Golm gehörte eigentlich auch zum Stadtgebiet von Swinemünde. Nur auf Grund seiner Bedeutung als deutsche Kriegsgräberstätte hat man die Grenze direkt am Fuß des Berges entlanggezogen.«

Sie gehen zu Sophies Auto und fahren langsam durch das Dorf zurück.

Anne zeigt nach rechts in die Wiesen. »Das da, der Torfgraben, ist die Grenze. Die Laubenkolonie gehört schon zu Swinemünde.«

Als sie am Parkplatz der Gedenkstätte vorbeikommen, bremst Sophie ab. »Na, was ist? Habt ihr Lust auf einen kleinen Verdauungsspaziergang? Der Hügel ist nur 69 Meter hoch, hast du gesagt, Anne. Das werden wir doch wohl schaffen.«

Aber weder ihre Freundin noch ihre Tante nehmen diesen ohnehin nicht ernst gemeinten Vorschlag an.

Als sie vor der Pension aussteigt, bemerkt Berta, dass sie heute zum ersten Mal nach Sörens Tod wieder richtig unbeschwert und vergnügt war und überhaupt nicht an die Unfälle gedacht hat.

Donnerstag, 1. November

Der kleine eiserne Ofen bullert und strahlt behagliche Wärme ab. In einem verbeulten Blechtopf, der auf der Ofenplatte steht, siedet das Wasser. Plötz zieht den Jackenärmel über die Finger seiner rechten Hand, fasst damit den einen Henkel des Topfes an und gießt das Wasser vorsichtig in dickwandige Gläser, die er vorher zur Hälfte mit Rum gefüllt hat.

»Altes pommersches Rezept«, erklärt er Steffi, die wieder einmal auf einer Fischkiste hockt, »Schnaps muss, Zucker kann, Wasser braucht nicht.«

Berta darf wieder auf dem Küchenstuhl sitzen, Arno hat sich mit einem Netz in seine Ecke zurückgezogen. ›Er sieht schlecht aus‹, denkt die Alte, Sörens Tod hat ihn mitgenommen. Er isst auch zu wenig. Der bräuchte dringend eine Frau, die sich um ihn kümmert. Ist doch ein feiner Kerl. Aber wo soll er hier eine finden?

Der Weißhaarige öffnet die Tür. »Ich wollt mal gucken, ob du raus warst«, sagte er zur Begrüßung.

Plötz schüttelt mit dem Kopf. »Bin doch nicht verrückt. Guck mal nach draußen, wie gries sei all utsieht.« Wie meist, wenn er von seiner Arbeit spricht, verfällt er ins Plattdeutsche.

»Die Ostsee ist grau«, erklärt er Steffi, die ihn verständnislos ansieht, »und das Wasser steigt und steigt und ist spiegelglatt. Und denn, auf einmal, dreht der Wind auf Nord-Ost. Dann haben wir Sturmhochwasser. Ist genau das richtige Wetter dafür. Na, ich hab das Boot gestern schon hochgeholt.«

Die Rheinländerin zeigt sich gebührend beeindruckt, als er vom Sturmhochwasser in der Silvesternacht 1913/14 erzählt, als hätte er es miterlebt. »Alle Fischerhütten waren weg und alle Boote. Die Promenade auch, die Gehwegplatten und die Bäume lagen alle kreuz und quer in der Gegend. Auf der unteren Bergstraße sind die Leute mit Booten gefahren und haben ihren Kram eingesammelt. Zwei Fischer schafften es nicht mehr an Land und ertranken, ihre Boote sind an die Seebrücke gedrückt worden und gesunken. Das war wohl das schlimmste Hochwasser in diesem Jahrhundert hier auf der Insel, aber ich selbst habe auch schon einige erlebt.«

Berta hört gar nicht mehr zu, diese Geschichten hat Plötz schon zigmal am Stammtisch erzählt. Als der Fischer eine Redepause einlegt, um seinen Grog zu trinken, bevor er kalt wird, spricht sie den Weißhaarigen an. »Was ist eigentlich mit Doktor Moll? Du wohnst doch da direkt neben der Praxis. Trinkt der wieder?«

Der Angesprochene zuckt mit den Achseln und pustet vorsichtig in sein Glas. »Ich weiß nicht genau. Die Praxis ist jeden Tag auf. Aber irgendwie komisch ist der Moll schon. Manchmal sieht der einen gar nicht, wenn man ihn auf dem Hof trifft. Und sein Auto lässt er seit einiger Zeit konsequent stehen. Wenn er weitere Wege zu fahren hat, kutschiert ihn seine Tochter. Oder Schwester Marita, der alte Besen. Die tut, als wäre sie mit ihm verheiratet. Lässt ihn nicht aus den Augen, als ob ihm einer was tun wollte. Ich glaub, sie bringt ihn auch abends ins Bett.« Er kichert. »Na ja, seine Alte ist ja auch schon lange weg. Das war ihr wohl damals zu doll, die Sauferei. Er konnte ja auch richtig eklig werden, wenn er einen im Turm hatte.«

»Sie warf ihm das Saufen vor und er ihr das Essen nach«, vermutet Plötz.

»Ja, so ungefähr. Aber Marita kann das ab, die passt auf auf ihren Doktor. Wenn einer über den Hof geht, sieht sie den an, als ob das ein Einbrecher wär, oder ein Autodieb. Sonst ist der Doktor immer als Letzter gegangen nach der Sprechstunde. Jetzt bleibt sie grundsätzlich bis zum Schluss, manchmal bis nach acht, und schließt hinter ihm zu. Tut sich ganz schön wichtig mit ihrer Alarmanlage. Der reine Blödsinn. Wenn einer in die Praxis will, braucht er bloß frühmorgens zu kommen. Die alte Schrödern macht doch da sauber. Die ist halb taub, während sie einen Raum putzt, kannst du die anderen ausräumen, das merkt die gar nicht. Und wenn sie den Müll rausbringt und draußen jemanden trifft, quatscht sie erst mal 'ne halbe Stunde. In der Zeit ist alles offen.« Der Weißhaarige kichert wieder.

Berta sieht ihn missbilligend an. »Vielleicht ist da ja schon mal eingebrochen worden. Die haben doch bestimmt verschreibungspflichtige Medikamente da und so was. Du solltest das dem Doktor sagen, oder Schwester Marita oder wenigstens der Schröder, dass sie besser aufpasst und die Türen zuschließt.«

Der Weißhaarige zuckt mit den Schultern. »Was geht mich das an? Als Brinkmann mich damals entlassen hat, weil ich angeblich geklaut hab, hat mir doch auch keiner beigestanden. Dabei wussten alle, dass das nur ein Vorwand war, weil ich ihm als Hausmeister zu alt war.«

›Oder zu faul‹, denkt Berta, sagt aber nichts mehr.

Freitag, 2. November

Berta ist selten krank und wenn, dann behilft sie sich lieber mit diversen Hausmitteln, als zum Arzt zu gehen. Deshalb kennt sie Schwester Marita auch mehr aus den Erzählungen anderer als aus eigenem Erleben. Aber sie mag die Frau, ihr Aussehen stört sie nicht. Im Gegenteil. Sie grinst, als sie die Sprechstundenhilfe beobachtet, die gerade umständlich die Praxis abschließt, sicherheitshalber noch einmal die Klinke heruntergedrückt und dann vorsichtig auf ihren dünnen Beinen die Treppe hinunterstakst.

»Hast du es eilig?«

Marita, die gerade ihr Fahrradschloss öffnen wollte, richtet sich auf, erkennt Berta, die einen Hund dabei hat, und grüßt freundlich. »Tach, ihr beiden. Nein, ich hab Zeit, auf mich wartet ja keiner. Brauchst du etwas aus der Praxis?«

Die Sympathie beruht auf Gegenseitigkeit. Marita schätzt die ruhige, unaufgeregte Art der alten Wirtin, die nur dann in die Praxis kommt, wenn sie wirklich krank ist, dann aber auch nie die Kompetenz des Arztes anzweifelt und sich an seine Anweisungen hält.

»Nein. Ich dachte, wir können ja mal einen kleinen Spaziergang zusammen machen. Oder wir gehen einen Kaffee trinken. Was meinst du?«

Marita nickt zögernd. Was will Berta von ihr? Vermutlich hat sie von dem Rückfall des Doktors gehört. Inzwischen wird er sich im Ort herumgesprochen haben. Aber sie hat zu viel Respekt vor Berta, um bloße Sensationsgier zu vermuten. Im Gegenteil. Sie möchte wirklich mal mit jemandem über ihren Chef reden.

»Ein Spaziergang ist mir lieber. Kaffee hatte ich heute schon genug.«

Die Frauen gehen langsam bis zum Ende der Promenade. Am Beginn der Steilküste lässt Berta den Hund von der Leine. Der läuft begeistert kläffend durch den Strandsand zum Wasser, um die Möwen zu jagen. Berta und Marita folgen ihm und gehen dicht am Ufer im feuchten, festen Sand zurück. Sie geben ein seltsames Paar ab. Die dürre Krankenschwester schiebt die Hände tief in die Taschen ihres viel zu weiten, langen schwarzen Mantels und redet mehr und schneller, als es sonst ihre Art ist. In ihrer Erregung stürmt sie mit langen forschen Schritten voran. Ihre Begleitung, eher klein und erheblich dicker, kommt mit ihren kurzen Beinen kaum hinterher, will ihre Gesprächspartnerin aber nicht unterbrechen.

»Er ist ein guter Arzt, wirklich. Ich möchte ihm so gern helfen, dass er weiter arbeiten kann. Aber ich kann es nicht mehr verantworten. Es ist viel schlimmer als damals, ich glaube, er halluziniert bereits und leidet unter Verfolgungswahn. Er redet sich ein, dass ihm jemand Alkohol in seine Wasserflaschen füllt und nachts seine Unterlagen durcheinanderbringt oder ihm irgendwelche Sachen in den Schreibtisch legt.«

»Bist du sicher, dass er sich das alles einbildet? Vielleicht war ja wirklich heimlich jemand in der Praxis?«

Berta erzählt, was sie von dem Weißhaarigen gehört hat. Marita ist empört über den Leichtsinn der Putzfrau. »Da werde ich mich gleich morgen drum kümmern. Die kann sich auf etwas gefasst machen!« Dann überlegt sie. »Aber meinst du wirklich? Warum sollte jemand so gemein sein? Und vor allem: Wer käme dafür überhaupt in Frage?«

»Genau das ist das Problem.« Berta erzählt von ihrem Verdacht, dass zwischen den beiden Toten im Ort irgendein Zusammenhang bestehen könnte.

Marita schüttelt energisch den Kopf. »Du hast zu viel Phantasie. Ich bin mir sicher, dass es Unfälle waren. So etwas passiert nun mal. Obwohl mir das vor allem mit Sören Mager sehr leid tut. So ein junger Mann! Um Töpfer natürlich auch«, fügt sie schnell hinzu. »Aber Mord! Nein, also wirklich! Das kann ich mir nicht vorstellen. Und was Doktor Moll betrifft – du kennst Alkoholiker, hattest sogar mehr mit denen zu tun als ich. Du weißt, dass die meisten rückfällig werden.«

»Natürlich kann ich mich irren. Aber wir sollten die Augen offen halten. Vielleicht fällt dir ja irgendetwas ein, was der Anlass sein könnte für das alles.«

Inzwischen sind sie wieder vor der Arztpraxis angekommen. Marita gibt Berta die Hand.

»Danke, dass du mir das erzählt hast von der Schröder. Ich werde jetzt ein bisschen besser aufpassen. Auch auf Doktor Moll. Und wenn mir etwas einfällt, melde ich mich. Versprochen!«

Als die dürre Sprechstundenhilfe auf ihr Fahrrad steigt, um nun endlich nach Hause zu fahren, ist ihre Miene noch finsterer als gewöhnlich. Das ist der eine Grund, weshalb Paul Plötz sich nicht traut, sie anzusprechen, obwohl er seit über einer halben Stunde neben den Mülltonnen der Arztpraxis steht und auf sie wartet. Der andere Grund ist ihre Begleitung, von der sie sich gerade verabschiedet. Inzwischen ist es dunkel geworden, die Frauen, die selbst im Licht einer Außenlampe stehen, können ihn nicht sehen. Außerdem sind sie mit ihren

Gedanken noch bei dem vorherigen Gespräch und achten gar nicht auf ihre Umgebung.

Der Fischer tritt unwillkürlich noch einen Schritt zurück, als nun auch Berta an ihm vorbeigeht. Er ist schockiert, obwohl er schon eine Weile in der Kälte steht, bricht ihm der Schweiß aus. Was hat das zu bedeuten? In seiner Angst hat er vergessen, dass Berta doch angekündigt hat, sie wolle mit Schwester Marita reden. Er denkt überhaupt nicht mehr an die Gespräche über die Unfälle und den Arzt, er ist viel zu sehr mit seinen eigenen Problemen beschäftigt.

Gestern hat Marita ihn angerufen und in ihrer barschen Art befohlen: »Wir müssen reden, Sie wissen, warum.«

In der ersten Überraschung hat er befürchtet, sie fügt gleich hinzu »Ich komme sofort zu Ihnen nach Hause« und er hat schnell gestottert: »Ja, ja, ist gut.«

Er hat in der letzten Nacht kaum geschlafen, ihm war klar, er muss das Gespräch so schnell wie möglich führen. Was hat die Frau vor? Sie hat doch so viele Jahre geschwiegen, er hatte alles schon fast vergessen.

Abwechselnd blickt er den beiden Frauen nach, die sich in entgegengesetzten Richtungen entfernen. Die eine, seine langjährige Freundin und Vertraute, die mehr von ihm weiß, als seine eigene Ehefrau, und die andere, die er mehr fürchtet als alles andere auf der Welt, weil sie sein schlimmstes Geheimnis kennt. Hat sie es etwa Berta verraten? Oder ist die alte Wirtin selbst dahintergekommen? Zuzutrauen wäre es ihr.

Was nun? Abwarten, beschließt Plötz. Mit dieser Strategie ist er sein Leben lang am besten gefahren. »Nichts wird so heiß gegessen, wie es gekocht wird«, versucht er sich selbst zu beruhigen. Aber so richtig klappt es nicht. Er atmet ein paarmal tief ein und aus, steckt die zitternden Hände in die Jackentasche und sieht sich vorsichtig um, bevor er aus seinem Versteck tritt. Auf dem Weg zum Auto überlegt er, was geschieht, wenn die Vergangenheit ihn jetzt einholt. Verdammt noch mal, das darf einfach nicht passieren!

Hoffentlich sieht er mich nicht an. Ich kann nicht freundlich lächeln, vielleicht noch mit ihm reden, belangloses Zeug, Small Talk, das beherrscht er gut. Sein Hotel läuft, ein erfolgreicher Geschäftsmann mit weißer Weste. Wenn ich ihn fragte, ob er sich noch erinnert, er würde mich verständnislos ansehen. Es ist doch schon so lange her und es war so belanglos, es hat sich auf sein Geschäft gar nicht ausgewirkt. Wie seine Angestellten spuren, alles läuft reibungslos, die Gäste sind zufrieden. Ein ausgezeichnetes Haus. Ihm geht es gut, weil es dem Hotel gut geht. Das wird sich ändern.

Dienstag, 6. November

»Ich verlange Polizeischutz! Schließlich zahle ich doch wohl genug Steuern an diesen Staat!«

Der junge Polizist sieht Alexander Brinkmann verblüfft an. »Sind Sie denn bedroht worden?«

Der große, schlanke Hotelier ist weiß vor Wut. Er springt auf und fuchtelt wild mit den Armen.

»Bedroht?«, schreit er. »Bedroht? Mein Lebenswerk wird hier vor meinen Augen vernichtet. Alles, was ich besitze, habe ich in dieses Haus gesteckt. Und jetzt wird es systematisch zerstört.«

Mühsam beherrscht fragt er den Beamten, der ihn immer noch verständnislos ansieht: »Halten Sie das alles für Zufall? Oder glauben Sie vielleicht, ich sei völlig unfähig, ein Hotel zu leiten? Das hier war das erste Haus in Bansin, mit den allerbesten Referenzen, ich habe schon daran gedacht, den fünften Stern zu beantragen. Und nun? Am Montag gab es eine Fischvergiftung, obwohl von uns immer frisch eingekauft und sofort eingefroren wird. Zwei Flaschen vom teuersten Wein waren verdorben. Zum Glück hat der Kellner noch rechtzeitig bemerkt, dass mit dem Verschluss etwas nicht stimmte. Jemand hatte sie geöffnet und etwas hineingemischt. Nun frage ich Sie: Wer kommt in meinen Weinkeller? Das kann doch nur ein Mitarbeiter sein. Und heute Morgen waren drei Kühltruhen abgetaut, da sind einfach die Stecker herausgezogen worden. Tiefkühlware im Wert von mehreren Tausend Euro ist verdorben. Jemand will mich ruinieren! Wer? Warum? Das will ich von Ihnen wissen. Ich erstatte Anzeige. Ich möchte, dass die Vorfälle lückenlos aufgeklärt werden. Dazu gibt es ja schließlich die Polizei. Oder muss erst jemand vergiftet werden? Nehmen Sie Fingerabdrücke, befragen Sie meine Angestellten, was weiß ich, aber unternehmen Sie etwas!«

Samstag, 10. November

»Der Kater ist eben ein Pommer«, erklärt Berta ihrer Nichte, »der mag keine Veränderungen. Er hat in diesem Haus immer ein warmes Bett gefunden und den kriegst du hier auch nicht raus, da kannst du ihn anschreien, sooft, wie du willst. Nicht, mein Dicker?« Sie krault dem Tier den Kopf und sieht es liebevoll an. Sophie stöhnt.

»Tante Berta, ich bitte dich. Es kann doch nicht sein, dass hier eine Katze in der Gaststätte herumläuft. Und wenn wir nicht aufpassen, geht sie in die Zimmer und kriecht in irgendein Bett. Weißt du, wie peinlich das ist? Es ist ja nicht jeder so nett wie der Herr in Zimmer 7, der mir im Vorbeigehen unauffällig zugeflüstert hat, ich solle mal in sein Zimmer sehen. Und da liegt dein fetter Kater mitten im Bett und putzt sich seelenruhig.«

Berta lächelt etwas verlegen, während ihr Charlie ohne jedes Schuldbewusstsein zufrieden schnurrt und Sophie durch halb geschlossene Augen anblinzelt, als wolle er sagen: ›Was willst du eigentlich, meine Beschützerin und ich haben doch wohl ältere Anrechte auf dieses Haus.‹

»Ach, Schieter, nu schimpf mal nicht mit uns. Er ist doch gar nicht mehr so oft hier. Bei mir ist er ja auch noch immer auf den Tisch gesprungen, das macht er doch schon nicht mehr.«

Als ihre Nichte nur missbilligend das Gesicht verzieht, erzählt sie Steffi: »Einmal, da hab ich telefoniert, es war irgendetwas Wichtiges, ich glaube das Finanzamt. Ich hatte mich schon schön eingeschleimt und dann hab ich die Frau da überredet, sie soll mich zurückrufen. Und genau in dem Moment, bevor ich auflegen kann, kommt der Kater ganz dicht ran und miaut laut und deutlich ins Telefon. Die hat nie zurückgerufen, hat bestimmt gedacht, ich will sie auf den Arm nehmen.«

Steffi lacht und streichelt die rotgetigerte Katze. »Bist du aber ein Schöner«, bewundert sie ihn. »Meine Enkel hatten einen Hund. So einen kleinen, struppigen. Was haben sie mit dem alles angestellt! Aber jetzt hat ja keiner mehr Zeit für ein Tier. Der Große ist kaum noch zu Hause und der Kleine hat mit der Schule zu tun und dann sein Musikunterricht – der kommt viel zu wenig raus. Vielleicht sollte ich ihm einfach wieder einen Hund schenken, aber am Ende muss ich mich dann doch wieder selbst darum kümmern.«

Sophie blickt die Frau prüfend an. »Du siehst traurig aus. Hast wohl Heimweh nach deiner Familie? Können die dich nicht mal besuchen kommen?«

»Ach was!« Steffi schüttelt energisch den Kopf. »Die müssen doch alle arbeiten oder lernen. Aber ich telefoniere immer mit denen. Der Kleine hat schon gefragt, wann ich denn wieder nach Hause komme. Die Pänz vermissen mich schon.«

»Die was?«

»Na, die Kinder. Spätestens an Weihnachten muss ich nach Köln. Aber hier ist es doch so schön ... Komm, gib mir ein Bier, dann geht's mir wieder gut.«

Anne kommt herein, hängt ihre Jacke an die Garderobe und sieht sich erst einmal vorsichtig in der Gaststätte um, bevor sie zu schimpfen beginnt. »Mann, hatte ich heute blöde Gäste! Die waren nur am Meckern. Als ob ich was für das Wetter könnte. Sei bloß froh, dass du die nicht im Haus hast, da kann Brinkmann sich mit herumärgern.«

»Na ja, aber die Reisegruppe, die ich habe, bleibt nur zwei Tage, die in der *Seeresidenz* immerhin vier. Jenny sagt, die Gruppe bei Brinkmann hat sich erst kurzfristig angemeldet.« Sophie kommt ein Gedanke. »Du, sag mal, wann haben die die Fahrt bei dir bestellt?«

Anne überlegt. »Das lief über Jenny. War recht kurzfristig. Warum?«

»Ach, ich weiß auch nicht. Wahrscheinlich bilde ich mir etwas ein, ich denke dauernd an diese Fehlbuchung und ob Jenny das mit Absicht gemacht hat. Ist wahrscheinlich Blödsinn. Ich meine – warum sollte sie?«

Sophie geht hinter ihre Bar. Anne folgt ihr. Sie lässt sich eine Tasse Kaffee geben und stellt sich dicht neben die Freundin, so dass niemand hören kann, was die beiden reden.

»Ich glaube, du hast ein schlechtes Gewissen wegen Frank. Deswegen bist du so misstrauisch.«

»Und wenn Jenny das mit uns bemerkt hat? Sie ist doch nicht blöd.«

»Glaub ich nicht.« Anne schüttelt ihren roten Lockenkopf. »Ich traue ihr nicht zu, dass sie sich so verstellen kann. Sie ist doch immer total freundlich.«

»Ja, schon. Aber sie ist auch nicht der Typ, der eine Szene machen würde. Schon gar nicht öffentlich. Ich glaube, sie legt ziemlich viel Wert auf die Fassade.«

»Mag sein. Aber wie soll das überhaupt weitergehen mit dir und Frank? Irgendwie verstehe ich dich nicht. Du musst doch damit rechnen, dass mal alles ans Tageslicht kommt. Diese ewige Heimlichtuerei würde mir auf den Geist gehen. Ihr könnt doch auch nichts miteinander unternehmen. Also, ich glaube, ihr müsst euch bald mal entscheiden: entweder ihr lasst das oder ihr bekennt euch zueinander, mit allen Konsequenzen. Vielleicht ist es ja auch gar nicht so schlimm und Jenny findet sich damit ab und trennt privat und Geschäftliches.«

Sophie blickt schweigend in ihr Spülwasser. Anne seufzt.

»Ja, ich weiß. Du willst nicht darüber reden. Aber ich bin deine Freundin, ich will dir helfen.«

»Ach, ich weiß doch auch nicht.« Sophie stellt das letzte Glas auf die Abtropfplatte, trocknet sich die Hände ab und sieht Anne ratlos an. »Eigentlich will ich das doch gar nicht mehr. Es ist wirklich nur Sex.«

»Aber guter«, wirft Anne etwas neidisch ein.

Sophie lacht kurz auf. »Ja, schon. Wirklich – der beste, den ich jemals hatte. Aber das kann doch nicht alles sein. Ich meine, Frank ist nett und witzig und sieht gut aus – aber ein ernsthaftes Gespräch kann man mit ihm nicht führen. Zusammenleben möchte ich mit ihm eigentlich gar nicht. Und den Ärger, den wir haben, wenn unser Verhältnis rauskommt, ist er wirklich nicht wert. Weißt du was? Ich verspreche dir, es umgehend zu beenden.«

Den letzten Satz sagt sie, während sie zur Tür blickt, in der Frank Sonnenberg gerade steht.

›Der Mann sieht aber auch wirklich gut aus. Gepflegt, dynamisch und erfolgreich – auf eine lässige Art. Er hat einen Dreitagebart, die Haare sind immer etwas zu lang und er trägt teure Markenkleidung so selbstverständlich wie Plötz seine Fischerklamotten.‹ Erschreckt stellt Anne fest, dass sie eben heimlich geschwärmt hat.

Dabei blickt Frank die beiden Frauen in diesem Moment viel weniger dynamisch als unsicher an, es ist ziemlich offensichtlich, dass gerade über ihn gesprochen wurde und Sophies Miene scheint ihm nicht zu gefallen. Aber dann geht er lachend an den Stammtisch, streichelt den Kater und bestellt für sich, Berta und Steffi eine Runde Bier, die er noch erweitert, als Manfred und Christine Jahn hereinkommen.

Christine wirkt wie immer, wenn sie noch nichts getrunken hat, unsicher und fahrig. Sie scheint noch nervöser zu sein als sonst und sieht sich misstrauisch um. Wahrscheinlich befürchtet sie zu Recht, dass ihre Ladendiebstähle sich bereits herumgesprochen haben. Aber niemand lässt sich etwas anmerken.

Berta überlegt, ob Manfred Jahn wohl von allem gehört hat. Wahrscheinlich nicht. Wer sollte es ihm erzählt haben, seine Frau bestimmt nicht. Jeder weiß, dass die beiden nur noch in einer Zweckgemeinschaft in ihrem gemeinsamen Haus leben. Besonders wenn sie betrunken ist, wird offensichtlich, dass sie einander hassen. Plötz hat den Mann einmal bedauert: »Eigentlich kann der einem leidtun, er bringt das Geld nach Hause und sie macht ihm die Hölle heiß. Da fragt man sich, wozu hat der geheiratet. Wahrscheinlich wollte er einfach bloß eine Frau, die kocht wie seine Mutter. Nun hat er eine, die säuft wie sein Vater.«

Es dauert nicht lange, bis das Gespräch auf Dr. Moll kommt. »Wenn Schwester Marita ihn nicht decken würde, hätte der seine Praxis schon lange dichtmachen müssen«, stellt Christine Jahn gerade fest und trinkt selbstgefällig ihren doppelten Weinbrand in einem Zug aus. ›Ist doch seltsam‹, denkt Berta, ›dass gerade die Jahn, die selbst im Glashaus sitzt, hier mit Steinen wirft.‹

»Wie heißt die Sprechstundenhilfe eigentlich mit Nachnamen?«, fragt Inka, die sich, gerade gekommen, neben ihre Kollegin Anne auf einen Barhocker gesetzt hat. Alle überlegen, aber sogar Berta zuckt schließlich mit den Schultern. »Komisch, das weiß ich gar nicht. Sie ist immer nur ›Schwester Marita‹. Ich weiß nicht einmal, wo sie wohnt.«

»Ich glaube im Wohnblock am Ortsrand«, sagt Anne. »Da habe ich sie des Öfteren gesehen. Hat sie eigentlich Familie?«

Berta kramt in ihrem Gedächtnis. »Ich glaube nicht. Aber irgendetwas war da mal. Sie soll etwas mit einem verheirateten Mann gehabt haben. Hatte sie sogar ein Kind mit dem? Nee, ich weiß das nicht mehr. War auf jeden Fall schon vor der Wende. Und sie ist wirklich eine gute Krankenschwester«, beendet sie das Thema.

Als Frank seine Jacke auszieht und auf den Stuhl neben sich wirft, fällt ein Smartphone heraus und unter Manfred Jahns Stuhl. Der hebt es auf. »Tolles Teil«, stellt er bewundernd fest, während er das Gerät zurückgibt. Frank schiebt es in die Jackentasche. »Na ja«, lächelt er etwas verlegen, »ist schon ganz nützlich. Aber ehrlich gesagt, auf diese »Besserwisser-Funktion«, also Wikipedia, könnte ich eigentlich verzichten. Es ist doch langweilig, wenn man jederzeit und überall alles nachschlagen kann. Gerade am Stammtisch. Wie oft haben wir diskutiert und gestritten: Wann war das noch oder wer war das – jetzt guckt man einfach nach. Keine Diskussion, kein ›Ach ja!‹, wenn einem etwas wieder einfällt, also, ich vermisse das.«

»Dann lass das Ding doch einfach zu Hause«, rät Anne, »wozu hast du es dir überhaupt gekauft? Zum Angeben?«

»Das hat ihm seine Frau zum Hochzeitstag geschenkt«, weiß Berta. »Aber ihr hättet erst mal das Armband sehen sollen, das er für sie gekauft hat!«

»Das ist der Funke, der das Fass zum Überlaufen bringt«, murmelt Anne, und Sophie weiß nicht, ob sie lachen oder weinen soll.

Als Paul Plötz und Arno Potenberg hereinkommen, ist am Stammtisch kein Platz mehr frei. Inka hat sich inzwischen neben Steffi gesetzt, die von ihrer Familie erzählt. »Der Mario, der würde dir gefallen«, meint sie. »Er ist jetzt 22, aber eine feste Freundin hat er noch nicht, glaube ich. Hat jedenfalls noch keine mitgebracht. Na, ich will ja auch noch nicht Uroma werden. Er soll mal erst sein Studium machen. Er hatte mal eine, die war so fussisch ...«

»Was war die?«

»Na, die hatte ganz rote Haar, die mocht ich nicht. Und der Kleine, also der ist ja jetzt auch schon 15 und so was von begabt ...«

»Du, entschuldige, Steffi, ich geh mal wieder an die Bar, dann können die Männer sich hierher setzen.«

Inka steht auf und Plötz nickt ihr dankbar zu, während er neben der Kölnerin Platz nimmt. Großspurig bestellt er Getränke für alle. Arno winkt ab, als Sophie ihm einen zusätzlichen Stuhl an den Stammtisch stellen will. Er setzt sich an die Bar.

»Nächsten Donnerstag ist die Seebestattung. Willst du kommen?«, fragt er Inka leise. Die schüttelt beklommen den Kopf und sieht ihn erstaunt an. Weiß er etwa, dass sie mal in Sören verliebt war? Das ist doch schon zehn Jahre her und war nach ... diesem schrecklichen Tag schlagartig vorbei. Sören und sie haben sich danach nie wieder getroffen. Sie möchte etwas sagen, hat aber Angst, dass sie dann zu weinen beginnt, und schluckt nur.

»Machen dir die Fahrten mit den Gästen denn noch Spaß?«, lenkt der Fischer ab.

Inka räuspert sich und nickt eifrig. »Ja, klar. Man ist immer unterwegs, lernt viele Menschen kennen und merkt erst, wie schön Usedom ist. Weißt du, man muss das alles mal mit den Augen der Gäste sehen. Für uns ist das ja alles selbstverständlich. Ich wette, viele Einheimische kennen die Insel gar nicht richtig.«

Arno nickt. »Das stimmt wohl. Ich war ja auch erst nach der Wende das erste Mal in Peenemünde und habe erfahren, dass das die ›Wiege der Raumfahrt‹ ist.«

Als Sophie alle mit Getränken versorgt hat, stellt sie erstaunt fest, dass sich zwischen Inka und Arno ein angeregtes Gespräch entwickelt hat. Sie beobachtet die beiden. Soweit sie weiß, hat Inka keinen Freund und Arno hat sie noch nie mit einer Frau gesehen. Das ist eigentlich seltsam, denn wenn der nicht gerade in seiner unförmigen Latzhose steckt und die Haare unter einer Schirmmütze verbirgt, sieht er richtig nett aus. Schade, dass er immer so ernst ist, er hat ein angenehmes, tiefes Lachen und zeigt dabei hübsche Zähne.

»Hast du gewusst, dass Arno so viel Ahnung von der Geschichte der Insel hat?«, fragt sie Anne leise.

Die zuckt gleichgültig mit den Schultern. »Blöd ist der nicht, das weiß ich. Aber er macht eben nichts daraus. Er ist mit meinem kleinen Bruder in eine Klasse gegangen und war sogar richtig gut, aber da kräht doch heute kein Schwein mehr nach. Hatte eben eine schwierige Familie – hat keinen Beruf gelernt und bei Plötz wird er wohl allmählich verblöden.«

»Wie alt ist dein kleiner Bruder eigentlich?«

»Sophie!« Sie dämpft ihre Stimme und dreht Arno den Rücken zu, als sie leise auf die Freundin einredet. »Du wirst doch wohl nicht? Der ist zehn Jahre jünger als du und überhaupt! Du bist mit dem einen Elend noch nicht fertig, da fängst du die nächste verhängnisvolle Affäre an. Also wirklich! ›Schuster bleib bei deinen Äpfeln‹, sag ich da nur.«

»Nun beruhige dich mal wieder. Ich will ihn ja nicht heiraten, ich hab dich nur gefragt, wie alt er ist. Und was hat ein Schuster mit Äpfeln zu tun?«

»Was? Lenk nicht ab! Ich kenne diesen Blick, so fängt das immer bei dir an.«

Sophie schüttelt resigniert den Kopf. »Du spinnst.« Zugleich nimmt sie sich noch einmal vor, das Verhältnis mit Frank so schnell wie möglich zu beenden. Am besten schon heute Abend, wenn sich eine Gelegenheit ergibt, mit ihm allein zu reden.

Gegen 23 Uhr haben die letzten Restaurantbesucher bezahlt und sind gegangen. Übernachtungsgäste sind nicht mehr im Haus, die Reisegruppe ist abgereist und es sind keine Urlauber mehr gekommen. Kurz vor Mitternacht löst sich dann auch der Stammtisch langsam auf. Berta und Steffi sind schon weg, Christine Jahn ist jetzt wieder ganz ruhig und locker.

»Bring mir schnell noch einen, bevor er wiederkommt«, ruft sie Sophie zu, als ihr Mann zur Toilette ist. Der denkt sich aber seinen Teil und setzt sich gar nicht erst wieder hin, sondern bezahlt an der Bar und drängt seine Frau zum Aufbruch.

Auch Plötz und Arno haben sich verabschiedet. Inka, die mit Anne zusammen etwas zu viel getrunken hat, ist nun doch noch in Tränen ausgebrochen. Sie lehnt an der Bar, hat den Kopf auf ihren Arm gelegt und weint bitterlich. Anne hält sich mit einer Hand am Barhocker fest, streichelt ihrer Kollegin unbeholfen über die kurzen blonden Haare und versucht sie zu trösten.

»Der Zahn der Zeit, der schon so viele Tränen getrocknet hat, wird auch über diese Wunde Gras wachsen lassen«, verkündet sie feierlich.

»So, das war jetzt das Wort zum Sonntag«, stellt Sophie fest. »Damit hast du dich mal wieder selbst übertroffen. Hoffentlich habt ihr beide morgen keine Fahrten.«

»Wir haben frei«, winkt Anne ab. »Aber ich glaube, wir gehen trotzdem lieber nach Hause.« Sie blickt zu Frank Sonnenberg, der gerade umständlich seine Jacke anzieht. »Du hast ja bestimmt noch was vor.«

Sie legt den Arm um Inka und schiebt sie aus der Gaststätte. »Nun komm, ich bring dich nach Hause. Bezahlen kannst du morgen.«

»Na, die haben ja reichlich«, lacht Frank. Während er zur Bar kommt, klopft er auf die Brusttasche seiner Lederjacke und stutzt plötzlich. Dann sieht er auf den Fußboden unter dem Stammtisch.

»Verdammt, wo ist mein Handy?«

Sophie kommt ihm zu Hilfe. Minutenlang suchen beide, dann sehen sie sich ratlos an.

»Gib mir mal dein Telefon.« Er wählt seine Nummer, die Sophie gespeichert hat, und wartet eine Weile.

»Also, hier in der Nähe ist es jedenfalls nicht. Oder es ist ausgeschaltet. Vielleicht ist ja der Akku leer.«

»Hier klaut doch keiner.«

Frank schüttelt den Kopf. »Das mag ich auch nicht glauben.« Er zögert, dann zuckt er mit den Schultern. »Es wird sich schon wieder anfinden. Hoffentlich. Na, zum Glück habe ich noch mein altes Handy, darin sind auch alle wichtigen Nummern gespeichert.«

»Vielleicht finde ich es beim Aufräumen. Soll ich dich dann noch anrufen oder lieber morgen früh?«

Er sieht sie prüfend an. »Du willst Schluss machen, stimmt's? Hat Anne dich endlich überzeugt? Na, vielleicht ist es auch besser so. Jenny kommt mir momentan ein bisschen komisch vor. Muss ja nicht für immer sein, hm?«

Seltsam, wie leicht Frank ihren Entschluss hinnimmt. Sie hat es sich so lange und gründlich überlegt, was sie sagen wollte, so viele Argumente zurechtgelegt, auf jedes *Aber* eine Antwort. Und dann nickt er nur und stimmt ihr zu, bevor sie überhaupt etwas ausgesprochen hat.

»Ja, klar, es wäre schon peinlich, wenn meine Frau dahinterkommt. Ihr seid Geschäftspartner, da solltest du sie dir nicht zur Feindin machen. Zumal ihr euch ja prima versteht.«

Dieses kleine Lachen am Ende eines Satzes, die Unbekümmertheit, das genau ist es, was Sophie an Frank am meisten liebt. Sie haben eine schöne Zeit gehabt, als sie noch in Berlin lebte und er dort arbeitete. Kam sie nach Bansin, so traf sie ihn manchmal mit seiner Frau, aber das hat sie nie gestört. Sie wusste von Anfang an, dass Frank verheiratet ist und es auch bleiben will und ihr Versteckspiel hat über Jahre hinweg perfekt funktioniert. Nicht einmal die äußerst scharfsinnige Tante Berta hat bislang etwas bemerkt. Aber Sophie will kein Risiko eingehen. Nicht nur, weil ihr die Zusammenarbeit mit Jenny Sonnenberg nützt, sie mag die Frau wirklich und hat zu viel Respekt vor ihr, um sie bloßzustellen. Frank hat völlig Recht: es wäre äußerst peinlich, wenn sie hinter das Verhältnis käme. Und Sophie ahnt auch, dass Jenny eine gefährliche Feindin sein kann, besonders, wenn es um ihren Ehemann geht. Vielleicht hat Jenny ja wirklich etwas mit der Fehlbuchung zu tun. Irgendwann hat Frank schon einmal die Befürchtung geäußert, dass seine Frau etwas ahnen könnte.

Sie seufzt. »Ja, ist wohl besser so«, bestätigt sie.

Frank küsst sie schnell auf den Mund, sieht ihr tief in die blauen Augen und lächelt, ein bisschen traurig. Dann dreht er sich um und geht.

Sophie ist auch traurig, enttäuscht, dass er sie so schnell aufgegeben hat, aber vor allem erleichtert. Eine Sorge ist sie los. Jetzt muss sie kein schlechtes Gewissen mehr haben, wenn sie an Jenny Sonnenberg denkt.

Ein netter Mensch. Ruhig und freundlich. Er wäre mir fast sympathisch, wenn ich nicht wüsste, welche Schuld er trägt. Aber er denkt nicht mehr daran, hat es schon lange vergessen, wenn er überhaupt jemals darüber nachgedacht hat. Man sollte annehmen, er wäre schon gestraft genug, mit dieser Frau. Ja, sie ist sicher eine Strafe für ihn. Aber nicht Strafe genug. Er hat versagt. Aus reiner Gedankenlosigkeit und Egoismus. Er ist einfach gegangen und hat das Kind im Stich gelassen.

Christine und Manfred Jahn schlafen schon lange getrennt. Unten im Haus ist ein großes Wohnzimmer, eine fast sterile Küche, in der selten gekocht wird, der Hauswirtschaftsraum und ein Bad, das Manfred Jahn gehört. Seine Frau nutzt das Bad neben ihrem Schlafzimmer im oberen Stockwerk. Dort ist auch Manfreds Arbeitszimmer, in dem sein Bett steht. Der Raum sollte mal ein Kinderzimmer werden, doch dazu ist es nie gekommen. Vor einigen Jahren ist Manfred noch manchmal zu seiner Frau hinübergegangen, aber nun schon lange nicht mehr. Sie ekelt ihn nur noch an, selbst wenn sie nüchtern ist, was selten genug vorkommt. Er hat es längst aufgegeben, sie vom Trinken abzuhalten. Soll sie doch! Arbeit findet sie sowieso nicht mehr, niemand will eine unzuverlässige Verkäuferin ohne PC-Kenntnisse. Er verdient bei der Bank eigentlich genug für sie beide, das Haus ist fast abgezahlt, Reisen unternehmen sie schon lange nicht mehr und Christine stellt auch keine Ansprüche, solange ihr regelmäßiger Alkoholkonsum gesichert ist. Im Moment hat er zwar ein paar Geldprobleme, aber das Blatt wird sich wieder wenden. Und das bisschen, was Christine dazuverdienen könnte, würde auch nicht viel daran ändern.

Er schließt die Tür hinter sich und schaltet den Computer ein. Heute ist Samstag, da kann er die ganze Nacht hindurch Poker spielen und morgen schlafen.

Christine hält sich mit einer Hand am Waschbecken fest, als sie versucht, sich die Zähne zu putzen. Sie vermeidet, dabei in den Spiegel zu sehen. Dann wankt sie in ihr Schlafzimmer, setzt sich auf die Bettkante und starrt die Wand an. Sie muss aufhören zu trinken, unbedingt. Bevor sie völlig die Kontrolle über ihr Leben verliert. Aber nüchtern ist alles noch viel schlimmer. Diese ständige Angst! Was geschieht mit ihr? Hat sie die Creme in den Einkaufswagen gelegt? Warum? Es ist gar nicht die Sorte, die sie benutzt. Und wie ist der Pullover in ihre Tasche gekommen? Gestern befand sich eine Flasche Korn in ihrem Einkaufswagen. Sie trinkt gar keinen Korn. Aber das Schlimmste war der Zettel. Als sie ihren Einkaufszettel aus der Tasche holen wollte, hatte sie plötzlich ein Stück Papier in der Hand, auf dem in großen Druckbuchstaben stand: *Du hättest aufpassen sollen.* Sie hatte sich erschrocken umgesehen, aber in dem Gewühl am Freitagabend keinen Bekannten im Einkaufsmarkt erkannt.

Sie überlegt, ob sie noch etwas trinkt, um die Gedanken völlig abzuschalten und endlich mal wieder schlafen zu können. Der Zettel geht ihr nicht aus dem Kopf. Worauf hätte sie aufpassen sollen? Vor ein paar Jahren ist sie noch manchmal betrunken Auto gefahren. Einmal hat sie eine Radfahrerin gestreift, die gestürzt ist und sich verletzt hat. Aber es war doch nicht so schlimm? Gegen 300 Euro Entschädigung hatte die Frau von einer Anzeige abgesehen.

Christine Jahn überlegt. Plötzlich fällt ihr etwas ein. Es muss mit dem Kind zusammenhängen. Sie zwingt sich, daran zu denken. Jahrelang hat sie das Geschehen verdrängt, aber sie ist nie wieder gern zum Strand gegangen.

Noch nach zehn Jahren kann sie sich an jede Einzelheit erinnern. Es war ein Sonntagnachmittag im Juli, sehr warm, der Strand war voller Menschen. Sie hatten sich, wie immer, am Fischerstrand niedergelassen, denn zwischen den Booten war es etwas ruhiger. Dort gab es keine Strandkörbe und das Baden war in diesem Abschnitt verboten, weil der Sog Löcher in den Meeresboden grub. Hier standen noch die Pfähle einer alten Buhne im Wasser, die Fischerboote ankerten hier.

Sie hatte einen Windschutz um ihre Decke aufgebaut und einige Flaschen Bier im Sand vergraben. Die Kinder, die ein paar Meter weiter spielten, mussten sie ja nicht unbedingt beim Trinken sehen. Hin und wieder warf sie einen Blick hinüber. Der schlaksige Teenager und der etwa fünfjährige, dunkelblonde Junge waren anscheinend Brüder. Der Große schrie ein junges Mädchen an, das ihn am Weggehen hindern wollte: »Du sollst auf den Kleinen aufpassen, nicht auf mich! Ich bin doch kein Baby mehr.«

»Du darfst hier aber nicht baden gehen«, erklärte das Mädchen geduldig.

»Will ich ja auch gar nicht. Ich geh zum Volleyball. Vielleicht lassen die mich mitspielen.«

»Na, gut. Aber komm nachher wieder. Ich will auch noch mal kurz weg, etwas zum Trinken holen.«

Das brachte Christine Jahn auf eine Idee. Sie sah über den Sonnenschutz zu ihrem Mann, der ein Stück weiter im Schatten eines Bootes lag und las. Dann grub sie eine Flasche Bier aus und trank sie in wenigen Zügen leer. Sie überlegte kurz, wickelte die Flasche dann in eine Zeitung und brachte sie zum Papierkorb. Beim Aufstehen wurde ihr etwas schwindlig. ›Ich muss vorsichtig sein‹, dachte sie, ›bei der Hitze wirkt der Alkohol viel schneller als sonst.‹

Sie setzte sich wieder hin und erwiderte den Gruß des jungen Mädchens.

Der Kleine buddelte eifrig, mit Hilfe seiner Aufpasserin wollte er sich ein Auto aus Sand bauen.

Das Mädchen sah immer wieder zum Rettungsturm hinüber. Der Turm war zu weit weg, um jemanden genau zu erkennen, zumal man gegen die Sonne blinzeln musste, aber der junge Mann, der dort stand und anscheinend mit einem Fernglas auf das Meer blickte, muss Sören Mager gewesen sein. Er hatte Semesterferien und war hier, wie in jedem Sommer, als Rettungsschwimmer tätig. Christine schaute zurück auf den Teenager in ihrer Nähe. Das Mädchen trug einen knappen Bikini und wirkte unkonzentriert. ›Die fängt ja früh an‹, dachte sie. ›Die kann doch höchstens vierzehn sein.‹

Damals hatte sie die Jugendliche erkannt, es war eine Einheimische. Aber wer war das noch? – Jedenfalls ging das Mädchen zum Ufer und sammelte Muscheln und flache Steine in einen kleinen Eimer. Den stellte sie neben den Jungen und blieb dann eine Weile stehen und sah dem Kind zu, das völlig in sein Spiel vertieft war.

Nach einiger Zeit, Manfred war inzwischen zurückgekommen, hatte das Mädchen herübergelächelt. Manfred trank aus einer Wasserflasche und sah dem kleinen Jungen beim Spielen zu. Das ältere Mädchen lief nun schnell in Richtung Rettungsturm, drehte sich noch einmal um, aber der Junge war so vertieft, dass er sie gar nicht mehr beachtete.

Fünf Minuten später hatte Manfred mit dem Fuß im Sand gebohrt und war an eine Bierflasche gestoßen. »Musst du denn jetzt schon am helllichten Tag in aller Öffentlichkeit saufen«, hatte er sie angefahren, sie spürt noch heute, wie sehr sie das verletzt hat. Nach einem erregten Wortwechsel hatte Manfred wütend seine Sachen zusammengesucht und war nach Hause gegangen.

Sie blieb zurück, trank die Flasche leer, die ihr Mann ausgegraben hatte. Und dann aus Trotz noch die dritte. Als sie begann, ihre Umgebung schon leicht verschwommen zu sehen, legte sie sich in den Schatten ihres Windschutzes, bedeckte ihr Gesicht mit einer Zeitung und schlief ein.

Für einen Moment blitzt ein Gedanke in Christine Jahn auf, es ist mehr ein Schreck, ein Verdacht – aber dann ist ihr der Zusammenhang schon wieder entglitten. Sie blickt zu ihrer Tasche, aus der ein ungewohntes Geräusch dringt. Vorsichtig öffnet sie sie und sieht hinein. Sie erkennt das Smartphone sofort und wagt nicht, es anzufassen. Selbst als das Display wieder dunkel ist, starrt sie das Gerät noch fassungslos an. Wird sie wahnsinnig?

Als jetzt ihr eigenes Handy, das auf dem Nachttisch liegt, klingelt, glaubt Christine einen Moment lang, jemand würde anrufen, um ihr die Situation zu erklären. Vielleicht ist alles ein schlechter Scherz?

Sie muss sich räuspern, bevor sie völlig verängstigt ihren Namen herauspresst. »Jahn? Wer ist denn da?« Dann lässt sie den Apparat fallen und presst ihre Hand vor den Mund. Sie weiß nicht einmal, ob es eine Männer- oder Frauenstimme war, sie klang so unheimlich verzerrt, aber der Hass war deutlich zu spüren: »Du hättest aufpassen sollen! Warum hast du nicht aufgepasst?«

Sonntag, 11. November

Christine Jahn schläft noch, als ihr Mann das Haus verlässt. Er hat bis zum Morgen im Internet gepokert. Danach war er zu aufgekratzt, um schlafen zu können. Er hat ein Bad genommen, dann einen Tee getrunken und versucht, etwas zu lesen. Als sich der Hund von seinem Lager erhebt und zur Tür geht, sieht er auf die Uhr. 8 Uhr, genau die Zeit, zu der er an jedem Morgen mit dem Tier hinausgeht. In der Woche lässt er den kleinen Terrier meist nur in den Garten, aber am Sonntag gönnt er ihnen beiden einen ausgiebigen Spaziergang. Bei jedem Wetter geht er die gleiche Strecke: etwa zwei Kilometer am Strand entlang, dann eine Treppe hoch und oben auf der Steilküste zurück.

Heute herrscht dichter Nebel. Er hört das Wasser schon leise plätschern, bevor er es sieht. Manchmal kann er den Hund nicht sehen, aber das macht ihm keine Sorgen, der läuft nicht weit weg und kommt immer gleich, wenn er ihn ruft.

Manfred geht immer dicht am Wasser entlang, dort wo der Sand nass und fest ist. Manchmal muss er zur Seite springen, um einer kleinen Welle auszuweichen. Aber die See ist heute ruhig. Unter seinen Schuhen knirschen Muscheln und kleine

Steine, hin und wieder kläfft der Hund, wenn er eine Möwe aufscheucht. Sonst ist es still. Er kann die Steilküste nicht sehen und muss aufpassen, dass er nicht an der Treppe vorbei geht. Kurz davor liegt ein großer Stein dicht am Wasser, den müsste er eigentlich sehen. Aber vielleicht liegt der heute auch in der Ostsee, der Strand ist relativ schmal durch den hohen Wasserstand. Manfred geht etwas langsamer und sieht sich aufmerksam um. Seinem Empfinden nach könnte er schon zwei Kilometer gelaufen sein. Aber der Nebel verändert alles, auch das Zeitgefühl. Außerdem fröstelt ihn, er ist ziemlich übermüdet.

Manfred Jahn ist erleichtert, als er den großen Felsbrocken direkt vor sich am Ufer sieht. Er geht nach links, pfeift dem Hund, der fröhlich angesprungen kommt, und stapft durch den losen, feinen Sand, bis er den steilen Abhang vor sich sieht. Hier geht es sich schlecht, es liegen viele größere Steine herum, die von dem Steilhang abgebröckelt sind, auch Äste und Tannenzapfen.

Da, endlich, die Treppe. Er klemmt sich den kleinen Hund unter den Arm und steigt hinauf. 70 Stufen sind es, er hat sie schon mehrmals gezählt. Oben setzt er das Tier auf den Boden und bleibt eine Weile stehen. Erst als er wieder ruhiger atmen kann, geht er weiter.

Der Weg zurück nach Bansin führt bergauf, dicht an der Küste entlang. Immer, wenn er hier entlanggeht, stoppt Manfred am höchsten Punkt der Küste. Er bückt sich unter der Absperrung aus Holz hindurch und tritt dicht an das Steilufer. Von hier aus hat man einen herrlichen Blick über die Ostsee, bei klarem Wetter bis zur polnischen Nachbarinsel Wollin. Auch heute folgt der dunkelhaarige Mann seiner Gewohnheit, obwohl natürlich kaum etwas zu sehen ist. Angestrengt versucht er, das Wasser zu erkennen, aber er sieht nur ein Nebelmeer. Er muss aufpassen, dass er nicht zu nah an die Kante tritt, hier ist der Abhang steil und über fünfzig Meter tief.

Um Bobby, seinen Hund, braucht er sich nicht zu sorgen, der geht nie so dicht an den Steilhang. Sein aufgeregtes Bellen kommt aus einiger Entfernung, vielleicht hat er einen Hasen aufgespürt.

Die dunkel gekleidete Gestalt hinter der dicken Buche kann Manfred Jahn nicht sehen. Als er plötzlich eine Stimme hört, steht er starr vor Schreck.

»Du hättest aufpassen sollen!«

Er spürt einen kräftigen Stoß, will sich festhalten, reißt einen kleinen Strauch mit sich. Kurz danach prallt sein Körper auf.

»Wenn der Hund nicht so lange gebellt hätte, würde er vielleicht immer noch am Strand liegen.« Berta schüttelt betrübt den Kopf, als sie ihren Bericht beendet hat.

Sophie ist tief betroffen. »Ich kann das gar nicht glauben. Er war doch gestern Abend erst hier. Na, das weißt du ja selbst.« Verwirrt sieht sie ihre Tante an. »Hat seine Frau ihn denn nicht vermisst? Wie lange mag er dort gelegen haben?«

»Er soll ja jeden Sonntag um 8 Uhr morgens mit dem Hund gegangen sein. Und gegen Mittag haben sie ihn gefunden. Plötz sagt, er ist mit dem Kopf auf einen Stein gefallen und war gleich tot. Was seine Frau betrifft – na, du weißt ja. Die haben sie kaum wach bekommen.«

»Ihre Nachbarn haben die Tür aufbrechen lassen«, mischt sich Renate ein, die auch mit am Tisch sitzt. »Denen war das nicht geheuer, weil der Hund so aufgeregt war und im Haus hat sich nichts gerührt. Wer weiß, ob die Jahn ohne Arzt überhaupt wieder aufgewacht wäre, so zu gedröhnt, wie die war. Sie hat wohl auch noch Schlaftabletten genommen. Doktor Moll wollte sie ja ins Krankenhaus schicken, aber sie hat sich mit Händen und Füßen dagegen gewehrt. Wenn man vom Teufel spricht ...«

Doktor Moll kommt an den Stammtisch und grüßt freundlich. Er legt Frank Sonnenbergs Smartphone auf den Tisch und lächelt etwas verlegen, als die Frauen ihn erstaunt ansehen.

»Ich musste Frau Jahn versprechen, das hier abzugeben«, erklärt er. »Sie hat es gestern Abend wohl versehentlich eingesteckt.«

»Kommen Sie, Herr Doktor, trinken Sie einen Kaffee mit uns.« Berta rückt einen Stuhl zurecht. Während der schlanke, ältere Mann sich zögernd setzt, holt Sophie ihm eine Tasse. Sie stellt ihm Zucker und Sahne in Reichweite, aber das lehnt er ab und nippt vorsichtig. Niemand weiß so recht etwas zu sagen.

»Ist Manfred Jahn wirklich von der Steilküste abgestürzt?«, beendet Berta das etwas peinliche Schweigen. Schließlich wissen es doch schon alle, also kann der Arzt sicher auch darüber reden.

Der nickt. »Ja, es sieht so aus. Aber wie das genau passiert ist, kann ich natürlich nicht sagen. Das muss die Polizei feststellen.«

»Die Polizei?« Sophie ist erstaunt. »Hat ihn denn jemand hinuntergestoßen?«

»Nein – das heißt, das weiß ich natürlich nicht. Bei solchen Unfällen muss die Polizei immer ermitteln. Das Dumme ist, dass schon eine Menge Leute heute Vormittag da oben herumgetrampelt sind. Da wird es kaum noch Spuren geben, wenn denn welche da waren. Sie haben ja zunächst vermutet, dass Herr Jahn gefallen ist oder einen Herzanfall hatte und nun irgendwo im Wald liegt. Erst später haben sie am Strand gesucht.«

Moll trinkt seine Tasse leer und will sich erheben. Aber so schnell lässt Berta ihn nicht fort.

»Was ist denn mit seiner Frau? Kann sie etwas damit zu tun haben? Ich meine, die große Liebe war das ja nun nicht mehr.«

Der Arzt schüttelt energisch den Kopf. »Auf keinen Fall. Frau Jahn war fast bewusstlos und das schon länger als drei oder vier Stunden.« Erschrocken blickt er auf, als sich hinter ihm jemand räuspert. Berta ist verärgert. Gerade jetzt, wo es spannend wird, taucht die Polizei auf. Von denen erfährt sie bestimmt nichts. Aber sie wird es zumindest versuchen.

»So, ich muss dann aber mal. Danke für den Kaffee.«

»Danke, dass Sie das Smartphone gebracht haben.« Sophie lächelt ihn freundlich an. »Es gehört Frank Sonnenberg. Der hat es schon vermisst.«

Moll nickt und verlässt schnell das Haus.

Berta hat sich nicht geirrt. Kriminalhauptkommissar Schneider stellt zwar viele Fragen, gibt aber im Gegenzug kaum Antworten. Sie müsste mal versuchen, Fred Müller allein zu erwischen, um ihn ein bisschen auszuquetschen. Der hat immerhin auf ihre Frage, ob Gerd Töpfer einen Abschiedsbrief hinterlassen hat, den Kopf geschüttelt. Als die Beamten gehen, sieht Berta ihnen unzufrieden hinterher. Die Vorfälle in ihrem Ort machen ihr Angst, aber sie hat nicht das Gefühl, dass die Polizisten ernsthaft an einer Aufklärung arbeiten. Sie stellen nur Routinefragen und scheinen völlig im Dunkeln zu tappen. Na ja, Fred war noch nie der Hellste und der Anklamer kennt weder den Ort noch die Leute hier. Ob sie wohl einen Zusammenhang zwischen den Todesfällen herstellen? Jedes der Unglücke wäre für sich allein genommen unverdächtig. Aber dass drei Bansiner innerhalb von nicht einmal zwei Monaten tödlich verunglücken, erscheint Berta äußerst alarmierend.

Die alte Frau fühlt sich unwohl. Ihre ganze Kindheit war überschattet von Angst und Unsicherheit, Gefahr und Verlust. An den Krieg kann sie sich nicht erinnern, aber an die Zeit danach, an die Furcht ihrer Mutter und ihrer Großmutter vor den »Russen und den Kommunisten«, an die Enteignung des Elternhauses. Jetzt geht es ihr gut. Alles ist so, wie sie es sich immer gewünscht hat. Die Fischerhütte, der Stammtisch, der Respekt, mit dem sie im Ort behandelt wird, all das gibt ihr Sicherheit und Geborgenheit. Aber sie spürt eine Gefahr, ihre heile Welt ist bedroht.

Sie hört, wie sich Sophie an die Köchin wendet. »Wenn du willst, kannst du erst einmal nach Hause gehen, Renate.«

»Ach, das lohnt sich nicht. Ich muss ja nachher wieder kommen und das Essen für die zwölf Personen vorbereiten. Wer ist das eigentlich?«

»Weißt du das denn nicht?« Sophie ist verunsichert. »Eine Frau hat angerufen und tat so, als ob sie dich kennt und schon mit dir darüber gesprochen hat. Sie hat was vom Hochzeitstag gesagt, glaube ich. Den Namen habe ich nicht verstanden und dann vergessen, nachzufragen.«

Die Köchin sieht ihre Chefin vorwurfsvoll an. »Hast du nicht gesagt, wir sollen uns immer eine Telefonnummer geben lassen, wenn jemand bestellt? Und?«

»Oh Mann, ich bin einfach davon ausgegangen, dass du Bescheid weißt. Was machen wir denn jetzt?«

»Ja, vorbereiten muss ich schon ein bisschen, falls die doch kommen. Aber ehrlich gesagt – ich halte das schon wieder für ein linkes Ding. Na, das meiste kann ich zur Not einfrieren und das andere müssen wir morgen eben selbst essen.«

»Also gut. Warten wir es ab.«

»Was denkst du«, nimmt Sophie das Gespräch über Manfred Jahn wieder auf, als Renate in die Küche verschwunden ist, »war der betrunken, als der da abgestürzt ist?«

Berta schüttelt den Kopf. »Das glaube ich nicht. Das ist ja wohl morgens passiert. Ich hatte nie den Eindruck, dass der zu Hause trinkt.«

»Ich hab aber auch noch nie gehört, dass einer von der Steilküste abstürzt. Und dann auch noch ein Einheimischer. Der wusste doch, dass es da steil runtergeht.«

»Ja, aber es gab eine Menge Abbrüche in letzter Zeit. Ich bin da auch gerade vor ein paar Tagen mit Steffi langgegangen. Ich glaube, ich habe noch nie so viele große Steine und Bäume am Strand gesehen.«

»Wie kommt denn das?«

»Das liegt wohl an dem vielen Regen und Schnee in den vergangenen beiden Jahren. Weißt du, das ist ja alles nur Sand und Ton. Das saugt sich voll Wasser und irgendwann rutscht dann alles runter.«

»Kann man dagegen nichts machen?«

»Das ist ja das Schlimme, dass immer mal wieder einer meint, etwas dagegen machen zu müssen.«

»Aber manchmal hilft es doch«, widerspricht Sophie. »In Koserow, vor dem Streckelsberg zum Beispiel. Da haben sie diese Mauer im Wasser gebaut, als Wellenbrecher, und nun wird da nichts mehr abgetragen von der Steilküste. Sonst wäre der Streckelsberg wohl längst nicht mehr die höchste Erhebung an der Außenküste.«

»Das ist richtig, die Steilküste in Koserow haben sie damit gerettet. Aber die Ostsee rächt sich. Dafür wird jetzt der Lange Berg zerstört.«

»Ja, das ist wirklich schade. Die schönen großen Buchen rutschen einfach runter zum Strand.«

»Die hätte man gar nicht pflanzen dürfen. Eigentlich sollten sie die Steilküste nämlich befestigen. Stattdessen reißen sie den Sand und die Steine mit runter. Und so ist das immer: wenn der Mensch in die Natur eingreift, geht das schief. Am besten ist es, man lässt die Natur in Ruhe, dann hilft sie sich selbst.«

»Jedenfalls ist es doch merkwürdig, dass der da so einfach runterfällt und auch gleich tot ist«, kommt Sophie auf ihre eigentliche Überlegung zurück.

Ihre Tante nickt nachdrücklich. »Das war jetzt der dritte Tote in zwei Monaten. Alle drei Situationen können Unfälle gewesen sein – oder eben auch nicht. Ich wüsste zu gerne, was dieser Kriminalkommissar wirklich darüber denkt.«

»Aber du meinst doch nicht ...«

Berta zuckt mit den Schultern. »Natürlich meine ich. Dass es einen Zusammenhang gibt, zum Beispiel. Und dass man den herausfinden sollte, bevor es noch mehr Tote gibt. Ich bin einfach zu alt, um an Zufälle zu glauben.«

Sophie ist entsetzt. »Du glaubst doch wohl nicht, dass hier ein Serienmörder herumläuft? Wenn ich es nicht besser wüsste, würde ich sagen, du siehst zu viel fern.«

Ihre Tante schweigt etwas gekränkt und verabschiedet sich, kurz nachdem Anne in das Lokal gekommen ist.

Um 20.30 Uhr blickt Sophie zum fünften Mal innerhalb einer halben Stunde auf die Uhr. Sie flucht inbrünstig, was Anne mit einem zustimmenden Nicken kommentiert.

Renate steht vom Stammtisch auf und geht in ihre Küche. »Na, das war wohl ein Satz mit X: war wohl nix. Ist ja nun keine Katastrophe, ganz gut, dass wir es schon geahnt haben. Aber ich würde an deiner Stelle doch mal nachdenken, wer dir da seit einiger Zeit eins auswischen will.«

Sophie nickt und sieht ratlos zu Anne. Doch die zuckt auch nur mit den Schultern. »Ein bisschen seltsam ist das alles schon, findest du nicht? Fast wie bei Brinkmann. Ob hier jemand Konkurrenz ausschalten will? Immerhin sind *Seeresidenz* und *Kehr wieder* die beiden begehrtesten Unterkünfte im Ort.«

»Ich weiß nicht. Bei Brinkmann ist das doch alles anders. Viel schlimmer. Verdorbenes Essen, dreckige Zimmer, also der hatte ja richtigen Schaden. Und außerdem muss bei dem jemand im Haus gewesen sein, bei mir ist alles nur von außen gekommen.«

»Na gut, heute war der Schaden nicht so groß«, meint Anne. Ihr hattet euch ja auch schon darauf eingestellt, dass vermutlich keiner kommt. Aber die Fehlbuchung in den Herbstferien, das war doch ein ganz schöner Schlag.«

»Stimmt. Meinst du, das hängt zusammen?«

»Sei doch nicht so naiv, Sophie. Das können doch nicht alles Zufälle sein. Und überleg mal: bei dir kommt so schnell kein Fremder ins Haus, ohne dass du es merkst. Brinkmann hat so viel Personal, da geht bestimmt mal ein Schlüssel verloren, oder jemand lässt ein Fenster auf. Vielleicht war es sogar einer seiner Angestellten. Und damit es nicht auffällt, macht er diese Sachen bei dir. Also, bei Brinkmann könnte ich mir das schon vorstellen, so wie der mit seinen Leuten umspringt.«

Sophie lässt zwei Tassen Kaffee einlaufen und sie setzen sich an den Tisch. Eine Weile denken beide schweigend nach. Dann sieht Anne ihre Freundin von der Seite an und fragt vorsichtig: »Hast du dir in letzter Zeit eigentlich mal deine Internet-Seite angesehen?«

»Nicht in den letzten zwei Wochen. Ich hatte ja auch gar keine Gäste. Jetzt sag nicht ...«

»Doch. Ich mag es dir eigentlich gar nicht erzählen. Aber das bringt ja nichts. Da gibt es einen ziemlich bösartigen Eintrag. Ohne jede Substanz. Trotzdem, wer das liest, der bucht kein Zimmer bei dir.«

Sophie ist schon aufgesprungen und geht schnell zu ihrem Empfangstresen. Sie fährt den Computer hoch und öffnet ihre Homepage. Schweigend liest sie die niederschmetternde Bewertung im virtuellen Gästebuch, von der ihre Freundin gesprochen hat.

Die beiden sehen sich an, Sophie hilflos, Anne mitleidig.

»Was mach ich denn jetzt? Ich meine – ›dreckiges Bad, schlechtes Essen‹ – was soll das? Und der Name unter dem Eintrag sagt mir nichts. Hat wahrscheinlich auch keinen Sinn, danach zu suchen.«

»Nein, den wird es wohl nicht geben. Fragt sich nur, wer dahintersteckt. Vielleicht solltest du dich mit Brinkmann zusammentun und mal die Konkurrenz unter die Lupe nehmen. Wer hat ein solches Interesse daran, euch zu schaden?«

Dienstag, 13. November

Berta sieht ohne Begeisterung in die Fischkisten vor der Bude.

»Doll ist es nicht«, bestätigt Plötz. »Vielleicht vierzig Kilo Hering und ein paar Schnäpel. Der Wind müsste endlich mal drehen, damit der Dorsch unter Land kommt.«

»Ich wollte gerne mal ein paar Flundern haben, die isst Sophie so gerne. Aber du hast wohl keine?«

»Nee, tut mir leid. Einen schönen großen Hecht kannst du haben. Ist doch auch was Feines. Schön weiß gekocht – was meinst du?«

»Nee, lass mal. Der hat mir zu viele Gräten. Dann nehme ich lieber ein paar Heringe mit. Oder hier, da hast du ja einen schönen Steinlachs. Das ist doch was. Den gibt es heute Mittag mit Stampfkartoffeln und süß-saurer Soße. Oder hat den schon einer bestellt?«

»Ich glaub, den wollte Arno sich mitnehmen. Aber frag ihn mal. Er wird ihn dir schon lassen.«

Der junge, blonde Mann ist herangetreten und nickt Berta zu. »Nimm ihn mal mit. Ich brat mir ein paar Heringe.«

»Nein, wir machen das anders. Ich brate den Steinlachs und du kommst heute Abend zum Essen. Der reicht für uns alle. Also, keine Widerrede.«

»Genau wie meine Alte«, wirft Plötz ein. »Eine herzensgute Frau. Nur zwei Sachen kann sie nicht vertragen, das sind Tomaten und Widerrede. Da ist sie allergisch drauf.«

Arno lacht. »Na, ich würde mich doch nicht trauen, Berta zu widersprechen. Nee, im Ernst, ich komm gerne.«

»Gut, dann ist das ja klar. Was meint ihr, wird das noch besser mit dem Fang? Oder war es das schon für diesen Herbst?«

»Also laut Internet sieht es nicht nach Wetteränderung aus in den nächsten Tagen«, sagt Arno, während sie in die Hütte gehen.

Plötz stöhnt. »Und wenn es jetzt auf einmal kalt wird, so wie letztes Jahr, zieht sich der Dorsch ganz von der Küste zurück. Und das Schlimmste ist, wenn wir die Fangquoten in diesem Jahr nicht schaffen, wird uns das nächste Jahr etwas abgezogen. Bloß gut, dass die Fänge an der ganzen Küste schlecht sind, da wird die Abzugsmenge auf alle aufgeteilt.« Er stochert im Ofen und legt ein paar Stücke Holz auf. »Wollen mal sehen, dass wir fertig werden und nach Hause kommen. Wir haben ja auch gar kein Bier da, ich muss erst wieder Nachschub holen.«

Die letzten Worte sind an den Weißhaarigen gerichtet, der an der Tür stehen geblieben ist.

»Oder wolltest du Fisch?«

Der Angesprochene zuckt unschlüssig mit den Schultern. »Ich kann ja morgen wieder kommen, wenn du heute nicht so viel hast. Ist nicht eilig.«

»Na, morgen fahren wir nicht schon wieder raus. Vielleicht Anfang nächster Woche.«

»Alles klar. Denn haut mal rein«

Enttäuscht zieht der Mann ab. Der Fischer sieht ihm nach. »Auch so ein armer Wicht«, murmelt er.

Berta nickt. »Ja, der lebt ganz alleine. Nicht so einfach, besonders für einen Mann in seinem Alter. Ist der eigentlich schon Rentner?«

»Nee, noch lange nicht. Der sieht viel älter aus, als er ist. Seine Frau war auch erst Mitte fünfzig, als sie gestorben ist. Hatte wohl Krebs.«

»Ich glaube, die ist nie über den Tod von ihrem Jungen weggekommen. Der ist doch in der Ostsee ertrunken, nicht?«

Plötz nickt betrübt. »Ja, das war schlimm. Ging noch nicht mal zur Schule, der kleine Kerl. Na ja, sie waren beide arbeiten, die größeren Geschwister sollten wohl aufpassen, aber das waren ja selbst noch Kinder. Es war auch noch Sturm, ich kann mich noch genau erinnern. Sie haben ihn erst nach Tagen gefunden, drüben in Swinemünde ist er angespült worden.«

»Ich wusste gar nicht, dass er noch mehr Kinder hat. Wo sind die denn?«

»Ja, zwei Jungs. Der eine ist mit meinem zusammen zur Schule gegangen. Die sind schon lange weggezogen. War wohl nicht mehr schön bei denen zu Hause. Ich weiß nicht, ob sie ihren Vater noch besuchen oder mal anrufen, keine Ahnung. Er spricht nie von ihnen. Na, er spricht ja sowieso nicht viel.«

»Wo hat der eigentlich gearbeitet?«

»Auf dem Bau und als Hausmeister. Er ist aber schon lange arbeitslos. Wer braucht schon einen Maurer in dem Alter. Da sind die Knochen doch kaputt. Und im Winter sind die vom Bau ohnehin fast alle zu Hause.«

»Dabei bauen die doch genug«.

»Und was für einen Mist!«, erbost sich der Fischer. »Ich bin letztens mal so die Promenade langgefahren, hier im Ort geht es ja noch, aber dann – du musst dir das mal ankucken! Die schonen alten Häuser verschwinden so nach und nach und auch die Bäume auf den Grundstücken an der Promenade, dafür werden da Betonklötze hingesetzt, nicht zum Aushalten, sag ich dir. Hauptsache Betten, Betten und Gaststätten. Na, die werden sich noch mal umschauen, wenn die Gäste wegbleiben. Wer will denn so was! Die kommen doch hierher wegen der schönen Gegend. Alle reden dauernd von Naturschutz und dann so etwas. Ich frage mich nur, wer das genehmigt. Da schimpfen sie schnell auf die Wessis, aber im Gemeinderat, da sitzen Einheimische!«

Berta ist in Gedanken noch bei dem alten Weißhaarigen und hört nur mit halbem Ohr. Sie möchte Plötz fragen, wie der Mann eigentlich heißt, will ihren Freund aber in seiner Schimpftirade nicht unterbrechen. ›Es ist doch seltsam, wie wenig man über einen Menschen weiß, den man so oft sieht und mit dem man sich ja auch unterhält. Aber der Weißhaarige spricht nie über sich selbst‹, denkt sie, ›immer nur über Fisch und Wetter oder über andere Leute. Und über die selten freundlich, scheinbar kann er niemanden so richtig leiden, außer Plötz vielleicht. Na ja, von einem Mann, dessen Kind ertrunken und dessen Frau an Krebs gestorben ist, der weder Geld noch Arbeit, aber einen kaputten Rücken hat, kann man wohl keine angenehme Unterhaltung verlangen.‹

Freitag, 16. November

Sophie schlendert langsam auf der Strandpromenade entlang. Sie musste einfach mal das Haus verlassen, um ihre Gedanken zu ordnen. Bei einem Spaziergang kann sie immer am besten nachdenken. Leider kommt sie nicht mehr oft dazu, seit sie die Pension führt.

Es stört sie nicht, dass sie im dichten Nebel nur wenige Meter weit sehen kann. Sie zieht sich die Kapuze über den Kopf und steckt die Hände in die Taschen ihres Anoraks. Kein Mensch ist zu sehen. Auch das liebt sie an diesem Ort: diese Kontraste in den Jahreszeiten. Noch vor wenigen Wochen herrschte hier dichtes Gedränge, Spaziergänger und Radfahrer machten sich gegenseitig den Platz streitig, Tische und Stühle standen überall vor den Gaststätten, Stimmengewirr übertönte die Musik aus den Cafés, es roch nach gegrillter Bratwurst und Waffeln.

Jetzt ist es still und es riecht nach Meer. Viele Gaststätten sind geschlossen, nur in den Hotels sieht man Licht. Die meisten Ferienwohnungen stehen leer.

Sophie geht weiter, bis zum Ende des Seebades. Auf dem Rückweg geht sie an ihrem Haus vorbei und dann auf die Seebrücke.

Langsam schlendert sie den Brettersteg entlang. Nur das leise Plätschern der Wellen ist zu hören und vereinzelte Möwenschreie. Am Brückenkopf bleibt sie stehen und blickt zurück. Das Ufer ist nicht zu sehen, die Wasserfläche geht in Nebel über. Sophie fühlt sich wie auf einer einsamen Insel, von der Welt abgeschnitten. Eine große Ruhe erfüllt sie.

In der Stadt war sie immer rastlos, suchte ständig Veränderung, im Beruf und im Privatleben. Jetzt ist sie angekommen. Sie ahnt, dass ihre Großmutter einst so ähnlich gefühlt haben muss, als sie aus Berlin kam und sich entschied, hierzubleiben. Das hier ist ein Zuhause. Nicht nur das Meer, die Landschaft, die Häuser, sondern vor allem die Menschen.

Sophie denkt an Arno. Auch bei ihm fühlt sie sich angekommen. Sie lächelt. Er ist so ganz anders, als die Freunde, die sie vor ihm hatte. Obwohl er jünger ist als sie, scheint er viel reifer zu sein. Er ist auf den ersten Blick nicht besonders attraktiv, mit seiner hageren Gestalt, den großen Händen und Füßen und der etwas zu klobigen Nase. Er ist auch nicht besonders unterhaltsam, aber wenn er spricht, strahlt er etwas aus, was Vertrauen erweckt und Achtung. Sophie weiß, wie wertvoll seine Freundschaft ist, denn er hat nicht viele Freunde, aber die können sich auf ihn verlassen, ein Leben lang. Sie möchte diese Freundschaft, die vielleicht gerade beginnt, nicht durch eine Liebelei riskieren. Aber vielleicht, hofft sie, ist es nun doch noch die ganz große Liebe, an die sie nicht mehr geglaubt hat.

Während sie langsam zurückgeht, hat sie das Gefühl, als würde sie direkt über das Wasser laufen. Der Nebel ist noch dichter geworden und verschlingt den Strand und den Steg vor ihr. Sie ahnt nicht, dass der Mann, an den sie gerade denkt, nicht einmal hundert Meter von ihr entfernt um sein Leben bangen muss.

Arno Potenberg ist, wie an fast jedem Vormittag, auch heute in die Ostsee baden gegangen. Er ist kurz untergetaucht, dann ein paar Meter geschwommen und wieder getaucht. Als er an die Wasseroberfläche kommt, sieht er sich erschrocken um. Das Ufer ist nicht zu sehen und er weiß nicht, in welcher Richtung es sich befindet. Das Wasser ist hier ganz glatt, die kleinen Wellen kräuseln sich nur dicht am Ufer. Er lauscht einen Moment, um sie plätschern zu hören, aber der Nebel verschlingt alle Geräusche. Einen Moment erscheint ihm alles unwirklich, als wäre er ganz allein auf der Welt. Das Adrenalin erwärmt ihn für eine kurze Zeit, aber er muss sich beeilen, bei dieser Wassertemperatur ist der Körper schnell ausgekühlt, dann ist er zu schwach, um das Ufer zu erreichen. Schnell taucht Arno wieder unter, bis seine Füße den Meeresgrund erreichen. Dann taucht er auf, paddelt ein kurzes Stück und geht wieder unter Wasser. Er ist erleichtert, der Boden ist jetzt näher, die Ostsee wird flacher. Nach ein paar weiteren Schwimmzügen kann er auf dem Meeresgrund laufen, ohne zu tauchen. So schnell er kann, geht er ans Ufer. Dort atmet er auf. Als er in die Hütte kommt, klopft sein Herz immer noch heftig. Das hätte schiefgehen können, wäre er in die falsche Richtung geschwommen, hätte er seinen Leichtsinn vielleicht mit dem Leben bezahlt.

Plötz steht vor seiner Hütte und blickt missmutig in Richtung Ostsee, die noch immer vom Nebel verhüllt wird. »Schietwedder«, murmelt er und spuckt in den Sand.

»Nun komm rein und mach die Tür zu«, ruft Berta. In der Bude ist es gemütlich. Der kleine eiserne Ofen verströmt Wärme, es riecht nach Fisch und ein wenig nach dem Kiefernholz, mit dem der Fischer das Feuer anzündet. Der Weißhaarige und Steffi sitzen auf Fischkisten, Berta auf dem Küchenstuhl neben dem Ofen.

»Hast du das Nadelöhr mal wieder kontrolliert?«, fragt sie, als Plötz hereinkommt und sich in seinen Sessel fallen lässt. Der wirft einen schnellen Blick zu Steffi, die schon zu einer Frage ansetzt und schüttelt den Kopf.

»Das nützt nur, wenn wir rausfahren können«, knurrt er. »Verstehst du sowieso nicht«, bescheidet er der Kölnerin, die nichts entgegnet.

Berta lacht. »Warum soll sie das nicht verstehen? Ist doch ganz einfach. Und das braucht dir gar nicht peinlich zu sein, es funktioniert doch. Das ist so«, erklärt sie, »im Ruderhaus steckt eine Stopfnadel. Und nur, wenn das Öhr ganz sauber ist, hat der Fischer einen guten Fang. Klar, das ist ein Aberglaube. Aber weiß man's?«

Der Fischer nimmt seine blaue Schirmmütze ab, streicht durch das strähnige graue Haar und nickt. »Bei mir jedenfalls klappt es. Ob du es glaubst oder nicht: als ich es mal vergessen hatte, habe ich tagelang nicht einen Heringsschwanz im Netz gehabt. Dann hab ich das Öhr sauber gemacht und hatte am nächsten Tag einen Riesenfang. Kannst du Arno nach fragen.«

»Ich glaube an so was. Manche Sachen sind ja wirklich Unsinn, aber es gibt so viel, was wir uns nicht erklären können. Und die Alten haben vieles gewusst, was in Vergessenheit geraten ist. Die konnten das Wetter auch ohne Internet voraussagen«, meint Berta.

»Mussten sie ja auch. Gerade die Fischer und Seefahrer haben das Wetter immer genau beobachtet, davon hing manchmal ihr Leben ab. Manches, was wir heute für Aberglauben halten, waren einfach Beobachtungen und Erfahrungen. Na ja, manches war auch Unsinn«, gibt Plötz zu, »die Alten haben auch gern mal Gruselgeschichten erzählt, wenn die Winterabende lang waren. Ich hab noch mit vierzehn an den Klabautermann geglaubt. Mein Großvater hat immer behauptet, er hätte ihn selbst gesehen. Und Großvater war eine Respektsperson. Was der sagte, wurde nicht angezweifelt. Mann, hat der mir ein Seemannsgarn erzählt!« Plötz lacht. »Aber er hat mir auch viel beigebracht, was mir noch heute nützt. Von der Fischerei und so. Da hat sich gar nicht so viel verändert.«

»Mein Großvater ist ja schon gestorben, als ich noch klein war«, bedauert Berta. »Er war Kapitän«, erklärt sie Steffi. »Aber er war schon alt, als ich geboren bin. Da saß er schon nur noch in seinem Sessel, hat Pfeife geraucht und auf die Ostsee gekuckt. Geredet hat er nicht viel. Aber meine Großmutter war auch ziemlich abergläubisch und hat viel von früher erzählt, von den Sitten und Gebräuchen, besonders in der Seefahrt. Ich fand das immer sehr spannend und ein bisschen unheimlich.« Sie überlegt. »An eine Sache erinnere ich mich besonders gut. Als mein Großvater jung war und bei seinen Eltern lebte, ist er auch schon zur See gefahren. Und bei seiner letzten Mahlzeit zu Hause, bevor er rausgefahren ist, hat seine Mutter ihm immer so viel auf den Teller getan, dass er es nicht aufessen konnte. Es musste immer ein Stück Brot übrig bleiben. Und dann hat sie gesagt: ›Lass man liegen, Jung, das isst du, wenn du wiederkommst.‹ Sie hat das Brot aufgehoben und das war die Garantie, dass er wiederkommen musste. Er musste ja aufessen. Diese Geschichte hat mich mächtig beeindruckt.«

»Ja, es gab viel Aberglauben bei der Seefahrt«, bestätigt Plötz. »Und besonders im Lieper Winkel, da wo meine Frau herkommt. Die waren ja auch so ziemlich abgeschnitten von der Insel, früher waren die auch alle miteinander versippt und verschwägert. Da konntest du heiraten, sooft, wie du wolltest, die Familie blieb immer die gleiche.«

»Kennst du auch noch *Lüttenweihnachten*?«, fällt Berta ein.

»Klar«, nickt der Fischer. »Das haben wir als Kinder immer gemacht. Gibt es das eigentlich noch?«

»Keine Ahnung.« Berta zuckt mit den Schultern. Dann erklärt sie, an Steffi gewandt: »Das ist eine Weihnachtsfeier für die Tiere im Wald. Da wird ein Baum geschmückt, mit Kerzen, aber mit Tierfutter. Also mit Mohrrüben, Kartoffeln, Brot und so was. Und die Kinder singen und sagen auch irgendwas dabei. Aber was, das hab ich vergessen.«

Arno ist inzwischen gekommen und hat die letzten Sätze mitgehört. Er stellt den Kasten Bier ab, auf dem zwei Flaschen Rum liegen, und zieht sich den Anorak aus.

»Aber die Idee ist schön«, mischt er sich ein. »Das könnte man zu Weihnachten mit den Urlaubern machen.«

»Stimmt.« Berta ist begeistert. »Besonders für die Kinder wäre das ein tolles Erlebnis. Am besten natürlich im verschneiten Winterwald. Da muss ich mal mit Sophie drüber reden.« Sie steht auf. »Ich muss dann auch los. Komm, mein Kleiner«, wendet sie sich an Bobby, Jahns kleinen Terrier, »wir machen noch einen schönen Spaziergang und dann gehen wir zu Sophie, Mittag essen.«

»Montag bin ich übrigens nicht da«, sagt Plötz noch schnell, bevor Berta die Bude verlässt. »Ich muss nach Greifswald, zum Arzt. Arno ist wohl hier, aber Fisch haben wir nicht, auch wenn der Wind endlich dreht. Aber denn bringen wir Montagnachmittag die Netze raus und holen sie Dienstag rein.«

Berta ruft nur noch kurz »Tschüss« in die Hütte und folgt ihrem Pflegehund, der schon ungeduldig an der Leine zerrt.

Samstag, 17. November

»Der November ist wirklich der schlimmste Monat in der Gastronomie«, stellt Sophie wieder einmal fest. »Urlauber kommen nicht und die Einheimischen geben ihr Geld lieber für Weihnachtsgeschenke aus. Und der Januar ist auch hart«, fügt sie hinzu. »Da hat keiner mehr Geld.« Sie seufzt.

Jenny nickt. »Ist bei mir dasselbe. Aber ich mache jetzt die Planung für das nächste Jahr. Wir haben schon eine ganze Menge Anfragen.«

Anne blickt sie etwas skeptisch von der Seite an. »Na hoffentlich«, murmelt sie. »Ich finde, im letzten Jahr war es merklich ruhiger als sonst.«

Die Agenturchefin lässt sich ihren Ärger nicht anmerken. »Das bildest du dir ein. Vielleicht waren es ein paar Fahrten weniger, es waren ja auch nicht so viele Gäste da, auf Grund des verregneten Sommers. In diesem Jahr hatten doch alle Einbußen. Aber das holen wir im nächsten Jahr schon wieder auf.«

Anne bleibt trotzdem schlecht gelaunt. Es passt ihr nicht, dass Jenny Sonnenberg an den Stammtisch gekommen ist. Sie hatte gerade ein sehr persönliches Gespräch mit Sophie geführt, das sie unterbrechen mussten. Deshalb ist sie froh, dass Berta und Steffi sich nun ebenfalls an den Tisch setzen und sie aufstehen kann, ohne unhöflich zu wirken.

»Nichts los, was?«, stellt Berta überflüssigerweise fest. »Na ja, November eben. Mach mir doch mal einen Grog, ich bin ganz durchgefroren, obwohl es gar nicht so kalt ist. Aber dieser Nebel ...«

»Such man keine Ausreden«, lästert ihre Nichte. »Du trinkst doch auch im Sommer Grog.«

»Ja klar, wenn mir kalt ist, trinke ich Grog. Ist ja auch gesund, ich bin jedenfalls nie erkältet.«

»Und du, Steffi? Auch einen Grog?«

»Nein, danke. Da kann ich mich einfach nicht dran gewöhnen. Gib mir lieber ein Bier.«

Sophie versorgt ihre Gäste und bleibt dann hinter der Bar stehen, vor der ihre Freundin schon wartet.

»Also was ist los?«, nimmt Anne den Faden wieder auf. Mich kannst du nicht hinters Ohr führen. Willst du wirklich was mit Arno anfangen?«

»Ich hab nur gesagt, dass er mir gefällt. Das heißt noch lange nicht, dass er interessiert ist. Vielleicht bin ich ihm ja viel zu alt.«

»Quatsch, das sieht doch ein Blinder mit Krückstock, dass der scharf ist auf dich. Na ja gut, er ist zehn Jahre jünger, aber wenn dich das nicht stört ...«

»Im Gegenteil. Du weißt doch, dass ich nicht auf alte Kerle stehe.«

»Na, wer schon. Es sei denn, sie sind reich und dann richtig alt. Aber ich kann mir dich und Arno so gar nicht zusammen vorstellen. Der ist dir doch geistig total unterlegen. Der kann vielleicht Fische fangen, aber worüber willst du mit dem reden?«

»Das ist auch so ein Vorurteil. Warum muss der Mann in einer Beziehung immer der Schlauere sein? Außerdem glaub ich nicht, dass Arno blöd ist. Ich habe den Eindruck, dass er auch viel liest und überhaupt ziemlich aufgeschlossen und vielseitig interessiert ist. Der lässt das nur nicht so raushängen.«

»Woher weißt du das denn?«

»Das merkt man, wenn man sich mit ihm unterhält. Und jetzt halt die Klappe, da kommt er nämlich.«

»Na, guck an. So ein Zufall. Sogar ohne Plötz. Und beim Friseur ist da doch auch einer gewesen.«

Die letzten Worte haucht sie nur noch und lächelt freundlich dabei, denn der Fischer kommt direkt an die Bar. Frank Sonnenberg betritt unmittelbar danach die Gaststätte. Er setzt sich aber nicht zu seiner Frau, sondern neben Arno auf einen Barhocker und verwickelt seinen Nachbarn auch gleich in ein Gespräch über ein Problem, das er mit seinem Computer hat.

Die beiden Frauen am Tresen hören erstaunt zu, dann blickt Sophie ihre Freundin triumphierend an. Anne scheint es nämlich ebenfalls nicht mehr so abwegig zu finden, dass Arno zu ihr passt.

»Macht doch mal ein bisschen lauter«, ruft Jenny vom Stammtisch. Sophie ist etwas überrascht, dass Franks Frau auf Andrea Berg steht, das hat sie ihr gar nicht zugetraut. Auch Anne verdreht die Augen, dreht aber gehorsam die Lautstärke höher.

»Ich hab Inka lange nicht mehr gesehen, ist sie op Jäck?«, fragt Steffi.

Berta sieht sie verständnislos an. »Was ist sie?«

»Ob sie verreist ist.«

»Keine Ahnung. Sie war wirklich länger nicht hier. Aber sonst kam sie auch nicht so oft. Erst, seitdem sie für Jenny arbeitet. Vielleicht ist sie krank, weißt du was Näheres, Jenny?«

»Nein, bei mir hat sie sich nicht abgemeldet. Aber ich hab im Moment ja auch keine Aufträge für sie.«

Jenny holt ihr Handy aus der Tasche und blickt darauf. »Mist, der Akku ist leer und ich muss dringend telefonieren.« Sie geht an die Bar. »Du, Sophie, kann ich mal dein Telefon benutzen? Mein Akku ist leer.«

»Klar.« Sophie gibt Jenny den Apparat. Die zeigt in die Gaststätte. »Ich geh mal um die Ecke, hier ist es zu laut.« Dass Arno ihr misstrauisch hinterhersieht, bemerkt sie nicht.

Anne beobachtet wohlwollend, wie Sophie und Arno miteinander flirten. ›Wenn man sich erst mal an den Gedanken gewöhnt hat, ist es doch ein schönes Paar‹, denkt sie neidlos und zwinkert Frank zu, dem diese Entwicklung weniger gut gefällt. Er vermutet jetzt sogar, dass Arno der Grund dafür war, dass Sophie ihr Verhältnis nun wohl wirklich beendet hat. Plötzlich packt ihn ein Anfall von Reue. ›Warum hab ich Idiot so lange gezögert‹, denkt er. ›Ich hätte Ernst machen sollen, als ich die Gelegenheit hatte. Mich scheiden lassen und zu Sophie bekennen. Nun ist es wohl zu spät.‹

Etwas gezwungen lächelt er seine Frau an, die das Telefon zurückgegeben hat und neben ihm an der Bar stehen bleibt. Er ahnt nicht, wie leicht sie ihn durchschaut und wie wütend sie das macht.

Alexander Brinkmann sitzt in der Bar seines Hotels und bemüht sich, nicht schon wieder auf die Uhr zu sehen. Er ist todmüde und hat nicht die geringste Lust, hier noch länger zu sitzen. Als die Bardame zu ihm hinübersieht, gibt er ihr ein Zeichen. Sie nickt leicht, sie hat verstanden, dass ihr Chef keinen Alkohol mehr möchte, aber seine Gäste das nicht bemerken sollen. Als sie die nächste Runde an den Tisch bringt, muss sie sehr aufpassen, dass er das richtige Glas bekommt, denn die drei Getränke sehen gleich aus und nur eines ist alkoholfrei. Das Paar, mit dem er zusammensitzt, ist ihr sehr unsympathisch. Der Mann wirkt ungepflegt und ist so fett, dass er sich nur mühsam in den eleganten Sessel zwängen konnte. Er wird immer lauter, je mehr er trinkt, und inzwischen kann sie auch in fünf Metern Entfernung jedes Wort verstehen. Er ist mal wieder bei seinem Lieblingsthema, den ›Ossis‹.

»Nur am Jammern und Meckern sind die. Ich meine, sieh dich doch mal um. Was hier in den letzten zwanzig Jahren gebaut wurde! Ich war ja gleich Anfang der neunziger hier, da waren das doch nur Ruinen! Inzwischen haben die bessere Straßen als wir. Das ist doch alles unser Geld. Und dann wählen sie die Roten.« Er schüttelt den Kopf. »Wollen wohl am liebsten den Kommunismus wieder haben.«

»Natürlich«, mischt sich die dürre Blondine mit zu viel Schminke und dümmlichem Gesichtsausdruck neben ihm ein. »Jetzt müssen die ja auch arbeiten für ihr Geld, so wie wir, das wollen die doch gar nicht.«

Brinkmann rückt an seiner randlosen Brille und blickt sich peinlich berührt um. Er weiß, dass er im Ort immer noch ein *Wessi* ist, hofft aber, dass er niemals so einen überheblichen Eindruck auf seine Mitmenschen gemacht hat, wie diese beiden. Am liebsten würde er aufstehen und gehen, noch lieber den beiden seine Meinung sagen. Er denkt an seine Küchenleiterin, von der er weiß, dass sie mit nur drei oder vier Kollegen in dem FDGB-Heim manchmal fünfhundert Gäste versorgt hat. Diese Dame, die ihm gegenübersitzt, war fast ihr ganzes Leben lang Hausfrau.

›Anscheinend hatte sie schon ein Problem damit, ihren Mann vernünftig zu bekochen, so wie der aussieht‹, denkt der Hotelier genervt, lächelt aber gezwungen und hebt sein Glas. »Zum Wohl, auf eine gute Zusammenarbeit.«

Der Mann ist Busunternehmer und hat für das nächste Jahr geplant, mehrere Fahrten auf die Insel Usedom anzubieten. Er sieht sich Hotels an und meint, die *Seeresidenz* ist für die Unterbringung seiner anspruchsvollen Kunden geeignet. Jetzt muss man sich nur noch über den Preis einigen. Wenn er allerdings glaubt, Brinkmann würde ihm unter dem Einfluss von Alkohol erheblich entgegenkommen, hat er sich geirrt. Der ist nicht nur viel nüchterner, als sein neuer Geschäftspartner glaubt, sondern hat auch feste Preisvorstellungen, von denen er nicht abweicht.

Der Hotelier hat schon beschlossen, sich in den nächsten Minuten unter einem Vorwand zurückzuziehen, aber dann überlegt er es sich anders. Das Pärchen ist jetzt ziemlich betrunken und sie erzählen vermutlich einiges, was sie normalerweise für sich behalten hätten. Also, warum soll er diesen Umstand nicht ausnutzen, um etwas mehr über seine Geschäftspartner zu erfahren, vielleicht mehr, als denen lieb ist. Er lehnt sich noch einmal zurück, nickt freundlich zu dem Geschwätz und lenkt vorsichtig das Gespräch.

Ungehalten blickt er auf, als eine Mitarbeiterin aus dem Empfangsbereich an ihn herantritt und ihn leise anspricht. »Entschuldigen Sie, Herr Brinkmann, hätten Sie einen Moment Zeit? Es gibt ein kleines Problem.«

Er sieht zur Bardame hinüber, aber die schüttelt den Kopf, was wohl heißen soll, dass sie nichts damit zu tun hat. Es gibt nämlich auch ein internes Zeichen vom Chef, dass er unter einem Vorwand vor unangenehmen Gästen gerettet wird. Vor einer halben Stunde war er nahe daran, der Angestellten das Zeichen zu geben, hat es aber doch nicht getan. Und jetzt wird das Gespräch gerade interessant, denn der Busunternehmer plaudert locker aus dem Nähkästchen über seinen Verdienst an Pauschalreisen.

Die junge Frau in der Uniform des Empfangspersonals ist sichtlich verlegen. Aber es scheint dringend zu sein, sonst wäre sie vor dem Blick ihres Chefs bereits geflüchtet. Der entschuldigt sich bei seinen Gästen und folgt ihr zur Rezeption.

Dort findet er einen empörten Herrn vor, der offensichtlich nur einen Schlafanzug unter seinem Bademantel trägt und sich, vor Wut schnaubend, auf den Hotelier stürzt.

»Sind Sie der Chef? Also, so etwas habe ich noch nicht erlebt! Ich verlange …«

Noch bevor er weiterreden kann, hat Brinkmann ihn aus der Hotelhalle zur Treppe geführt und bittet ihn, etwas peinlich berührt: »Vielleicht gehen wir erst einmal hinauf in Ihr Zimmer. Wir finden sicher eine Lösung für Ihr Problem.«

Das Problem erkennt er aber erst, als er im Hotelzimmer steht, vor dem Doppelbett. Die Bettdecke ist zurückgeschlagen und in der Mitte der Laken ist ein großer nasser Fleck zu erkennen. Unwillkürlich blickt der Hotelier nach oben, an die Zimmerdecke, aber die ist trocken.

»Das kann doch gar nicht sein.« Er ist ratlos.

Die Frau, die, ebenfalls im Bademantel, neben dem Bett steht, ist nicht so aufgebracht wie ihr Ehemann, aber ebenfalls verärgert. »Das Schlimme ist, mein Mann hat es erst gemerkt, als er im Bett lag«, erklärt sie, »und man weiß ja nicht, was das ist.«

»Na, das wird Wasser sein«, versichert Brinkmann. »Da muss beim Putzen was ausgekippt sein, denke ich.« Er überlegt, aber eine bessere Erklärung fällt ihm so schnell nicht ein. »Jedenfalls erhalten Sie natürlich sofort ein anderes Zimmer.«

Zum ersten Mal, seit er dieses Hotel besitzt, ist er froh, dass er nicht voll belegt ist. Die Empfangsdame, die auf dem Flur steht, deutet auf das Nachbarzimmer.

»Öffnen«, weist Brinkmann sie an. Er blickt kurz zu den Gästen, die ihre Sachen aus dem Bad und den Schränken nehmen und geht in den Nebenraum. Misstrauisch schlägt er das Bett auf und kann gerade noch einen Fluch zurückhalten. Auch dieses Bett ist völlig durchnässt, ebenso wie die Betten in zwei weiteren Zimmern auf der Etage. Inzwischen kontrolliert auch seine Angestellte die Zimmer. In einem ist das Bett trocken, aber als der Hotelier zur Sicherheit in die Nasszelle blickt, findet er Glasscherben in der Dusche. Schnell schließt er auch diese Zimmertür wieder.

Gerade als das Ehepaar in seinen Bademänteln mit den Koffern auf den Flur tritt, haben sie ein Zimmer gefunden, das in Ordnung zu sein scheint. Während die Mitarbeiterin der Frau das Gepäck abnimmt, zieht Brinkmann selbst die Übergardinen zu, knipst alle Lampen an und sieht sich noch einmal nervös um. Hoffentlich gibt es keine weiteren Überraschungen.

Er entschuldigt sich noch einmal bei seinen Gästen, wünscht ihnen eine gute Nacht und geht mit seiner Angestellten zusammen die Treppe hinunter.

»Haben die Halbpension?«, fragt er.

Die Frau schüttelt den Kopf. »Nein, ich glaube nicht.«

»Dann bieten Sie ihnen morgen ein kostenloses Abendessen an, als Entschädigung.« Er sieht auf die Uhr. »Ich weiß, Sie haben gleich Feierabend. Aber seien Sie doch so gut und gehen, wenn der Nachtwächter da ist, noch einmal nach oben. Ziehen Sie die Betten ab und breiten Sie alles zum Trocknen aus. Das andere müssen die Zimmerfrauen morgen machen. Aber erst, wenn ich mit der Polizei gesprochen habe. Danke.«

Er geht zurück in die Bar und ist erleichtert, als sich das reichlich angetrunkene Ehepaar kurz darauf verabschiedet. ›Hoffentlich ist bei denen im Zimmer alles in Ordnung‹, denkt er in einem Anflug von Panik.

Montag, 19. November

Die großen Fischerboote wurden hochgezogen in die Dünen, in die Nähe der Hütten. Sie sind mit Plastikplanen abgedeckt, um sie vor Wind und Wetter zu schützen. Nur die kleinen Boote liegen noch dicht am Ufer. Das Wasser ist heute wieder ruhig und etwas zurückgewichen. Die Wellen haben glattgeschliffene, flache Steine und Muscheln ans Ufer getragen. Im niedrigen Wasser stehen kleine Lach- und Silbermöwen, hin und wieder werden sie von herumtollenden Hunden aufgescheucht. Von einem Pfahl der Buhne aus sieht eine große Sturmmöwe dem Treiben zu. Als Arno Potenberg an diesem Montagmorgen die Bude aufschließen will, wundert er sich. Der Schlüssel lässt sich nicht drehen. Er fasst die Tür an und öffnet sie. Da hat Plötz wohl gestern vergessen, abzusperren.

Wer weiß, wie lange die noch gesoffen haben. Er sieht zum Bierkasten, der kaum noch volle Flaschen enthält, und daneben entdeckt er zwei leere Rumflaschen. Es wird wirklich Zeit, dass sie wieder fischen können. Im Moment vertrinkt Plötz mehr, als er verdient.

Wie an jedem Morgen im Herbst und Winter gießt Arno Mineralwasser aus einer Flasche in den Wasserkocher. ›Wenigstens hatten sie so viel Verstand, mir etwas übrig zu lassen‹, denkt er, als er sich umsieht. ›Haben ja reichlich verbraucht für ihren Grog. Gestern Vormittag waren doch noch mindestens fünf Flaschen voll.‹

Er hängt einen Teebeutel in ein Glas und fängt an, ein wenig aufzuräumen. Dann gießt er das Wasser auf und lässt den Tee ziehen. Nach zehn Minuten entfernt er den Beutel, nimmt das Glas in beide Hände und setzt sich in den Sessel. Er denkt an

Sophie, während er in kleinen Schlucken trinkt. Als das Glas leer ist, steht er auf. Automatisch will er sich den Pullover über den Kopf ziehen, so wie immer, wenn er den Tee getrunken hat. Er zieht sich dann zügig aus, solange er noch von seinem Getränk erwärmt ist, und läuft ins Wasser.

Aber jetzt fällt ihm ein, dass Plötz ja heute nicht kommt. Der heizt sonst den Ofen an, während Arno in der Ostsee badet. Heute muss er das selbst machen. Er überlegt kurz und beschließt dann, erst den Ofen anzuheizen, dann wird es nachher schon warm, wenn er sich wieder anzieht.

Er geht in die benachbarte Hütte, in der Plötz sein Brennmaterial aufbewahrt. Ein Korb mit Kohlen steht schon bereit, darauf liegen ein paar Stücke Holz und einige Kienspäne. Arno trägt ihn in die Bude und stellt ihn neben den Ofen. Dann holt er einen Blecheimer aus der Ecke und füllt ihn mit der kalten Asche. Als er sich aufrichtet, wird ihm plötzlich schwindlig. Er erreicht gerade noch den Sessel, dann sinkt er bewusstlos zusammen.

»Du hättest zum Arzt gehen müssen.« Sophie ist völlig aufgelöst, den Tränen nahe. »Stell dir vor, das wäre dir im Wasser passiert!«

Arno betrachtet die zierliche Frau mit den feinen Gesichtszügen zärtlich. Noch nie hat jemand so innig Anteil genommen an seinem Schicksal, nicht einmal seine eigene Mutter. Er hat auch nie geglaubt, dass er es wert wäre, so geliebt zu werden. Seine wenigen sexuellen Erfahrungen hat er immer nur in oberflächlichen Beziehungen gemacht. Zum ersten Mal in seinem 37-jährigen Leben hat er gewagt, sich wirklich zu verlieben. Er ist glücklich.

»Arno, bitte! Was ist los?«

Seufzend kehrt er auf den Boden der Realität zurück. »Ja, das frage ich mich auch. Es muss etwas im Tee gewesen sein, beziehungsweise im Teewasser, das mich betäuben sollte. Deshalb war auch nur diese eine Flasche noch da. Und die Bude war nicht abgeschlossen. Ich habe den Tee getrunken und vielleicht fünf Minuten später bin ich einfach umgekippt. Als ich wieder wach wurde, war es draußen schon dunkel. Dann bin ich hergekommen. Wie spät ist es eigentlich?«

»Kurz nach fünf.« Sophie starrt ihn ungläubig an. »Du meinst, das hat jemand mit Absicht gemacht?«

Er zuckt mit den Schultern. »Ich weiß doch auch nicht. Aber überleg mal, es passt doch alles zusammen.«

Anne kommt hereingestürmt und will etwas sagen, stutzt aber, als sie die beiden sieht.

»Was ist los? Ist schon wieder etwas passiert?«

»Ja, fast.«

Sophie erzählt, was vorgefallen ist. »Nun stell dir mal vor, Arno wäre ins Wasser gegangen, so wie immer, wenn er den Tee getrunken hat.«

»Du solltest wirklich zum Arzt gehen«, rät Anne. »Wenn du irgendwelche Betäubungsmittel genommen hast, lässt sich das sicherlich im Blut nachweisen. Also, ich an deiner Stelle würde es wissen wollen.«

»Wahrscheinlich hast du Recht. Mir ist auch immer noch ganz schlecht. Aber jetzt ist doch kein Arzt mehr da. Ich geh morgen hin.«

»Mann, Arno!« Sophie versteht ihn nicht. »Vielleicht wollte dich jemand umbringen! Überleg doch mal.«

»Mich umbringen? Warum? Und wer?«

»Vielleicht Frank«, wirft Anne ein.

Ihre Freundin stößt sie ärgerlich an. »Quatsch!«

Arno sieht nur fragend von einer zur anderen.

»Du solltest ihm reinen Tisch einschenken«, rät Anne.

»Ja, sicher.« Sophie muss unwillkürlich lachen. »Ich erzähle es später«, verspricht sie. »Auf jeden Fall kommt Frank nicht in Frage, dafür leg ich meine Hand ins Feuer. In dieser Beziehung ist seine werte Gattin die Schlange.«

Sie eröffnet den anderen ihren Verdacht gegenüber Jenny. »Wahrscheinlich steckt sie auch hinter dem Eintrag im Internet. Wer soll das sonst gewesen sein?«

»Ich weiß nicht.« Anne zweifelt. »Die schadet sich doch selbst damit. Es sind doch ihre Gäste, die sie hier unterbringt. Und was hat Arno damit zu tun? Das ist ja nun völlig unlogisch.«

Sophie nickt nachdenklich. »Aber was zum Teufel passiert hier eigentlich? Sören Mager wird überfahren, Manfred Jahn stürzt von der Steilküste, jetzt Arno – das können doch nicht alles Unfälle sein.«

»Töpfer hast du noch vergessen«, fällt Anne ein. »Das war doch auch seltsam.«

»Wer war denn noch Töpfer?«, überlegt Sophie, dann fällt es ihr ein. »Ach so, der stand ja mit seinem Auto auf dem Bahnübergang.« Sie sieht Arno fragend an. »Gibt es da irgendeinen Zusammenhang? Denk doch mal nach! Was hast du mit denen zu tun?«

Der Fischer zuckt hilflos mit den Schultern. »Sören kannte ich gut, ich hab mich früher viel um ihn gekümmert. Er war auch öfter mal in der Bude. Aber die anderen? Mit Manfred Jahn hab ich ein paar wenige Male am Stammtisch gesessen und den Töpfer kannte ich so gut wie gar nicht.«

Bedrückt trinken die Frauen ihren Kaffee und Arno einen Pfefferminztee, den Sophie ihm gekocht hat. Sie erzählt den Freunden nun auch vom Verdacht ihrer Tante. »Eigentlich habe ich das gar nicht so ernst genommen, was sie gesagt hat. Ich weiß ja, dass Berta sich langweilt, seitdem sie ihre Kneipe nicht mehr hat. Zu Hause sitzen und Fernsehen ist nicht ihr Ding, sie muss immer unter Leuten sein und sich überall einmischen. Nun spielt sie eben Hobbydetektiv. Also ich meine – dass hier ein Serienmörder rumläuft, ist doch wohl wirklich ein bisschen sehr weit hergeholt, oder?«

Anne schaudert. »Vielleicht solltest du doch zur Polizei gehen«, schlägt sie Arno nach einer Weile zögernd vor.

»Was soll ich denen erzählen? Die halten uns für Spinner. Ich geh morgen Vormittag erst mal zum Arzt und lass mich durchchecken. Vielleicht ist es ja auch etwas anderes. Und wenn ich wirklich irgendein Zeug im Blut hab, dann sehen wir weiter. Ich will auch erst mal mit Plötz reden, der war vorhin noch nicht aus Greifswald zurück, als ich angerufen habe. Aber jetzt gehe ich auf jeden Fall nach Hause und leg mich hin. Mir ist immer noch nicht gut.«

Sophie nickt zögernd. Als er schon an der Tür ist, fällt ihr noch etwas ein.

»Aber du gehst morgen früh doch nicht baden?«, ruft sie ihm nach.

Er winkt ab. »Ich gehe erst mal zum Arzt. Dann sehe ich weiter. Morgen ist Plötz auch wieder da. Der wird schon auf mich aufpassen, er braucht mich ja.«

»Da könnte er Recht haben«, bestätigt Anne. »Aber das ist trotzdem alles sehr seltsam. Wir sollten Berta vielleicht ernster nehmen. Und wenn einer etwas herausfindet, dann sie. Sie kennt doch alle Leute im Ort und weiß genau, was hier in den letzten hundert Jahren passiert ist.«

Schade, dass es nicht geklappt hat. Fast wäre ich diesen Gutmenschen los gewesen. Wie er diesen Sören geliebt hat, diesen Mörder. Dieses ganze Kaiserbad ist Weltmeister im Vertuschen und Verdrängen. Niemand erinnert sich. Sie bedauern sich nur selbst. Sitzen da und jammern und weil sie nicht über ihren Tellerrand denken, merken sie gar nicht, dass sie bestraft werden. Sie werden den Zusammenhang nie erkennen. Aber ich werde immer weiter machen. Ich kriege euch alle.

Bei Arno muss ich vorsichtig sein. Er ist misstrauisch. Ich hätte ihn einfach vergiften sollen. Aber dann wäre die Polizei jetzt im Spiel. Nur gut, dass er viel dümmer ist, als er glaubt. Die K.-o.-Tropfen lassen sich nach 24 Stunden nicht mehr nachweisen. Sie haben sie ja auch bei Töpfer nicht im Blut gefunden. Jedenfalls habe ich nichts davon gehört. Und hier wird über alles geredet, was sie für wichtig halten. Der Tod eines fremden Kindes gehört nicht dazu. Noch nicht.

Freitag, 23. November

Christine Jahn bleibt auf der obersten Stufe stehen und lauscht. Sie hat ganz deutlich ein Geräusch gehört, anscheinend aus der Küche. Es kann aber niemand im Haus sein, niemand außer ihr hat einen Schlüssel. Ganz kurz versucht sie sich zu erinnern, ob bei den Sachen ihres Mannes, die man ihr gegeben hat, das Schlüsselbund dabei war. Sie weiß es nicht, aber sie hat die Sachen auch kaum angesehen. Hatte der Polizist nicht danach gefragt? Sie hat vergessen, was sie geantwortet hat, sie wollte in jenem Moment eigentlich nur ihre Ruhe haben.

Da ist es wieder! Ein Scharren, dann ein Scheppern, als wäre ein Teller heruntergefallen. Ein Tier! Ist Bobby zurückgekommen? Schnell geht sie hinunter, in die Küche. Unter dem Küchentisch sitzt eine große, graue Katze und blickt sie ängstlich an. Der Teller mit den Resten vom gestrigen Abendessen liegt auf dem Boden.

»Ist ja gut«, murmelt die Frau unwillkürlich. Soll das Tier doch fressen, es scheint hungrig zu sein. Sie geht langsam zurück und setzt sich auf die Treppe.

Ihr ist schwindlig. Wie lange hat sie eigentlich geschlafen? War das wirklich gestern Abend, als sie versucht hat, etwas zu essen? Sie blickt zum Fenster. Draußen ist es hell, aber sie hat keine Ahnung, ob es Vor- oder Nachmittag ist. Ihr Hals ist trocken, sie muss etwas trinken. Sie kann durch die offene Küchentür die Wasserflasche sehen und ein benutztes Glas daneben. Aber sie spürt einen seltsamen Widerwillen gegen das Mineralwasser. Sie erinnert sich, dass sie davon getrunken hat, bevor ihr übel wurde und sie auf der Couch im Wohnzimmer eingeschlafen ist.

Jetzt kommt die Erinnerung zurück. Richtig, sie war davon aufgewacht, dass es an der Haustür klingelte. Zuerst wollte sie das Geräusch ignorieren, sie wollte niemanden sehen, vor allem nicht gesehen werden. Aber der Besucher blieb hartnäckig. Als dann jemand an die Terrassentür klopfte, war sie zunächst erschrocken und dann erleichtert, als sie Berta erkannte. Sie hatte die Tür geöffnet und war von Bobby freudig begrüßt worden. Berta wirkte weniger begeistert.

»Du siehst furchtbar aus«, hatte die Alte festgestellt, sie beiseite geschoben, war ins Haus gekommen und schnurstracks in die Küche marschiert, hatte einen Topf Suppe aus ihrem Korb geholt und ihn auf den Herd gestellt.

Sie selbst war ins Bad gegangen, hatte sich flüchtig Hände und Gesicht gewaschen und die Haare gekämmt. Ein Blick in den Spiegel verriet ihr, dass Berta Recht hatte. ›Mein Mann ist tot, da darf ich wohl auch beschissen aussehen‹, dachte sie trotzig. Sie hätte viel lieber ein Bier getrunken, aber Berta blieb sitzen, bis sie den Teller leer gegessen hatte.

»Hühnersuppe hilft immer«, hatte die Alte ihr erklärt und war noch geblieben. Erst als sie deutlich sagte, dass sie müde sei und ins Bett gehen wolle, war Berta seufzend aufgestanden.

»Na gut, aber lass dich nicht völlig gehen«, hatte sie ihr zum Abschied gesagt. »Du bist zu jung, um dich aufzugeben. Du musst da durch und du schaffst das auch. Ich helfe dir. Du kannst jederzeit zu mir kommen, oder auch ins *Kehr wieder*. Wir haben immer einen Kaffee für dich. Lass das Saufen, das hilft dir gar nicht. Und wenn du nicht kommst, komme ich wieder her. Jeden Tag, wenn es sein muss. So, nun geh schlafen. Den Hund nehme ich wieder mit.«

Christine erinnert sich, dass sie sich wirklich besser gefühlt hat, als Berta gegangen ist. Die Flasche Bier hatte sie nicht einmal zur Hälfte geleert. Nun geht sie ins Wohnzimmer. Tatsächlich, da steht die Flasche noch. Sie denkt angestrengt nach. Sie weiß noch, dass ihr übel wurde, dann muss sie plötzlich eingeschlafen sein. Irgendwann in der Nacht ist sie dann aufgewacht und in ihr Bett gegangen.

Sie zieht sich am Treppengeländer hoch und stützt sich an der Wand ab, während sie in ihr Bad schleicht. Als sie sich über das Waschbecken beugt, um kaltes Wasser in ihr Gesicht zu schaufeln, wird ihr schon wieder schwindlig und sie setzt sich auf den Toilettendeckel. Am liebsten würde sie wieder ins Bett gehen.

Doch dann erwacht ein Überlebenswille in ihr. Sie überlegt, ob sie Berta anrufen und um Hilfe bitten sollte, beschließt aber, es allein zu schaffen.

Sie sieht an sich hinunter. Wann hat sie eigentlich zum letzten Mal die Kleidung gewechselt? Langsam, mit unsicheren Bewegungen zieht sie sich aus. Dann dreht sie die Dusche auf und stellt sich darunter. Erst warm, dann fast kalt, wieder warm, sie duscht lange, wäscht sich dann die Haare, putzt sich gründlich die Zähne und zieht saubere Unterwäsche, Hosen und einen Pullover an. Im Schlafzimmer öffnet sie das Fenster und schlägt ihr Bett auf. Vielleicht schafft sie es, die Wäsche nachher frisch zu beziehen.

Jetzt muss sie erst einmal etwas essen, auch wenn sie gar keinen Appetit hat. Das kalte Wasser, das sie direkt aus der Leitung getrunken hat, ist ihr gut bekommen, sie fühlt sich schon etwas besser.

Immer noch langsam geht sie die Treppe wieder hinunter. Die Katze hat sie ganz vergessen und erschrickt, als die an ihr vorbeihuscht. Sie öffnet die Haustür und lässt das Tier hinaus.

Wie ist die eigentlich hineingekommen? Wahrscheinlich mit Berta. Aber seltsam ist es schon, der Hund war dabei, der hätte doch keine Katze im Haus geduldet. Vielleicht ist sie hineingehuscht, als Berta gegangen ist.

Christine geht in die Küche, fegt die Scherben und die Essensreste zusammen. Nach dieser Anstrengung muss sie sich erst wieder setzen. Sie sieht sich in der Küche um. Berta hat aufgeräumt, auch ihren Teller abgewaschen. Den Topf hat sie wohl wieder mitgenommen. Aber was war das für ein Teller, der auf dem Tisch stand? Es waren Brotreste dabei. Hat sie sich abends noch etwas gemacht? Daran müsste sie sich doch erinnern. Oder hat Berta ihr etwas für den Abend dagelassen? Dann war Berta schon mittags da und sie hat seit gestern Nachmittag geschlafen.

Christine Jahn ist völlig verwirrt. Ihr Blick fällt auf den Kalender an der Wand. Sie kann sich beim besten Willen nicht erinnern, welches Datum heute ist. Wie lange ist ihr Mann schon tot? Eine Woche, zwei Wochen?

›O Gott, ich werde verrückt.‹ Hastig steht sie auf, setzt sich aber sofort wieder hin, weil ihr schwindlig ist. ›Wollte Berta heute kommen? Ich brauche Hilfe.‹

Nach einer Weile rafft sie sich auf und sieht in den Kühlschrank. Den Käse und die Butter muss Berta mitgebracht haben. Sie findet auch ein halbes Brot. Am Küchentisch sitzend bestreicht sie eine Brotscheibe und zwingt sich zu essen. Viel schafft sie nicht und sie stellt den Rest einfach mit dem Teller in den Kühlschrank. Das Mineralwasser hat sie weggegossen. Sie spült das Glas aus und trinkt wieder Leitungswasser. Dann geht sie nach oben, föhnt ihre Haare, die schon fast trocken sind und nach allen Seiten abstehen. Sie versucht kurz, sie zu frisieren, aber es ist ihr eigentlich egal, wie sie aussieht, sie schminkt sich auch nicht. Sie nimmt ihre Tasche, zieht sich eine Jacke über und verlässt das Haus. Am Gartentor dreht sie noch einmal um, geht zurück und schließt sorgfältig die Haustür ab.

Sonntag, 25. November

»Herzlichen Glückwunsch zum Geburtstag, mein Schieter, alles Gute und, na, du weißt schon.« Berta lässt ihre Nichte aus der Umarmung und drückt ihr ein Päckchen in die Hand. »Hier, eine Kleinigkeit.«

Sophie reißt das Papier auf. Sie ist gerührt. Berta hat ihr das Buch *Ein plötzlicher Todesfall* von Joanne K. Rowling geschenkt. Es zeichnet ihre Tante aus, dass sie zuhört, auch wenn ein Gespräch gar nicht für sie bestimmt ist. Anne schwärmt für Harry Potter, was Sophie nicht nachvollziehen kann. Sie hat ihr kürzlich erklärt, dass ihr Interesse für Kinderbücher in den letzten vierzig Jahren stark nachgelassen hat, aber das neue Erwachsenenbuch der Autorin würde sie sich sicher kaufen, weil sie englische Krimis mag. Berta muss das zufällig gehört haben. Als Sophie das Buch aufschlägt, fällt ein Geldschein heraus.

»Dafür kaufst du dir selbst noch was Schönes«, bestimmt die Tante. »Ist Anne noch gar nicht hier gewesen?«, unterbricht sie den Dank ihrer Nichte.

»Die hat mir schon gratuliert, gleich nach Mitternacht. Wir haben gestern Abend noch etwas getrunken, da ist es spät geworden und dann haben wir gleich reingefeiert. Nun sei nicht sauer«, fährt sie schnell fort, als sie die enttäuschte Miene ihrer Tante sieht, »es war ja keine richtige Geburtstagsfeier. Die machen wir schon noch. Übrigens, ich hab mir gedacht, wir könnten doch heute Nachmittag zum Kaffeetrinken fahren. Was hältst du davon?«

Berta ist einverstanden.

* * *

Wenig später sitzen sie im Auto. Am Steuer sitzt Anne, neben ihr Steffi und so hat Berta auf der Rückbank genug Platz neben der zierlichen Sophie und dem schlanken Arno. »Du lieber Himmel, sind das alles Kormorane?« Die alte Frau zeigt zum Ufer des Schmollensees.

Arno nickt. »Ja, da sitzen sie, unsere Freunde, und lassen es sich gut gehen.«

Auch Sophie betrachtet erstaunt die schwarzen Vögel, die dicht an dicht auf den völlig kahlen Bäumen sitzen. »Wie viele gibt es denn hier davon?«

»Ungefähr zehntausend auf der Insel«, schätzt Arno. »Und einer von denen frisst rund vierhundert Gramm Fisch pro Tag.«

»Und die Bäume machen sie auch noch kaputt mit dem scharfen Kot«, setzt Anne hinzu.

Bevor sie auf ihrem Weg Richtung Inselmitte durch Neppermin fahren, bremst Anne etwas ab und zeigt nach rechts. »Da drüben ist das Golfhotel in Balm«, erklärt sie, an Steffi gerichtet. »Das Hauptgebäude ist vor einiger Zeit abgebrannt, wurde aber wieder aufgebaut. Und die beiden Inseln im Balmer See sind Vogelschutzinseln. Die vordere ist im Frühsommer ganz weiß von den vielen Möwen, die dort brüten.«

Steffi bewundert den schönen Blick über den Ostzipfel des Achterwassers. Auch vom Wasserschloss in Mellenthin ist sie beeindruckt. »Wie alt ist denn das?«

»Bis 1580 erbaut«, erklärt Anne. »Der Erbauer, Rüdiger von Neuenkirchen, ist übrigens in der Gruft der Dorfkirche beigesetzt. In einem Doppelsarg zusammen mit seiner Gemahlin. Die Grabplatte ist an der Wand in der Kirche befestigt.«

»Kann man die Kirche besichtigen?«, will Steffi wissen.

»Ja.« Anne nickt zögernd. »Aber wollen wir nicht erst einmal Kaffee trinken gehen? Hier gibt es die besten Torten auf der ganzen Insel.«

Trotz der großen, hohen Räume ist es im Schloss warm und gemütlich. Nach dem Kaffeetrinken möchte Arno das Bier probieren, das neuerdings im Schloss gebraut wird, und die Frauen bestellen Sanddornlikör.

Anne referiert noch etwas mehr über das Schloss und seine Geschichte, aber schnell kommt das Gespräch wieder auf das Thema, das sie alle bedrückt.

Berta ist jetzt überzeugt, dass hinter den ganzen Vorfällen ein Verbrechen steckt, aber die anderen wollen das nach wie vor nicht ernst nehmen. Sogar ihre Nichte scheint den Anschlag auf Arno schon wieder verdrängt zu haben. Für Sophie ist es ebenso wie für Anne reine Theorie, wenn sie über mögliche Verdächtige nachdenken. Das ist alles so unwahrscheinlich! Die Toten hatten nichts miteinander zu tun, schon gar nicht mit Arno, dem auch nach intensivstem Nachdenken niemand einfällt, der seinen Tod wünschen würde.

»Steffi, was sagst du dazu? Als Außenstehende hast du vielleicht eine ganz andere Sicht auf die Dinge, die hier passieren. Hältst du das alles für Unfälle?«

Die Kölnerin zupft nachdenklich an ihren großen Ohrringen. »Ja, ich weiß nicht. Es ist schon reichlich viel geschehen in der kurzen Zeit, in der ich in Bansin bin. Andererseits, wenn du jeden Vorfall für sich betrachtest – so was passiert eben. Wäre das in einer Großstadt wie Köln gewesen, würde sich da kein Mensch Gedanken machen. Und außerdem hat die Polizei heute doch Möglichkeiten festzustellen, ob dahinter ein Verbrechen steckt oder nicht.«

Erleichtert stimmen Anne und Sophie zu, auch Arno nickt nachdenklich. Nur Berta ist mit dem Ausgang des Gespräches nicht zufrieden.

Dienstag, 27. November

Sophie ist dabei, die Gaststätte vorweihnachtlich zu schmücken. »Ich liebe es«, erklärt sie Anne und Inka, die an der Bar sitzen, Kaffee trinken und ihr zusehen.

»Sollen wir helfen?« Annes Frage klingt ziemlich lustlos und Sophie schüttelt lachend den Kopf.

»Lass man, ich mach das schon. Du hast sowieso keinen Sinn dafür.«

»Für was? Für Kitsch?« Anne betrachtet spöttisch einen dicken Keramikengel, in dem ein Teelicht steckt.

»Das gehört nun mal zur Adventszeit.« Sophie gibt sich versöhnlich. »Ich finde das gemütlich und die meisten Menschen auch. Ist das nicht herrlich? Wenn es draußen stürmt und schneit, bei Kerzenlicht zusammensitzen, Stollen essen, Glühwein trinken und Kaffee mit Amaretto.«

»Kaffee mit Amaretto ist eine gute Idee«, gibt Anne zu, »Stollen auch. Aber dazu braucht man diesen ganzen Kram doch nicht.«

»Es ist jedes Jahr dasselbe mit dir«, stellt Berta fest, die gerade mit Steffi zur Tür hereinkommt. »Du meckerst über den ganzen Kitsch und dann schleppst du jeden Nachmittag in der Adventszeit Lebkuchen und Stollen an und bist die Erste, die die Kerzen anzündet.«

»Ich liebe Lebkuchen«, gibt Anne zu. »Ich kaufe die schon im September, wenn die ersten auftauchen. Na ja, dafür mach ich dann im Januar und Februar Diät.«

»Für mich ist die Adventszeit die schönste Zeit im Jahr.« Steffi sieht sich wohlwollend um. »Eigentlich wollte ich deshalb auch nach Hause fahren. Aber vielleicht bleibe ich doch noch ein bisschen. Zu Hause sitze ich ja nachmittags meist allein in meinem Kabuff, bei euch ist es viel gemütlicher.«

Berta nickt. »Richtig, bleib du man hier.« Sie geht zu ihrer Nichte, die in einem Berg von Weihnachtsschmuck wühlt, den sie auf einem großen Tisch ausgebreitet hat.

»Hast du alles wiedergefunden? Ich hab schon befürchtet, beim Umbau ist vieles verloren gegangen.« Sie nimmt einen etwas ramponierten Porzellanweihnachtsmann in die Hand.

»Nun guck dir den an, den kenne ich noch aus meiner Kindheit. Der stand immer bei Oma auf der Veranda.«

Sie sieht sich suchend um, dann trägt sie die Figur hinter die Bar und stellt sie vorsichtig zwischen die Gläser im Rückbüfett. »Kuck mal, Sophie, kann der da stehen bleiben?«

Sophie nickt, nach einem flüchtigen Blick zur Tante. »Klar, sieht gut aus. Wie findest du das Adventsgesteck? Hab ich selbst gemacht. Ich war extra heute Morgen im Wald und habe mir Tannengrün geholt.«

Steffi ist erstaunt. »Ist das nicht verboten?«

Berta überlegt. »Ich glaube nicht. Bäume klauen, ja, dabei sollte man sich nicht erwischen lassen. Aber gegen ein paar Zweige wird wohl niemand etwas haben.«

Sie betrachtet das Gesteck aus Tannengrün, Kugeln, Trockenblumen, Golddraht und Kerzen und nickt anerkennend. »Du hast wirklich ein Händchen dafür. Sehr schön.«

Dann setzt sie sich neben Steffi an den Stammtisch. »Hast du noch lange zu tun?«, ruft sie ihrer Nichte zu, die Kerzenhalter auf den Tischen verteilt.

»Ja, aber wir können erst Kaffee trinken. Ich mache nachher weiter. Hier passiert ja heute doch nichts mehr, da habe ich noch den ganzen Abend Zeit.«

Berta geht in die Küche und schneidet einen Marzipanstollen auf, während Anne den Tisch deckt. Steffi zündet die dicke Kerze an, die auf dem Stammtisch steht.

Beim gemütlichen Kaffeetrinken dreht sich das Gespräch um die Weihnachtszeit.

»Ich fand die Adventszeit schon immer am schönsten.« Steffi sieht verträumt in das Kerzenlicht.

Berta nickt. »Ja, ich auch. Weihnachten selbst ist meist ziemlich anstrengend. Alles soll perfekt sein. Und dann kommt doch irgendwas dazwischen – dem einen gefällt sein Geschenk nicht und der andere hat sich überfressen oder zu viel getrunken und dann gibt es Streit.«

»Genau«, stimmt Steffi zu. »Man erwartet vielleicht einfach zu viel. Als ich noch jünger war, ist mir das jedes Jahr passiert. Ich hab den ganzen Vormittag gekocht, den Tisch gedeckt mit dem guten Geschirr und der besten Tischdecke und dann hat mein Sohn sich den neuen Pullover bekleckert, mein Mann die Tischdecke mit Rotwein eingesaut und meine Schwiegermutter über die Soße genörgelt. Außerdem hatte keiner richtig Appetit, weil sie sich den Bauch mit Süßigkeiten vollgeschlagen hatten. Meine Zitronencreme, die einen Haufen Arbeit gemacht hat, haben sie höchstens noch aus Höflichkeit gegessen, aber bis dahin war mir sowieso schon die Laune verdorben.

Meine Schwiegertochter, die mehr Verstand hat, als ich hatte, die macht sich keinen Stress. Et kütt, wie et kütt. Wir machen auch eine schöne Tafel, aber es ist jetzt alles viel lockerer. Wir kochen zusammen und trinken schon mal ein Bierchen dabei und am schönsten ist es danach, wenn wir noch am Tisch sitzen bleiben. Das Geschirr wird einfach zusammengestellt, die Jungs kriegen Eis, wir Erwachsenen trinken alle lieber Bier als Rotwein und mein Sohn raucht seine Zigarette. Da wird geredet und gelacht, am Gerippe von der Gans herumgezupft, manchmal sitzen wir da noch eine ganze Stunde. Dann räumen wir alle zusammen auf und machen einen Spaziergang, damit wir wieder Appetit auf Kaffee und Kuchen haben.«

Anne nickt. »Weihnachten ist eigentlich eine einzige Fressorgie. Und ich liebe das.« Sie nimmt sich noch ein Stück Stollen. »Tante Berta, bäckst du eigentlich wieder Plätzchen?«

»Na sicher doch. Ich bin noch nicht dazu gekommen, aber nächste Woche geht es los. Wenn ihr mir helft, reicht es auch noch für die Gäste zu Weihnachten.«

»Super Idee«, freut sich Sophie. Dann mache ich bunte Teller für die Kinder und den Erwachsenen stellen wir Plätzchen auf den Tisch. Selbstgebackenes kommt immer gut an.«

»Kann ich auch helfen?«, fragt Steffi. »Da lerne ich mal neue Rezepte kennen. Ich backe schon seit Jahren immer dasselbe. Und vielleicht kann ich ja ein paar Kekse mit nach Hause nehmen.«

Anne wird es zu viel mit der Schwärmerei. »Berta, wie kommt dein Kater eigentlich mit deinem neuen Pflegefall klar?«, wechselt sie das Thema und blickt zu dem kleinen Hund, der sich unter dem Tisch zusammengerollt hat. »Ich stell mir die beiden gerade so unter dem Weihnachtsbaum vor. Wenn dein Kater es in den Jahren auch noch nicht geschafft hat, den Baum umzureißen, ich glaube, in diesem Jahr schaffen sie es mit vereinten Kräften. Der Köter wird ihm schon zeigen, wo der Hase hängt.«

»Oder wo der Hammer lang läuft.« Sophie grinst, aber Anne sieht sie nur verständnislos an.

»Ach was, die beiden kommen schon klar, der Kater wird sich wohl irgendwann an den Kleinen gewöhnen, der tut ja keinem was.« Berta blickt etwas zweifelnd, wahrscheinlich stellt sie sich die beiden zusammen in einem Zimmer vor. Dann zuckt sie gleichmütig die Schultern. »Na, und wenn ein paar Kugeln kaputtgehen, was soll's. Es gibt Schlimmeres.«

Als Christine Jahn wenig später hereinkommt, denkt Berta trotzdem kurz darüber nach, ob sie ihr den Hund zurückgeben sollte. Aber dann beschließt sie, der Frau die Entscheidung selbst zu überlassen. Wahrscheinlich ist es auch noch zu früh, sie muss erst mal mit sich selbst zurechtkommen.

Sophie steht auf und holt ein weiteres Kaffeegedeck. »Komm, setz dich mit her. Möchtest du ein Stück Stollen?«

Die Angesprochene schüttelt den Kopf. »Nein, danke. Ich habe gerade gegessen.«

Berta betrachtet sie zufrieden. Die schlanke Frau macht heute einen viel besseren Eindruck. Ihre Haare sind nicht so sorgfältig frisiert wie sonst und sie ist ungeschminkt. Doch das lässt sie sogar jünger und frischer erscheinen. Der dunkelgrüne Pullover steht ihr gut, nur die braune Hose sitzt etwas zu locker.

»Du siehst schon viel besser aus. Aber du solltest trotzdem vernünftig essen, ich glaube du hast ganz schön abgenommen.«

Sie sprechen über die Beerdigung und Christine lässt sich nicht anmerken, dass sie sich an diesen Tag kaum erinnern kann. Die ganze letzte Zeit ist wie vom Nebel verhüllt. Sie überlegt, wie sie unauffällig herausfindet, welcher Wochentag und welches Datum heute ist. Zu fragen traut sie sich nicht. Die anderen müssen sie ja für völlig irre halten.

Dann fällt ihr Blick auf das Gesteck. »Ach ja, schon wieder Advent«, äußert sie vorsichtig.

Berta nickt. »Ja, am Sonntag ist der erste Advent. Komm doch wieder zum Kaffeetrinken, das ist zu dieser Zeit immer gemütlich bei uns. Wenn du willst, kannst du auch schon zum Mittag kommen. Ich will uns einen Zander machen. Es gibt ja nun endlich wieder Fisch.«

›Nun übertreibt sie aber‹, denkt Sophie, die die junge Witwe nicht sonderlich mag. Aber sie lässt sich nichts anmerken.

Die beiden Frauen reden jetzt über den Hund. »Ich sollte ihn wohl wieder mit nach Hause nehmen.« Christine Jahn blickt das Tier ratlos an.

»Wenn du willst, kann er noch eine Weile bei mir bleiben. Er ist wirklich ein ganz Lieber. Und mir tut der tägliche Spaziergang gut.«

Der Terrier wedelt mit dem Schwanz, als hätte er die Frau verstanden. Seine Besitzerin ist erleichtert. »Wenn es dir wirklich nichts ausmacht? Aber ich bezahle dir natürlich das Futter.«

Sophie ist aufgestanden und beschäftigt sich wieder mit ihrem Weihnachtsschmuck, jetzt hinter der Bar. Anne und Inka sehen ihr dabei zu.

»Inka, du bist ja so ruhig heute«, fällt Sophie plötzlich auf. Auch Anne sieht Inka nachdenklich an.

»Stimmt. Ist was mit dir?«

»Ach wo, mir geht's gut. Ich hab bloß wieder ein bisschen Probleme mit meiner Mutter. Sie ist ziemlich depressiv und zu dieser Jahreszeit ist es immer besonders schlimm. Aber seit gestern ist ihre Tablettendosis neu eingestellt, nun geht es wieder.«

»Ach deshalb warst du so lange nicht hier. Wir dachten schon, du wärst krank.«

»Nein. Ich doch nicht. Aber ich wollte meine Mutter nicht so viel allein lassen.«

Anne nickt verständnisvoll. »Du hast es auch nicht leicht. Na ja, wenn wir dir helfen können – ich meine, wenn du mal was vorhast oder mal raus willst, um dich abzulenken, kann ich ja mal bei deiner Mutter bleiben.«

»Ach wo!« Inka wehrt erschrocken ab. »So schlimm ist es nicht. Sie kommt schon allein zurecht. Trotzdem danke.«

Eine Zeitlang sieht sie Sophie zu, die eine künstliche Tannengirlande an der Bar befestigt. »Fahrten sind im Moment wohl keine?«, fragt Inka dann.

»Nein«, antwortet Anne. »Warum? Brauchst du Geld?«

Inka lacht. »Ja, das sowieso. Aber deswegen frag ich nicht. Ich will mich nur ablenken, weißt du. Mir fällt irgendwie die Decke auf den Kopf.«

»Das verstehe ich. Ich könnte auch nicht wochenlang zu Hause rumsitzen. Und fernsehen schon gar nicht, da verblödet man früher oder später völlig. Deswegen bin ich ja meistens hier. Du kannst doch auch immer herkommen. Manchmal fahren wir auch irgendwo hin, zum Einkaufen oder zum Spazieren, da kannst du uns mal begleiten, wenn du möchtest«

Inka blickt zu Sophie, die bestätigend nickt. »Na klar, wir nehmen dich gerne mit.«

»Und so ab Mitte Dezember bekommen wir auch wieder Fahrten«, vermutet Anne, die kannst du dann machen. Ich hab im Moment sowieso keine Lust. Und wenn ich noch an die Idioten denke, mit denen ich letztes Jahr um die Weihnachtszeit unterwegs war …«

Die beiden Kolleginnen lachen. Sophie hört zu, wie sie Anekdoten über ihre Erlebnisse mit Touristen austauschen. Anne genießt es noch immer, die Erfahrene zu sein und gibt der Jüngeren Ratschläge, die diese dankbar annimmt.

»Im Oktober hatte ich eine Gruppe, die war total unruhig«, erzählt sie. »Im hinteren Teil hat wohl überhaupt keiner zugehört, die haben nur geschnattert. Dann hab ich gesagt: ›Können Sie mich gut hören?‹ ›Jaaa‹, haben sie alle gerufen. ›Hinten auch?‹ ›Jaaa!‹ ›Das ist gut, ich höre Sie nämlich auch gut.‹ Dann waren sie erst mal still.«

Inka lacht, aber Sophie fällt auf, dass ihre Augen nicht mitlachen. Es muss sie doch etwas bedrücken, sie ist viel ruhiger als sonst. Ihr fällt ein, dass sie schon einmal über Inka Weber nachgedacht hat. Im Herbst hatte sie den Eindruck, dass deren laute Fröhlichkeit etwas aufgesetzt und nicht immer echt war. Und hinter ihrer Tollpatschigkeit scheint eine große Unsicherheit zu stecken. Vielleicht leidet sie doch mehr unter der Krankheit der Mutter, als sie sich anmerken lässt. Oder sie ist sogar erblich belastet und hat selbst Depressionen.

Am Abend sind Sophie und Anne nur noch zu zweit in der Gaststätte. Sie stehen an der Bar, trinken Rotweinschorle und tauschen gerade ihren Eindruck über Inka Weber aus, als Arno hereinkommt. Anne fällt auf, dass er in letzter Zeit viel sicherer in seinem Auftreten geworden ist. Heute trägt er ein modernes Langarmshirt zu dunkelblauen Jeans und sieht richtig schick aus.

»Warst du gestern beim Arzt? Hat der was rausgefunden?« Sophie bestürmt den Freund mit Fragen. Der schüttelt den Kopf. »Nein – das heißt ja, ich war beim Arzt. Der hat aber nichts gefunden. Ich hab jedenfalls Blut abgegeben und nun will der noch alle möglichen Untersuchungen machen, aber ich glaub, ich muss nicht mehr hin.«

Er setzt sich an die Bar. »Gibst du mir ein Bier?« Als die Frauen wieder auf ihn einreden, winkt er ab. »Erst einmal muss ich abwarten, ob die in meinem Blut irgendetwas finden. Jedenfalls bin ich nicht krank. Mir hat definitiv einer was in das Wasser gemischt. Fragt sich nur, wer und warum.«

Er nippt an seinem Bier und die Frauen sehen ihn entsetzt an. Sogar Anne hat es die Sprache verschlagen. »Meinst du, da wollte dich jemand ermorden?«, fragt Sophie nach einer Weile ungläubig.

Arno zuckt mit den Schultern. »Ich kann es selbst nicht glauben. So etwas passiert normalerweise nur im Fernsehen. Aber ich hab heute Vormittag mit Plötz gesprochen. Er sagt, er hat die Tür nicht abgeschlossen, weil irgendetwas mit dem Schloss nicht in Ordnung war. Aber jetzt funktioniert es wieder einwandfrei. Und er wusste genau, dass noch mindestens zwei oder drei Flaschen Wasser da waren. Aber als ich mir Tee kochen wollte, war nur noch eine Flasche halb voll. Also musste ich genau diesen Rest nehmen. Tja, und wenn ich es wie immer gemacht hätte und nach dem Teetrinken gleich ins Wasser gegangen wäre – das hätte ich wohl nicht überlebt.«

Sophie ist das Blut aus dem Gesicht gewichen und auch Anne schaudert.

»Es müsste doch einer sein, der sich in der Hütte auskennt!«, überlegt Sophie. »Das sind doch gar nicht so viele. Oder?«

»Na ja, nur Einheimische eigentlich. Aber wenn ich die alle aufzählen sollte, die sich ab und zu mal Fisch holen – die meisten bleiben ja eine Weile da, trinken ein Bier und reden ein bisschen. Von denen kann es jeder gewesen sein.«

Alle drei sehen zu Berta, die gerade hereingekommen ist. Sie hat noch einen Abendspaziergang mit dem Hund gemacht, als es plötzlich anfing zu regnen. Sie lässt Bobby von der Leine, der sich sofort unter dem Stammtisch verkriecht, zieht ihre Jacke aus und schüttelt sich. Ob wegen der Nässe in ihren Haaren oder wegen Arnos Worten, die sie gerade noch gehört hat, ist nicht ganz klar.

»Man müsste nur wissen, warum«, setzt Anne das Gespräch fort und schiebt ihre Locken hinter das Ohr. »Hast du nicht gemerkt, ob irgendjemand sauer auf dich ist?«

Der Fischer nippt an seinem Bier und reibt sich nachdenklich die große Nase. »Da fällt mir eigentlich nur Carlos ein, Sörens Freund. Der war der Meinung, ich hätte Sören eingeredet, hierzubleiben und das Haus nicht zu verkaufen.«

Auf diesen Zug springt Berta sofort auf. Sie hat nichts gegen Carlos, den sie kaum kennt, aber es wäre doch eine gute Lösung, wenn es ein Fremder wäre, der hier sein Unwesen treibt, und kein Bansiner. »Das würde dann auch Sörens Unfall erklären. Vielleicht hatte er Carlos gesagt, dass er nun doch endgültig hierbleibt. Oder sogar das Verhältnis beendet.«

»Und Jahn?«, fragt Sophie und beantwortet die Frage gleich selbst. »Natürlich, Sören hatte doch einen Kredit beantragt für den Umbau, er wollte Ferienwohnungen einrichten. Das Gesuch hat Manfred Jahn wohl abgelehnt.«

Arno zweifelt. »Nein, Sören hat selbst eingesehen, dass sich das nicht rechnet. Er war Jahn sogar dankbar, dass der ihm abgeraten hat.«

»Ja, Sören schon, aber vielleicht hat Carlos das anders gesehen.« Berta hält an dem Verdacht fest. »Wenn Sören das Haus umgebaut hätte, wäre er doch mit nach Spanien gegangen.«

»Und was hat das alles mit Töpfer zu tun?«, fällt Anne ein.

»Na, das war dann wohl wirklich ein Unfall.«

Alle drei denken nach. Sie sehen Carlos vor sich, den temperamentvollen Spanier mit seinen glühenden Augen und der finsteren Miene. Manchmal, besonders wenn er auf Spanisch fluchte, wirkte er durchaus furchteinflößend. Dass er jemanden die Steilküste hinabstößt, vielleicht im Streit, wäre ihm schon zuzutrauen. Aber so einen raffinierten Mordanschlag auf Arno?

Anne lacht unbehaglich. »Ich glaub das nicht. Wir reden uns da etwas ein. Sophie, weißt du noch, wie wir mal, da waren wir so zwölf oder dreizehn, einen Riesenrabatz gemacht haben, weil wir ganz sicher waren, dass da ein Kinderschänder ein kleines Mädchen ertränken wollte? Und dann stellte sich heraus, es war ein harmloser Mann, der seiner Tochter das Schwimmen beigebracht hat.«

Sophie nickt zögernd und sie fährt eifrig fort: »Einmal haben wir bei der Polizei einen Einbrecher angezeigt und das war dann der Hausbesitzer, der seinen Schlüssel vergessen hatte.«

»Ja«, bestätigt ihre Freundin. »Du hattest schon immer eine lebhafte Phantasie und ich bin auch jedes Mal darauf reingefallen. Aber das ist doch etwas anderes. Oder kannst du dir das alles erklären?«

»Wahrscheinlich war Plötz besoffen und hat deshalb die Tür nicht zugeschlossen. Das gibt er natürlich nicht zu. Und dann kann er auch nicht wissen, wie viel Wasser noch da war.«

»Und warum ist Arno dann umgekippt?«

»Er hatte bestimmt wieder nichts gegessen und nachdem er sich gebückt hatte, wurde ihm schwindlig«, meint Anne.

»Und dann schläft er gleich den ganzen Tag?«

»Ach, was weiß ich! Vielleicht wollte jemand Plötz einen Streich spielen und hat ihm Schlafmittel in das Wasser getan. Ja, es ist alles seltsam, aber ich glaub einfach nicht, dass in Bansin ein Mörder herumläuft. Und warum Arno? Der tut doch niemandem was. Oder bist du vielleicht heimlich reich und jemand will dich beerben, bevor Sophie dazwischenfunkt?« Anne schaut dem Fischer ins Gesicht.

Die anderen Frauen lachen, Arno schüttelt den Kopf.

»Deine Phantasie funktioniert immer noch«, stellt Sophie fest. Aber wahrscheinlich hast du Recht und es gibt für alles eine harmlose Erklärung.«

»Hoffentlich«, seufzt Arno. »Und eigentlich glaube ich das auch. Nur zum Baden habe ich im Moment nicht so richtig Lust. Ich bin heute auch gar nicht so lange am Strand gewesen und habe stattdessen ein bisschen im Internet gesurft. Dabei hab ich ein paar interessante Dinge rausgefunden.«

»Nun mach es nicht so spannend.« Sophie füllt ihr eigenes und Annes Glas zur Hälfte mit Rotwein, gießt Wasser dazu und sieht Arno abwartend an.

»Na gut. Weißt du noch, wie die Dame heißt, die dich bei der Bewertung so runtergemacht hat?«

»Ja sicher. Ich hab den Namen ja lange genug gesucht in meiner Gästeliste. Bloß nicht gefunden.«

»Konntest du auch nicht. Die hat garantiert nie ein Zimmer bei dir gebucht. Vielleicht hat sie mal hier gegessen. Aber gewohnt hat sie woanders.«

»Nun komm!« Sophie wird ungeduldig.

»Brinkmann!«, vermutet Anne.

»Nein.« Arno schüttelt den Kopf. »Ich glaub nicht, dass der etwas damit zu tun hat. Die Frau hat nämlich bei ihrer guten Freundin geschlafen. Und das ist Jenny Sonnenberg«, lässt er die Bombe platzen.

»Ich wusste es!« Sophie ballt vor Wut die Hände. »Das Miststück!«

Anne ist fassungslos. »Ich glaub das nicht. Weißt du das genau?«

»Na klar, sonst würde ich es nicht sagen. Sie war ja dumm genug, ihren richtigen Namen zu benutzen. Also hab ich mal geguckt, was sie sonst noch so im Internet von sich bekannt gibt, und da bin ich auf Jenny gestoßen. Die ahnt bestimmt nicht, wie leicht ihre Freundin zu finden ist. Sonst wäre sie wohl ein bisschen vorsichtiger gewesen.«

»Was mache ich denn jetzt?«

»Du solltest sie anzeigen, wegen Geschäftsschädigung.« Anne fängt sich allmählich. »Und dann verklagst du sie auf Schadenersatz.«

»So viel wird das gar nicht. Ich muss den Verlust ja auch nachweisen. Dann brauche ich einen Anwalt, der ist auch teuer und überhaupt – die ganze dreckige Wäsche, die da gewaschen wird ...«

Die beiden Freundinnen sehen zu Arno, aber der zuckt nur mit den Schultern. »Ich weiß Bescheid, aber es muss ja nicht das ganze Dorf erfahren.«

Sophie nickt erleichtert und schaut verstohlen zu Berta. Vermutlich hat die längst bemerkt, dass ihre Nichte ein Verhältnis mit einem verheirateten Mann hatte. Eigentlich bleibt ihr so leicht nichts verborgen, was in ihrer Umgebung geschieht. Aber sicher ist Sophie nicht und sie will auf keinen Fall schlafende Hunde wecken.

»Jedenfalls bist du jetzt erst einmal im Vorteil«, stellt Anne fest. »Sie ahnt nicht, dass du sie durchschaust. Das müssen wir ausnutzen.«

»Ja. Und ich werde verdammt vorsichtig sein. Gleich morgen Vormittag checke ich alle Buchungen. Ich rufe die Leute einfach unter einem Vorwand an. Mir wird schon die passende Ausrede einfallen. Bei den Tischbestellungen für Silvester mache ich es genauso.«

»Mich würde interessieren, wen sie neulich von deinem Apparat aus angerufen hat«, überlegt Arno. »Sie hatte einen Zettel in der Hand, es könnte eine Visitenkarte gewesen sein.

Du musst auf alle Fälle für November die Verbindungsnachweise kontrollieren.«

»Und pass auf deine Kühltruhen auf«, rät Anne.

»O Gott, ihr macht mir Angst. Denkt ihr, das bei Brinkmann war auch Jenny?«

»Glaub ich nicht.« Arno schweigt einen Moment. »Wahrscheinlich ist sie nur auf das Trittbrett aufgesprungen.«

»Vielleicht kann man ihr das trotzdem noch gleich mit anhängen«, schlägt Anne vor.

»Aber wir wollten doch nicht …« Sophie schüttelt den Kopf.

»Richtig. Doch wir können ihr das nicht einfach durchgehen lassen«, ereifert sich Anne. Also, ich möchte sie in den nächsten Tagen nicht treffen. Ich glaube, ich raste aus.«

»Damit wäre unser Vorteil dann im Eimer«, vermutet Arno und Sophie ist ihm dankbar für das *unser*.

»Ja, wir müssen uns alle zusammenreißen und ahnungslos stellen«, sagt sie. »Und dann zahlen wir es ihr heim.«

»Genau!« Anne ist begeistert. »Wir schlagen sie mit ihren eigenen Waffen. Du hast doch die Adressen von den meisten Reiseunternehmen, jedenfalls von denen, die hier übernachtet haben. Ich habe von den anderen zumindest die Namen. Den Rest recherchieren wir schnell. Dann rufen wir da an und sagen: Die Agentur Sonnenberg gibt es nicht mehr, das läuft jetzt über uns.«

»Das finden die aber schnell raus. Spätestens, wenn Jenny sich bei denen meldet.«

»Hast Recht.« Anne überlegt. »Aber ich mach das schon. Ich rufe da an, deute an, dass Jenny unzuverlässig ist, dass sie vielleicht ein paar Probleme mit dem Alkohol hat oder so, nichts Konkretes, wisst ihr, nicht, dass sie am Ende noch mich verklagt wegen Verleumdung oder was weiß ich. Der traue ich das zu. Und dann sage ich denen, dass sie jetzt direkt bei dir buchen können. Die meisten kennen uns ja, dich als Pension und mich als Reiseleiterin. Da wissen sie schon, dass alles klappt. Und wenn wir dann noch ein bisschen billiger sind, als Jenny war, fragt keiner mehr lange nach. Am Ende ist Jenny außen vor, wir sind auf der sicheren Seite und verdienen mehr als vorher. Na, was sagst du?«

Sophie nickt zögernd. »Klingt gut. Alles, was die Pension betrifft, hab ich im Griff. Da brauche ich Jenny nicht. Veranstaltungen können wir auch selbst organisieren. Die Ausflüge machst du, du hast ja auch noch Inka. Eigentlich müsste es klappen.«

»Ich glaube nicht, dass Jenny sich das so einfach gefallen lässt«, gibt Arno zu bedenken. »Sie wird sich wehren und ihr wisst, dass sie ziemlich skrupellos ist.«

»Stimmt«, sagt Sophie. Wir brauchen als Erstes den Beweis, dass sie den Krieg eröffnet hat. Möglichst etwas, wofür man sie wirklich anzeigen könnte. Jetzt, wo ich genau weiß, wonach ich suche, finde ich sicher etwas. Vielleicht bricht ihr schon der Anruf neulich Abend das Genick. Ich finde schon heraus, mit wem sie gesprochen hat. Bestimmt hat sie in meinem Namen irgendwelchen Blödsinn bestellt.«

Mittwoch, 28. November

Genau das Gegenteil war der Fall, wie Sophie schon am nächsten Tag erfährt, als Berta sie erstaunt fragt: »Du sag mal, warum hast du der Silvesterkapelle abgesagt? Die spielen doch schon seit Jahren hier und ich war immer zufrieden. Die machen immer eine Bombenstimmung und zu teuer sind sie auch nicht.«

»Wie kommst du darauf, dass ich die abbestellt habe?«

»Na, der Dings, wie heißt er noch, der Gitarrist jedenfalls, hat mich gerade auf der Straße angesprochen. Der ist total sauer.«

»Das muss ein Missverständnis sein. Um Gottes Willen, ich brauch die doch. Ich rufe da sofort an, hoffentlich haben die noch nichts anderes.«

»Ich weiß nicht, danach habe ich gar nicht gefragt. Mir war das ja auch peinlich. Aber ich habe mir schon gedacht, dass da etwas nicht stimmt. Klär das man gleich.«

Als Sophie erfährt, dass die Absage am Freitagabend telefonisch erfolgt ist, ist ihr alles klar. Sie hat Glück, die Band hat noch keinen anderen Vertrag für die Silvesternacht.

»Das war wirklich ein sehr mieser Streich, den mir da jemand spielen wollte«, beendet sie das Gespräch. »Es ist ja noch mal gut gegangen. Aber auf jeden Fall, wenn wieder mal jemand in meinem Namen anruft und etwas absagt, ruf mich bitte zurück. Also dann, bis Silvester. Ich freu mich auf euch.«

Sophie legt das Telefon weg und sieht zu ihrer Tante, die betont gleichgültig tut. Dann seufzt sie. »Komm, wir setzen uns hin. Ich muss dir was erzählen. Aber wahrscheinlich weißt du es ja schon.«

Christine Jahn hat im *Kehr wieder* nur Kaffee getrunken, aber als sie wieder zu Hause ist, gießt sie sich ein Glas Wein ein. Sie fühlt sich gut und niemand wird von ihr erwarten, dass sie gerade jetzt mit dem Trinken aufhört. Sie nimmt das Glas mit ins Wohnzimmer. Dann geht sie nach oben in ihr Schlafzimmer. Das Fenster ist immer noch offen. Die schlanke Frau schüttelt ihr Bett auf, zieht die Laken glatt und schließt das Fenster. Sie zieht sich bequeme Sachen an: eine alte Jeans und einen dicken Pullover, ihr ist etwas kalt. Die Hose, die sie eben ausgezogen hat, hängt sie sorgfältig auf einen Bügel. Alle anderen getragenen Kleidungsstücke rafft sie zusammen und nimmt sie mit nach unten. Morgen wird sie waschen. Und putzen. Und einkaufen.

Als sie über den Flur geht, bleibt sie vor dem Arbeitszimmer kurz stehen, öffnet die Tür aber nicht. Beim Bau des Hauses war hier das Kinderzimmer geplant. Wie optimistisch sie damals waren! Sie blickt aus dem Flurfenster in die Dunkelheit über den Garten. Als sie hier einzogen, stand alles in voller Pracht. Die Obstbäume trugen in jenem Jahr schwer an ihren Früchten, das meiste Gemüse war erntereif. Sie erinnert sich genau, wie sie zu Manfred sagte: »Das ist die schönste Zeit des Jahres.«

Er hatte gelacht und sie zärtlich auf die Nasenspitze geküsst. »Das sagst du doch immer.«

Es stimmte. Wie oft hat sie hier hinausgesehen und dasselbe gedacht. Im Frühjahr, wenn die gelben Forsythien blühten und dann der Flieder, im Sommer, wenn alles grün war, danach hatte sie das reife Obst bewundert und ihre geliebten Dahlien. Damals mochte sie auch die Ruhe, die die Natur im Winter ausstrahlte. Wann ist ihre Lebensfreude verloren gegangen? Warum? Was war einst anders?

Sie sieht wieder auf die geschlossene Tür. Ja, natürlich, sie hatten an ein Kind gedacht. Aber der Wunsch war nie zwanghaft. Die Jahre waren vergangen, manchmal sprachen sie darüber, man sollte vielleicht mal zu einem Spezialisten gehen, aber dann war doch wieder anderes wichtiger und es hatte durchaus seine Vorteile, kinderlos zu sein. Das Leben war so bequem, beide arbeiteten, man konnte sich einiges leisten, teure Reisen, ein schickes Auto, mehrmals im Monat aßen sie in guten Restaurants. Irgendwann hatten sie sich stillschweigend damit abgefunden, ein kinderloses Ehepaar zu bleiben. Manfred war es, der vorschlug, etwas mit dem leer stehenden Raum anzufangen. Im Kollegenkreis hatte er etwas von einem *Tussizimmer* gehört.

»Du könntest da drin ja nähen oder irgendwelche Handarbeiten machen oder malen, was weiß ich«, schlug er etwas unbeholfen vor.

Christine hatte ihn nur sprachlos angesehen. Es konnte doch nicht sein, dass ihr Manfred sie so wenig kannte. Sie hatte in ihrem ganzen Leben noch keine derartigen Hobbys gehabt und auch nicht vor, damit anzufangen. Damals hatte sie ihn nur kopfschüttelnd stehen lassen, auch deshalb, weil sie ihre eigenen Gefühle nicht verstand. Sie verstand nicht, warum sie nicht entsetzt war, oder doch wenigstens enttäuscht. Hegt nicht jede normale Frau naturbedingt den Wunsch, Mutter zu werden? Aber zu ihrem eigenen Erstaunen war sie nur erleichtert. Ihr Leben war gut, so wie es war, und so konnte es jetzt auch bleiben.

Dann schloss das kleine Textilgeschäft, in dem sie viele Jahre gearbeitet hatte. Ihr alter Chef setzte sich zur Ruhe. Vielleicht hätte sie sein Angebot, den Laden zu übernehmen, annehmen sollen. Manfred hatte sie dazu ermutigt, er hatte aber auch gleich dazu gesagt, sie müsse dann endlich an einem Computerkurs teilnehmen, ohne PC-Kenntnisse könne man heute nicht mal mehr den kleinsten Laden führen. Doch ihr grauste vor jeder modernen Technik, sie konnte nicht mal den DVD-Recorder programmieren. Dann würde sie sich eben eine neue Stelle suchen. Als Verkäuferin würde sie immer Arbeit finden, zumindest im Sommer. Im Stillen dachte sie, dass sie den Winter über auch gern mal zu Hause bleiben würde, schließlich verdiente Manfred genug für sie beide.

Halbherzig bewarb sie sich hier und da, arbeitete mal einen Sommer als Kellnerin in einem Hotel, aber das war ihr dann doch zu anstrengend. Überhaupt hatte sie plötzlich das Gefühl, alt zu sein. Sie war erst Mitte vierzig, aber alle Kolleginnen schienen jünger zu sein, schneller, leistungsfähiger und vor allem war sie anscheinend der einzige Mensch, der nicht mit dem Computer, den modernen Kassen und dem Faxgerät umgehen konnte. Auf ihrer letzten Arbeitsstelle wurde ihr nach der Probezeit als Verkäuferin angeboten, als Putzfrau weiterzuarbeiten. Empört hatte sie abgelehnt und war von da an durchgehend zu Hause geblieben.

Hier fühlte sie sich eigentlich auch am wohlsten. Im Haus und im Garten gab es schließlich genug zu tun. Nun konnte sie auch täglich für Manfred kochen und es ihm richtig gemütlich machen. Aber ihr Mann wurde immer mürrischer, je mehr Christine sich bemühte. Seine Arbeit schien ihm keinen Spaß mehr zu machen, er sprach kaum noch von seinen Kollegen und verbrachte seine Abende und Wochenenden immer häufiger vor dem Computer in seinem Arbeitszimmer.

Christine saß nun allein vor dem Fernseher, trank aus Langeweile ein Glas Wein oder auch zwei, später eine Flasche am Abend. Ja, Langeweile, das war es. Sie sah eine endlose Reihe immer gleicher Tage vor sich. Alles ringsherum veränderte sich, die Familien ihrer Bekannten wurden immer größer, es kamen Schwiegerkinder und Enkel hinzu, sie ließen ließ sich scheiden, gingen neue Verbindungen ein, wurden arbeitslos und begannen etwas Neues. Die Menschen in ihrer Umgebung fielen und standen wieder auf, nur sie selbst blieb immer im gleichen Trott ohne Höhen und Tiefen. Sie konnte sich nicht einmal dazu aufraffen, ihre Frisur zu ändern oder ihre Haarfarbe. Nur die Falten in ihrem Gesicht wurden auffälliger, sie betonten die herabgezogenen Mundwinkel, was sie unfreundlich und missmutig aussehen ließ. Seit kurzem ist sie davon überzeugt, dass sie sich jahrelang schlecht geschminkt hat, was ihre Augen klein und tückisch aussehen ließ. Aber sie hatte keine Freundin, die sie darauf hätte hinweisen können.

Manchmal wollte sie ausbrechen, etwas anderes tun, irgendetwas, nur um sich einmal wieder lebendig zu fühlen. Aber sie tat es nie, nur die leeren Weinflaschen, die sie einmal in der Woche zum Container brachte, wurden immer mehr. Im Sommer war sie auf Bier umgestiegen, das trank man schließlich gegen den Durst und nicht wegen des Alkohols.

Bier ist auch billiger, registriert Christine irritiert. Wann fing es eigentlich an, dass Geld eine Rolle im Hause Jahn spielte? Zuletzt reagierte Manfred eigentlich immer gereizt, wenn sie Geld von ihm verlangte für zusätzliche Ausgaben. Es waren doch nur ganz normale Dinge, die sie kaufen wollte, Kleidung, Haushaltsgeräte oder Pflanzen, vielleicht mal ein neues Möbelstück. Sie wagte schon kaum noch, ihn daraufhin anzusprechen, aus Angst, er würde ihr vorwerfen, dass sie ja gar kein Einkommen mehr habe. Aber ihr Verdienst war doch auch vorher nie sehr hoch gewesen und sie hatten auch ohne ihr Gehalt jahrelang gut gelebt.

Christine überlegt. Um Geld hat sie sich noch nie gekümmert, schließlich war ihr Mann Fachmann für Finanzen und sie hatte in dieser Hinsicht absolutes Vertrauen. Die Raten für das Haus, wie hoch sind die eigentlich? Sie erwägt, im Schreibtisch nachzusehen, kann sich aber nicht dazu aufraffen. Wahrscheinlich wird sie ohnehin nichts finden, alle wichtigen Unterlagen bewahrte Manfred im Tresor auf und den Schlüssel trug er bei sich. Zum ersten Mal bedauert sie, sich mit dem Computer ihres Mannes nicht auszukennen, dort sind sicher auch die Kontenbewegungen gespeichert.

Ruckartig setzt sie ihr Glas ab, als ihr etwas einfällt. Wo sind seine Schlüssel denn nun eigentlich? Sie muss die Sachen endlich durchsehen, die die Polizei ihr gegeben hat. Und sie muss zur Bank gehen, sich um ihre Finanzen kümmern. Sie braucht auch Bargeld. Gleich morgen wird sie sich um alles kümmern.

Sie sitzt auf der Couch und blickt auf den schwarzen Bildschirm des Fernsehers. Sie muss nachdenken. Was ist eigentlich geschehen in der letzten Zeit? Hat Manfreds Tod sie in so einen Schockzustand versetzt, dass sie sich an kaum etwas erinnern kann? Was hat sie in der ganzen Zeit gemacht? Sie horcht in sich hinein. Fast schämt sie sich, dass sie so wenig Trauer empfindet. Eigentlich ist sie erleichtert. Sie hatte nie vor, sich von ihrem Mann zu trennen, dazu war sie zu feige, sie hat immer geglaubt, ihn zu brauchen. Aber nun, wo sie dazu gezwungen ist, weiß sie, dass sie allein zurechtkommen wird. Es ist ein neuer Anfang.

Sie sieht ihr Weinglas an. Damit wird sie auch aufhören. Morgen. Heute gehört noch zu ihrem alten Leben. Sie will an ihren verstorbenen Mann denken, schaltet dann aber den Fernseher ein und trinkt einen Schluck Wein. Morgen beginnt das neue Leben, ab morgen wird alles besser.

Berta hat sich die Beichte ihrer Nichte ziemlich ungerührt angehört.

»Meinst du wirklich, ich habe nicht mitbekommen, dass der sich nachts ins Haus geschlichen hat?«

Sophie senkt beschämt den Kopf und denkt daran, wie ihr Verhältnis zu Frank begonnen hat. Als sie von einem Besuch bei Berta mit der Bahn nach Hause fahren wollte, bot er an, sie in seinem Auto mitzunehmen, weil er auch nach Berlin musste. Er trug ihr Gepäck in die Wohnung im vierten Stock, blieb ganz klassisch zu einem Kaffee und dann über Nacht. Es war ein lockeres Verhältnis, das nur in Berlin stattfand und auch nicht unterbrochen wurde, als Sophie eine feste Beziehung zu einem anderen Mann hatte, der sich dann auch wieder als Niete erwies.

Als sie sich entschloss, in Bansin zu bleiben, wollte sie die Liaison eigentlich beenden, aber Frank gelang es mit seinem Charme immer wieder, sie herumzubekommen. Dass er als Architekt den Umbau ihrer Pension leitete, machte es nicht leichter. Aber sie hatte ständig Angst, dass ihre äußerst scharfsichtige Tante etwas merkte, oder, noch schlimmer, Frank Sonnenbergs Frau.

»Ihr habt euch wohl beide für besonders schlau gehalten, was?«, sagt Berta nun. »Natürlich weiß Jenny längst, was läuft. Ich habe schon immer gedacht, irgendwann zahlt sie ihm das heim und schmeißt ihn aus seinem eigenen Haus. Dass sie kalt und rachsüchtig ist, habe ich nämlich geahnt, aber nicht, dass sie dir gegenüber so bösartig reagiert. Was sagt Frank denn dazu?«

»Der weiß das ja gar nicht«, fällt Sophie zu ihrer eigenen Überraschung ein. »An den hab ich überhaupt nicht gedacht.«

Berta lacht. »Na, das ist doch ein gutes Zeichen. Die große Liebe war es dann wohl doch nicht.«

»Nein. Aber er ist schon in Ordnung. Und ich muss auf jeden Fall mit ihm reden, ich glaube, er unterschätzt Jenny.«

»Na ja, ich glaube, er macht sich gar nicht so viele Gedanken über seine Frau. Er ist eben ziemlich leichtsinnig, ganz anders als Arno.«

»Wie kommst du jetzt auf den?«

»Sophie, ich bitte dich. Das hat ja nun wirklich jeder gemerkt. Ist ja auch gut. Ihr beide braucht euch doch nun auch wirklich nicht zu verstecken.«

»Ich bin froh, dass du das sagst, aber findest du wirklich, der passt zu mir?«

»Du, der ist das Beste, was dir passieren kann. Aber du solltest dich nur mit ihm einlassen, wenn du es ernst meinst. Für eine kurze Affäre ist Arno nicht geeignet. Und ich würde es dir sehr übel nehmen, wenn du ihn verletzt. Der steckt das nicht so leicht weg wie Sonnenberg.«

»Ich weiß eigentlich kaum was über ihn. Der redet ja sowieso nicht viel und über sich selbst schon gar nicht. Aber er muss doch eine ziemlich große Familie haben, hab ich mal so rausgehört. Schwestern und Brüder und Nichten und Neffen, seine Mutter lebt auch noch.«

»Ja, das stimmt. Arno hat sechs Geschwister, die wohnen noch fast alle im Dorf. Eine Schwester lebt mit ihrer Familie im Elternhaus, die anderen in der Umgebung. Er wohnt ja auch noch bei seiner Mutter, hat sich das Dachgeschoss ausgebaut, glaube ich.«

»Na, das ist doch super. Ich finde es toll, eine große Familie zu haben.«

»Ja, das hört sich toll an. Früher war das auch normal. Also, ganz früher, in meiner Kindheit. Zehn, zwölf Kinder waren keine Seltenheit bei den Fischerfamilien. Aber schon seit DDR-Zeiten hat Kinderreichtum immer so einen Anstrich von asozialer Lebensweise. Klar, die Eltern können sich nicht so um jeden einzelnen Sprössling kümmern, aber die erziehen sich ja auch gegenseitig. Arnos Vater hat mit Plötz zusammen gefischt, da musste seine Mutter natürlich auch oft am Strand helfen. Aber ich finde nicht, dass sie die Kinder vernachlässigt haben. Die waren eben nicht besonders gebildet. Vor allem haben die ja nur plattdeutsch gesprochen. Ich glaube, Arnos

Eltern konnten beide kein Hochdeutsch. Und die Kinder natürlich auch nicht, als sie zur Schule kamen. Da hatten sie ganz schöne Probleme.

Der Vater ist gestorben, kurz bevor Arno mit der Schule fertig war. Ich weiß nicht, was er vorhatte, ob er einen Beruf lernen wollte. Er hat nie darüber gesprochen. Er ist dann einfach für seinen Vater eingesprungen. Das Boot und die Bude gehörten zwar Plötz, aber der brauchte nun einen zweiten Mann – und einen Teil der Netze und Angeln hat Arno von seinem Vater geerbt. Das war mitten in der Wendezeit. Keiner wusste so richtig, wie es weitergeht. Arno fühlte sich wohl auch für seine Mutter verantwortlich, die meisten seiner Geschwister sind älter und hatten schon eigene Familien.«

»Ja, aber das ist nun über zwanzig Jahre her. Inzwischen hätte er doch längst einen Beruf lernen können.«

»Sicher. Aber warum soll er? Er ist doch gerne Fischer. Er liebt die Ostsee, er ist ziemlich unabhängig, Plötz ist zwar der Chef, aber Arno macht trotzdem, was er will. Soviel ich weiß, spart er für ein eigenes Boot, er will dann Kutterfahrten mit Urlaubern anbieten.«

»Keine schlechte Idee.« Sophie sieht schon einen Flyer vor sich, den sie an der Rezeption aushängt.

»Er war auch viel mit Sören Mager zusammen, bevor der einen Freund hatte. Sören hat ihm den Umgang mit dem Computer beigebracht. Ich glaub, das ist für ihn so ein Ausgleich für den Umgang mit Plötz und den anderen in der Hütte.«

»Mit Menschen wie dir«, lästert Sophie.

»Wahrscheinlich. Aber ich habe ja dich für niveauvolle Gespräche, wenn ich Bedarf dafür habe. Und Anne natürlich«, fügt Berta hinzu, als Sophies Freundin hereinkommt. Sie überlegt, ob sie mit den beiden jüngeren Frauen noch einmal über ihren Verdacht sprechen soll. Ständig muss sie an die Toten denken. Aber sie befürchtet, dass die anderen sie wieder nicht ernst nehmen, und zieht sich zurück, um am Strand spazieren zu gehen. Sie muss in Ruhe nachdenken, den Zusammenhang finden, bevor noch mehr passiert!

»Na, du bist ja heute früh zurück«, empfängt Sophie ihre Freundin. Hatten die Gäste die Nase voll von deinem Gequatsche?«

Anne lacht. »Nee, war nur eine Halbtagsfahrt, vier Stunden. Hat mir aber gereicht, ehrlich. Hast du noch was zu essen?«

»Du, das tut mir leid, Renate ist gar nicht da. Die bummelt die Überstunden vom Sommer ab und dann hat sie Urlaub. Sie kommt erst kurz vor Weihnachten wieder. Ich hab zurzeit kein Küchenangebot, das lohnt sich nicht, weißt du ja selber. Am Wochenende ist Tante Berta da, falls wirklich einer was essen will. Übrigens, heute Abend will sie für uns kochen. Fisch glaube ich, was auch sonst. Hältst du es noch so lange aus?«

»Och nee, ich hab jetzt Hunger. Hast du nicht 'ne Bockwurst da?«

»Ja, klar. Ich esse eine mit, hab auch kein Mittag gehabt.«

Während die Frauen Wurst mit Brot essen, beklagt Anne sich über ihr letztes Publikum.

»Das waren Einheimische, von irgend so einem Dorf hinter Anklam. Die wollten eigentlich gar nichts von mir wissen, glaube ich. Die meisten sind nur mitgefahren, weil sie zum Polenmarkt wollten, Zigaretten kaufen. Na, viel mehr haben wir dann auch nicht geschafft in den vier Stunden. Die, die hinter mir saßen, haben dauernd gequatscht. Als ich zugestiegen bin, heute morgen, an der Zecheriner Brücke, da haben sie erst mal ihre Stullen ausgepackt. Ungefähr eine halbe Stunde lang haben sie mit Papier und Tüten geknistert und lautstark über den Inhalt diskutiert. Es hat nach Leberwurst gestunken, mir ist ganz schlecht geworden. Und so ging es weiter. Ich habe die Nase gestrichen voll. Gut, dass im Moment nicht so viele Fahrten sind. Die nächste Tour kann Inka haben. Trinkgeld geben die auch nicht.«

Sie trinkt den letzten Schluck Kaffee und sieht ihre Freundin an. »Was hältst du davon, wenn du den Laden abschließt und wir mal kurz rüber nach Swinemünde fahren. Ich muss tanken und dann gehen wir da noch schön Kaffee trinken. Hier passiert doch sowieso nichts.«

Sophie überlegt kurz, dann nickt sie. »Eigentlich hast du Recht, ich muss hier auch mal raus.

Aber Kaffee trinken können wir auch in Ahlbeck, auf der Seebrücke. In Polen ist mir der Kuchen immer zu süß.«

»Wie du sagst, so machen wir.«

Eine Stunde später stehen die Frauen auf Deutschlands ältester Seebrücke und sehen hinüber nach Heringsdorf.

»Da war ich auch lange nicht«, fällt Sophie ein. »Den ganzen Sommer über kommt man kaum raus, nicht einmal zum Einkaufen. Na, vor Weihnachten fahre ich noch für ein paar Tage nach Berlin. Kommst du mit? Meine Eltern haben Platz für uns beide. Die freuen sich, wenn wir kommen.«

»Mal sehen. Im Moment bleibe ich am liebsten zu Hause und lege die Beine hoch. Ich muss mich erst mal erholen von dem ganzen Stress der letzten Wochen.«

»Na, dann komm, lass uns nach Hause fahren.«

* * *

Berta hat lange darüber nachgedacht, unter welchem Vorwand sie das Polizeirevier in Heringsdorf aufsuchen könnte, um mit Fred Müller zu reden. Irgendwelche Lügen mag sie nicht erzählen. Aber sie befürchtet, dass Fred sie nicht ernst nimmt, wenn sie von ihrem Verdacht erzählt. Ein Mörder in Bansin! – Warum eigentlich nicht? Eigentlich sollte diese Möglichkeit von der Polizei doch wenigstens in Erwägung gezogen werden, oder?

Vielleicht ermitteln sie ja sogar längst in dieser Richtung. Nein, das hätte sie mitbekommen. Wahrscheinlich muss sie die Polizisten wirklich mit der Nase darauf stoßen, dass hier etwas nicht stimmen kann. Sie muss unbedingt mit dem Ortspolizisten sprechen. Aber möglichst allein, sonst traut Fred sich nicht, über dienstliche Dinge zu reden. Also ist die Polizeiwache schon mal ein ungünstiger Ort, um Kontakt aufzunehmen.

Berta ist etwas überrascht, dass Sophie zur Kaffeezeit nicht da ist, aber sie hat ja einen Schlüssel zur Pension. Spontan beschließt sie, die Gunst der Stunde zu nutzen. Hoffentlich kehrt ihre Nichte nicht so schnell zurück.

Fred Müller zögert etwas, fragt misstrauisch, warum er jetzt sofort nach Bansin kommen soll, lässt sich dann aber doch überreden. Nun nippt der Polizist an seinem Kaffee und sieht sich um, während Berta in die Küche geht, um Stollen zu holen. Es hat sich einiges verändert, seit seine Mutter hier im damaligen *Fortschritt* gekellnert hat. Unwillkürlich muss der große, kräftige Mann mit den kurzen blonden Haaren lächeln, als die alte Frau, die er auch heute noch Tante Berta nennt, ihm einen Teller mit Kuchen vorsetzt. Sie kann sich tatsächlich noch erinnern, dass er gern Süßes isst.

Als er noch ziemlich klein war, vielleicht sieben oder acht Jahre alt, hatte seine Mutter ihn einmal mit zur Arbeit genommen, weil sie ihn nicht allein zu Hause lassen wollte. Vom Personaltisch aus hatte er Berta bewundert, die offensichtlich die Herrin über all die großen Kochtöpfe und die weiß gekleideten Männer und Frauen in der für ihn riesigen Küche war. Auch seine Mutter und die anderen Serviererinnen unterstanden ihrem Kommando und trugen viel mehr Teller hinaus zu den Gästen, als er zählen konnte.

Dann kam diese Respektsperson zu ihm, setzte sich an den Tisch, sagte, er könne sie Tante Berta nennen und fragte, wie er hieße und was er am liebsten essen würde. Als er schließlich schüchtern »Eierkuchen« geflüstert hatte, lachte die nette, dicke Frau, strich ihm übers Haar und ging in ihre große Küche, um einem kleinen Jungen seine Leibspeise zu bereiten.

Nun sitzt sie ihm wieder gegenüber, mehr als zwanzig Jahre älter, aber immer noch lebhaft und resolut, eine Frau, die man achtet und der man vertraut. Ihre Haare sind kürzer als damals und grau, die blauen Augen blicken immer noch aufmerksam und freundlich, nur sieht sie ihn heute besorgt an und Fred Müller weiß, warum.

»Natürlich kommt es uns auch verdächtig vor, wenn es mehrere unnatürliche Todesfälle innerhalb kurzer Zeit in einem Ort gibt. Deshalb ist Kriminalhauptkommissar Schneider aus Anklam doch hier gewesen. Es wurde eine Sonderkommission gebildet, die alle Fälle untersucht und miteinander verglichen hat. Die Angehörigen und eventuelle Zeugen wurden befragt, aber du weißt doch selbst, dass nichts dabei herauskam. Und leider gibt es kaum Spuren. Bei Gerd Töpfer hat man Alkohol im Blut gefunden, es kann ein Unfall gewesen sein oder auch Selbstmord. Sören wurde von einem Auto angefahren, es war zumindest Fahrerflucht, aber nach dem Unwetter in dieser Nacht konnte man keine Spuren sicherstellen, genauso wenig wie an der Steilküste, wo Jahn abgestürzt ist. Einen Zusammenhang zwischen den Toten scheint es nicht zu geben, jedenfalls haben wir keinen gefunden.«

Berta nickt nachdenklich. »Ich bin ja froh, dass ihr überhaupt in diese Richtung ermittelt und nicht alles als Unfälle abhakt. Also glaubt die Polizei auch, es könnte hier einen Mörder geben?«

»Mit dem Glauben hat man es nicht so bei uns. Ein paar Hinweise sollten schon vorhanden sein. Aber wir schließen es nicht aus. Also, falls dir irgendetwas auffällt oder du etwas hörst – dir erzählen die Leute ja doch mehr als uns und hier am Stammtisch sowieso – ruf uns an, ja? Auch wenn du es für nicht so wichtig hältst, vielleicht hilft es uns weiter.«

Fred ist bereits aufgestanden und verabschiedet sich, als Sophie und Anne von ihrem Ausflug zurückkommen. Kurz darauf sind die drei Frauen allein und Berta schildert ihr eben geführtes Gespräch. »Zumindest wisst ihr jetzt, dass ich mit meinem Verdacht nicht ganz allein bin«, schließt sie, »und dass sogar die Polizei deswegen ermittelt.«

»Das mag schon sein«, stimmt Sophie zu, »aber ich kann nicht sagen, dass mich das sonderlich freut. Ich glaube es eigentlich immer noch nicht, aber wenn es hier einen Mörder gibt, sollten die ihn nun möglichst bald finden.«

»Dabei werden wir denen wohl ein bisschen helfen müssen.«

Anne ist zunächst sprachlos, was äußerst selten vorkommt und auch heute nicht lange anhält: »Irgendwie kommt mir das alles unwirklich vor, ich meine, so was gibt es im Fernsehen, aber doch nicht in Bansin. Stellt euch vor, es ist vielleicht jemand, den wir kennen, vielleicht einer, der hier in die Gaststätte kommt. Nein, das glaub ich nicht. Aber trotzdem, die Vorstellung macht mir jetzt richtig Angst.«

Donnerstag, 29. November

Christine Jahn erwacht mit schwerem Kopf. Ihr ist übel und der Hals fühlt sich trocken an. ›Ich hab doch gar nicht so viel getrunken gestern Abend‹, denkt sie und bleibt einen Moment auf der Bettkante sitzen. ›Oder doch?‹ Sie kann sich nicht erinnern. ›Wahrscheinlich immer noch Nachwirkungen des Schocks‹, versucht sie sich zu beruhigen. Aber allmählich machen ihr diese Gedächtnislücken Angst. Ihr fällt wieder ein, was sie sich gestern vorgenommen hat. Sie sieht auf die Uhr. Fast elf. So lange hat sie früher nie geschlafen. Ob sie vielleicht doch einmal einen Arzt aufsucht?

Ach, es wird schon werden. Nach einer ausgiebigen Dusche fühlt sie sich schon besser.

›Nachher mache ich das Schlafzimmer sauber‹, beschließt sie. ›Ich sollte wohl auch einmal einkaufen. Aber dann muss ich vorher zur Bank.‹ Sie blickt kurz in den Spiegel. ›Na, irgendwas zu essen werde ich schon noch finden. Zuerst brauche ich einen starken Kaffee.‹

Die zierliche Frau setzt Wasser auf und löffelt Kaffeepulver in einen großen Becher. Dann öffnet sie den Kühlschrank. Ungläubig sieht sie hinein. Ohne den Blick abzuwenden, lässt sie sich auf einen Küchenstuhl fallen. Im Kühlschrank gibt es nichts Essbares. Er ist bis zum Rand gefüllt mit Flaschen, Dosen und Tetra Paks. Bierdosen, billiger Wein, Likör, Korn. Dazwischen leere Wein- und Bierflaschen.

Energisch schlägt sie die Kühlschranktür zu und springt auf. ›Das war ich nicht!‹, denkt sie. ›Ich bin doch nicht verrückt. Oder?‹ Sie hat ihr Kaffeewasser vergessen und geht ins Wohnzimmer. Dort setzt sie sich auf ihren Couchstammplatz. Ihr Blick fällt auf den Sessel, in dem ihr Mann immer gesessen hat. Es dauert einen Moment, ehe sie begreift, was sie sieht. Mit einem Ruck fährt sie in die Höhe.

Manfreds Lieblingspullover liegt ordentlich über der Sessellehne. Sie riecht sein Rasierwasser.

Christine läuft nach oben in ihr Schlafzimmer. Ihr Herz klopft bis zum Hals. Sie zwingt sich, ruhig zu atmen und nachzudenken. ›Nein, das halte ich nicht aus. Ich muss hier raus. Ich brauche Hilfe. Berta! Ich gehe zu Berta. Sie wird in der Gaststätte sein. Richtig, sie hat mich doch eingeladen. Zum Adventskaffee. Advent! Wie absurd ist das alles.‹

Sonntag, 2. Dezember

Marianne Weber beobachtet ihre Tochter, die lustlos im Essen stochert. Inka ist 24 Jahre alt, aber mit ihrer fast knabenhaften Figur und den verstrubbelten, kurzen blonden Haaren sieht sie rührend jung aus, wie ein Teenager. Nur ihre müden Bewegungen und der schwermütige Gesichtsausdruck lassen sie älter erscheinen.

»Schmeckt es dir nicht? Möchtest du lieber ein Eis?«

Inka lächelt. »Mutti, ich bin doch nicht mehr sieben Jahre alt.«

»Stimmt. Leider. Damals konnte man dich mit Eis immer aufmuntern.«

»Ja, ich weiß.« Sie legt die Gabel weg. »Aber mach dir keine Sorgen, ich bin nur nicht so gut drauf heute. Nichts Schlimmes.«

»Na dann ist ja gut. – Aber deine Tablette hast du doch genommen?«

»Na klar. Und du?«

Die Mutter lächelt traurig. »Ja, hab ich.« Sie legt die Hand auf die ihrer Tochter. »Wir sind schon ein Pärchen, was? Kein Wunder, dass wir keine Männer haben, wer sollte es mit uns wohl aushalten.«

Inka steht auf. »Macht nichts, wir haben ja uns. Uns geht es doch gut. Ich leg mich einen Moment hin, o.k.? Ich habe ein bisschen Kopfschmerzen.«

Sie geht ins gemeinsame Schlafzimmer und Marianne Weber räumt die Küche auf. Es bedrückt sie sehr, dass ihre Tochter die Krankheit anscheinend von ihr geerbt hat. Dabei war Inka so ein fröhliches, ausgeglichenes Kind. Bis zu dem Tag, als der fremde Junge ertrunken ist. Seitdem ist sie in psychiatrischer Behandlung. Meist geht es ihr tagsüber gut, sie ist fast wie früher, nur etwas nervöser, reizbarer. Aber nachts wird sie von Albträumen geplagt, so schlimm, dass sie nicht mehr allein in einem Zimmer schlafen will. Und sie will nie ein eigenes Kind haben. Sie ist überzeugt, dass es sterben würde.

»Es ist noch ganz klein, aber es ertrinkt, ich kann ihm nicht helfen. Es ist ganz allein, ich bin nicht da. Es hat Angst. Aber es ertrinkt. Und ich auch.«

Das hat Inka ihrer Mutter zugeflüstert, eines Nachts, als sie sie aus einem bösen Traum geweckt und in den Arm genommen hatte, um sie zu beruhigen.

Eine ganze Zeit schien es ihr besser zu gehen. Im letzten Jahr hat sie sich wieder viel mehr im eigenen Zimmer aufgehalten, oft auch dort geschlafen. Und durch die unlängst begonnene Arbeit als Reiseleiterin ist sie selbstbewusster und sicherer im Umgang mit anderen Menschen geworden.

Marianne Weber hat so gehofft, dass ihre Tochter die Krankheit überwunden hat. Aber im Moment scheint es ihr gar nicht gut zu gehen. Auch heute hält es Inka nicht lange allein im Zimmer aus. Schon nach zehn Minuten kommt sie wieder heraus und geht ins Bad, um sich die Haare zu kämmen.

»Ich geh noch mal weg, ins *Kehr wieder* zum Kaffeetrinken. Anne und Sophie haben mich eingeladen. Möchtest du mitkommen?«

»Nein, geh du mal. Ich mache lieber noch einen Spaziergang.«

Inka nickt ihrer Mutter zu und macht sich auf den Weg.

Draußen hat die Ostsee den Strand vollkommen verschlungen, das Wasser wird erst von den Dünen aufgehalten. Das Heulen des Sturmes und das Rauschen des Meeres übertönen heute sogar das Gekreische der Möwen.

Hohe Wellen brechen sich an den Pfählen der Seebrücke, drücken von unten an den Steg, einige der Planken wird man im Frühjahr wieder befestigen oder austauschen müssen. Es kommt häufig vor, dass die Seestege ab November gesperrt sind. Sie werden dann erst kurz vor Ostern repariert, vorher lohnt es sich nicht, weil Wasser oder Eis, vom Sturm bewegt, die Bauwerke beschädigen. Im Winter dienen sie ohnehin nur zum Promenieren, es fahren keine Ausflugsschiffe an der Außenküste entlang.

Berta, die Inka schon von der Promenade aus gesehen hat, kommt kurz nach ihr mit Bobby an der Leine in die Gaststätte. Sie streift die Kapuze ab, zieht die Jacke aus und reibt die Hände aneinander.

»Ist das ungemütlich. Nun bläst es aber richtig. Ach, hier bist du«, sagt sie zu Plötz, der am Stammtisch sitzt und an einem Grog nippt. Er sieht ganz fremd aus ohne seine Fischerkleidung. Stattdessen trägt er heute eine dunkelblaue Hose mit Bügelfalten und einen weißen Rollkragenpullover. »Ich war gerade am Strand, ich dachte, ihr seid noch in der Bude und ich treffe dich an.«

»Nee, wir waren nur heute Vormittag kurz unten. Haben das Boot hochgeholt. Die Bude wird gar nicht warm, bei dem Sturm. Der bläst durch alle Ritzen.«

»Ja, klar. Sophie, gib mir mal auch erst einen Grog, zum Aufwärmen. Wegen der Kälte ist weit und breit kein Mensch am Strand. Nur der Weißhaarige schlich da rum. Der ist mir manchmal direkt unheimlich.«

»Ach was, der ist harmlos. Ein bisschen seltsam, vielleicht. Ist auch nicht gut, wenn einer immer alleine ist. Ich wollte ihn ja schon mal mit herbringen, aber er wollte nicht. Hat auch wohl nicht viel Geld.«

»Na, das haben wir alle nicht. Kannst ihm doch sagen, dass Sophie es für Einheimische billiger macht. Aber der ist früher bei mir auch nicht oft hier gewesen.«

Christine Jahn, die inzwischen eine Bockwurst gegessen und Kaffee getrunken hat, lehnt sich entspannt zurück. Sie wollte eigentlich mit Berta allein reden, aber nun fühlt sie sich schon viel besser und möchte ihre Probleme nur noch vergessen. Vielleicht kann Berta sie ja heute Abend nach Hause bringen, dann kann sie ihr zeigen, was in ihrer Wohnung passiert ist. Aber eine Erklärung wird wohl auch die Alte nicht finden.

Sophie deckt den Stammtisch mit Tellern und Tassen ein.

»Trinkst du auch Kaffee?«, fragt sie Plötz.

Der nickt. »Natürlich. Am ersten Advent trinkt man doch Kaffee und isst Stollen, oder nicht?«

»Na klar.« ›Und deine Frau sitzt wahrscheinlich allein zu Hause‹, denkt Sophie, sagt aber nichts.

Es wird eng am Tisch und warm, besonders, als Berta die Kerze angezündet hat. Auf dem Bartresen brennt die erste Kerze in Sophies Adventsgesteck.

»Schön weihnachtlich gemütlich«, stellt Berta zufrieden fest.

»Ja«, bestätigt Sophie, »ich liebe diese Zeit. Da kann ich meinen Hang zum Kitsch so richtig ausleben. Ich schaue auch wahnsinnig gern Weihnachtsfilme, so richtig schmalzig und rührselig.«

»Weihnachtsfilme?«, wundert sich Steffi. »Ich wusste gar nicht, dass es so etwas gibt.«

»Doch, natürlich. Die zeigen sie jedes Jahr, immer die gleichen. Und ich sehe sie immer wieder an. Am schönsten ist natürlich ›Ist das Leben nicht schön‹, der kommt meist Heiligabend. Und am Schluss heule ich jedes Mal.«

»Du spinnst«, stellt Anne fest und auch Arno sieht seine Freundin etwas zweifelnd an.

»Ich liebe ›Drei Haselnüsse für Aschenbrödel‹«, gibt Inka zu.

»Na ja, in deinem Alter kann man auch noch Märchen gucken, aber Sophie sollte nun mal langsam erwachsen werden«, rät Berta.

Nachdem sie die Kaffeetafel abgeräumt haben, bleiben Sophie und Anne hinter der Bar stehen, Inka und Arno setzen sich auf die Hocker davor.

Leise erzählt Sophie, was Jenny versucht hat. »Stellt euch vor, der Gitarrist hätte Tante Berta nicht getroffen. Die hätten nicht mal mehr bei mir angerufen, glaub ich. Mann, wäre das peinlich geworden, wenn ich Silvester ohne Band dagestanden hätte.«

Inka sieht sie verständnislos an und Anne setzt sie kurz ins Bild. »Nur weil sie denkt, Sophie hat was mit Frank«, erklärt sie abschließend und Arno grinst.

Inka ist entsetzt. »Ich kann das gar nicht glauben. Aber sie war schon komisch in letzter Zeit«, fällt ihr ein. »Ich hab sie neulich mal wegen Fahrten gefragt, da hat sie mich direkt angeschnauzt. Hatte richtig miese Laune.«

»Ihre Laune wird bald noch viel übler werden«, prophezeit Sophie. »Ich hab vorhin schon ein bisschen telefoniert, habe mir die Buchungen für Weihnachten und Silvester bestätigen lassen. Mit Arnos Hilfe habe ich herausgefunden, dass es acht Leute, die Zimmer bei mir bestellt haben, gar nicht gibt. Jedenfalls gibt es die Adresse nicht. Das wird dann wohl Frau Sonnenbergs Werk gewesen sein.«

Anne nickt finster. »Das kannst du aber wissen, dass die das war. Ich werde morgen gleich die Reiseunternehmen anrufen. Wir lassen jetzt alles über deine Pension laufen.«

»Richtig«, stimmt Arno zu. »Ich helfe euch bei den Buchungen. Und dann sagen wir Jenny auf den Kopf zu, dass wir wissen, was sie gemacht hat, und es auch beweisen können. Wollen doch mal sehen, ob sie sich dann noch traut, etwas gegen euch zu unternehmen.«

»Und ich?«, fragt Inka schüchtern. »Kann ich auch bei euch mitmachen?«

»Nein, du musst weiter für Jenny arbeiten und kriegst ihre ganze Wut ab.« Anne lacht. »Natürlich, du Dummkopf, arbeitest du für uns. Wir brauchen dich doch, und wenn du nicht allzu viel Blödsinn machst, bekommst du sogar ein bisschen mehr Geld für die Fahrten. Ich meine, was Jenny zahlt, ist ja auch nicht so ganz das Wahre vom Ei. Die kann sich neue Reiseleiter suchen oder selbst auf den Bus setzen. Wenn sie überhaupt noch Aufträge erhält.«

Christine Jahn ist jetzt ganz ruhig. Sie hat Kaffee getrunken und zwei Gläser Grog und fühlt sich warm und behaglich. Niemand hat ihr einen dummen Streich gespielt, davon ist sie jetzt überzeugt. Sie sollte trotzdem endlich mal nach Manfreds Schlüsseln suchen. Bestimmt hat sie das Zeug einfach selbst in den Kühlschrank gestellt. Es waren wahrscheinlich alles Getränke und leere Flaschen, die im Haus rumstanden. Sie wollte doch aufräumen, das hat sie sich gestern Abend vorgenommen. Und dann hat sie vielleicht im Unterbewusstsein – genau, so wird es gewesen sein. Sie hat ja auch dauernd diese Gedächtnislücken. Da hat sie dann wohl auch den Pullover hingelegt, weil sie ihn waschen wollte. Das Beste ist, sie sagt Berta gar nichts davon. Später, wenn es ihr wieder besser geht, wäre es ihr sicher peinlich, wenn jemand von ihren Aussetzern wüsste. Womöglich spricht Berta sogar mit ihrer Nichte darüber.

»Geht es dir gut?« Berta sieht sie fragend an. Die scheint wirklich einen siebten Sinn zu haben.

»Doch, natürlich, alles in Ordnung. Ich geh dann auch mal.« Sie sitzt schon seit einer ganzen Weile mit Berta allein am Tisch. Arno, Anne und Sophie stehen an der Bar, die anderen sind gegangen.

Berta steht ebenfalls auf. »Ich komme gleich mit. Ich muss auch noch eine Runde mit dem Hund gehen. Da kann ich dich nach Hause bringen.«

Aber draußen stürmt es noch immer und inzwischen regnet es ziemlich heftig. Deswegen verabschieden sich die Frauen nur kurz und jede geht schnell in eine andere Richtung.

Montag, 3. Dezember

Das Boot liegt hochgezogen in der Nähe der Fischerhütte, aber Plötz hat seinen Ofen heute geheizt und flickt mit Arno zusammen Netze. Berta sitzt auf dem Küchenstuhl, zu ihren Füßen liegt der Hund. Der Sturm hat etwas nachgelassen, aber heute wollen die Fischer noch nicht riskieren, das Boot ins Wasser zu bringen.

»Sag mal«, beginnt Berta zögernd das Gespräch mit ihrem alten Freund, »ist es dir eigentlich aufgefallen, dass es in letzter Zeit ein bisschen viele Unfälle gab in Bansin?«

Arno sieht sie nur aufmerksam an, aber Plötz nickt zustimmend. »Ja, das hab ich auch schon so gedacht. Es ist direkt unheimlich. Besonders, weil wir keinen Arzt mehr haben. Aber da wird wohl bald eine Vertretung kommen.«

»Wieso, was ist denn mit Dr. Moll?«

»Der ist nun völlig durchgedreht. Meine Frau war heute Morgen hin und wollte sich was zum Einreiben verschreiben lassen, die hat es wieder so mit dem Rücken. Aber da hat

Schwester Marita die Patienten schon nach Hause geschickt, hat gesagt, der Doktor ist selber krank. Aber eine hat ihr erzählt, der ist erst da gewesen und dann hat er auf einmal rumgeschrien und irgendwas an die Wand geworfen und Marita hat ihn schließlich nach Hause gebracht.«

»Ach Gott, also trinkt er doch wieder.« Berta sieht nachdenklich vor sich hin, dann nimmt sie den Faden wieder auf. »In den letzten drei Monaten wurde Töpfer vom Zug überfahren, Sören von einem Auto, Manfred Jahn stürzt von der Steilküste, Arno hätte sterben können und der Moll trinkt wieder.«

»Und jemand versucht Brinkmann zu ruinieren«, ergänzt Arno.

»Stimmt, das könnte auch damit zusammenhängen.«

»Womit zusammenhängen?« Plötz ist erstaunt.

»Ja, das weiß ich eben auch nicht. Aber ich habe so ein ganz blödes Gefühl. Was hat das alles miteinander zu tun?«

»Darüber zerbreche ich mir seit Tagen den Kopf«, gibt Arno zu. »Aber ich komme nicht dahinter.«

»Mir ist etwas eingefallen.«

Die beiden Fischer lassen die Netze sinken und blicken Berta gespannt an.

»Erinnert ihr euch an den kleinen Jungen, der so vor zehn Jahren ertrunken ist?«

»Ja, stimmt, das könnte ungefähr zehn Jahre sein. Oder noch länger. Aber was …«, Plötz sieht Berta fragend an.

»Sören war damals Rettungsschwimmer und der Moll hat ihn erst mal wiederbelebt, aber er ist trotzdem gestorben.«

»Richtig.« Arno ist aufgeregt. »Ein Auto hat die Zufahrt zur Promenade versperrt, der Rettungswagen kam nicht durch zum Strand. Moment mal, das war doch …«

»Ja.« Berta nickt. »Töpfers Wagen. Genau das ist mir nämlich auch eingefallen.«

Arno denkt einen Moment nach. »Aber was hab ich damit zu tun?«

»Und Manfred Jahn?«, wirft Plötz ein.

»Ja, das weiß ich eben auch nicht. Aber ich werde das Gefühl nicht los, dass es da einen Zusammenhang gibt. Wessen Kind war das eigentlich?«

Die Männer zucken mit den Schultern. »Keine Ahnung«, brummt Plötz. »Aber ich glaub nicht, dass es ein einheimisches war. Daran würde man sich besser erinnern. Es wird ein Urlauberkind gewesen sein.«

»Wir müssen das herausfinden«, beschließt Berta. Dann bricht sie das Thema ab, als jemand in die Bude kommt. Es ist der Weißhaarige. Er hält eine Flasche billigen Rum in der Hand.

»Ich hab was für Grog mitgebracht.«

»Ist gut, wird auch nicht richtig warm hier. Wärmen wir uns von innen auf«, stimmt Plötz zu.

Arno füllt den Wassertopf.

»Für mich nicht«, winkt Berta ab. »Ist mir noch zu früh für Grog, ich geh mal noch ein bisschen mit dem Hund.

»Pass auf, dass er dir nicht wegfliegt, der hat ziemlich große Ohren, da setzt sich der Wind unter«, ruft Plötz ihr nach, als sie die Bude verlässt.

Draußen stemmt sich Berta gegen den Sturm. »Lass dich man nicht ärgern, deine Ohren sind gut«, tröstet sie den Hund. Bobby blickt sie jämmerlich an und winselt leise, als hätte er die Worte verstanden. Sie ist mit ihren Gedanken noch ganz bei dem Gespräch in der Bude. ›Von der Polizei hört und sieht man überhaupt nichts mehr‹, überlegt sie. ›Wahrscheinlich haben die ihre Ermittlungen abgeschlossen. Ein Selbstmord und zwei Unfälle. Kann passieren, wäre aber doch ein seltsamer Zufall. Na ja, sie wissen nichts von Arno und von Dr. Moll.‹ Sie ist mehr denn je entschlossen, auf eigene Faust weiter nach einem Zusammenhang zu suchen. Die Sache mit dem ertrunkenen Kind ist zu allem der Schlüssel, das spürt sie genau. Aber wie passt Arno da rein und wie Manfred Jahn?

Jahns Tod könnte mit seiner Arbeit in der Bank zusammenhängen. Vielleicht hat er mal jemandem einen Kredit verweigert. Einem Hotelier zum Beispiel, einem Konkurrenten von Brinkmann. Das könnte ein Zusammenhang sein. Aber was hätten dann wieder Sören und Arno damit zu tun? Und Töpfer? Über den weiß man eigentlich kaum etwas. Sie zieht sich die Kapuze ins Gesicht und schließt den Jackenkragen. Dann beugt sie sich zu dem kleinen Hund hinab. »Komm, wir gehen mal dein Frauchen besuchen!«

Der Hund klemmt den Schwanz ein und bleibt stehen. Berta zieht ungeduldig an der Leine. »Nun komm schon, du Faulpelz!«

Aber das Tier hat offensichtlich andere Pläne. Es stemmt alle vier Pfoten auf den Boden und kläfft sein neues Frauchen ärgerlich an. Dann, als diese die Leine locker lässt, zieht er entschlossen in die entgegengesetzte Richtung. Berta gibt nach. »Du bist so ein faules Vieh«, stellt sie fest, bückt sich dann aber stöhnend, um die Leine vom Halsband zu lösen. »Mach wenigstens noch dein Geschäft, bevor du dich wieder den ganzen Nachmittag unter den Stammtisch legst und pennst.«

Eigentlich wollte sie zu Christine Jahn, um zu sehen, wie es ihr geht. Gestern machte sie einen ganz guten Eindruck.

Sie scheint sich wieder zu fangen. Der Tod ihres Mannes war natürlich ein Schock. Es ist wohl keine gute Idee, jetzt mit der Witwe darüber zu reden, ob vielleicht jemand nachgeholfen hat oder welchen Zusammenhang es zwischen Manfred und Sören, Arno oder Töpfer gibt. Berta zügelt mühsam ihre Ungeduld. Sie ist sich sicher, hier geschieht etwas Unheimliches und es wird schlimmer, wenn es niemand aufhält.

Es ist wirklich kein Wetter, um draußen herumzulaufen. ›Hundewetter‹, denkt Berta, aber Bobby scheint anderer Meinung zu sein und steht schon vor der Tür des *Kehr wieder*.

Drinnen hält Sophie gerade eine Beratung ab. Zusammen mit der Köchin, der Kellnerin und der Zimmerfrau erstellt sie den Arbeitsplan für die letzte Dezemberwoche.

»Setz dich ruhig mit her«, fordert sie ihre Tante auf. »Wir sind soweit fertig. Ich will nur noch mit Renate die Speisekarten besprechen. Aber dabei kannst du uns ja helfen.«

Berta nickt zufrieden. Sie ist immer froh, wenn sie ihre langjährigen Erfahrungen in der Gastronomie einbringen kann, und Sophie greift gern darauf zurück. Auch Renate fühlt sich nicht bevormundet, wenn ihre ehemalige Lehrausbilderin Tipps gibt. Gemeinsam stellen sie den Speiseplan für die Feiertage auf und schreiben eine Liste für die Bestellungen.

Dann verabschiedet sich die Köchin und Sophie lehnt sich seufzend zurück. »Hoffentlich kommt nicht wieder etwas dazwischen. Wer weiß, was sich Jenny noch einfallen lässt.«

»Willst du ihr nicht mal sagen, dass du Bescheid weißt?«

»Nein, im Moment nutze ich den Vorteil aus, dass sie nicht weiß, dass wir ihr auf die Schliche gekommen sind. Sie glaubt ja immer noch, dass ich keine Kapelle habe zu Silvester und einige Fehlbuchungen. Ich hoffe, dass sie damit zufrieden ist.

Außerdem passen wir natürlich genau auf, was sie macht, wenn sie im Haus ist.«

»Na, ich weiß nicht. Du warst noch nie eine gute Schauspielerin. Schon als Kind hab ich dir immer angesehen, wenn du etwas angestellt hattest, und das ist bis heute nicht anders. Meinst du nicht, Jenny merkt, was los ist?«

»O Gott, ich hoffe doch nicht. Du hast Recht, mir fällt es wirklich schwer, freundlich zu ihr zu sein. Aber über Weihnachten und Silvester muss ich noch durchhalten. Ich habe ja keine Ahnung, wie sie reagiert, wenn sie sich nicht mehr verstellt. Und das möchte ich wirklich erst im Januar herausfinden. Also bitte, lass du dir auch nichts anmerken.«

»Ich habe kein Problem damit. Aber ich freue mich schon drauf, diesem scheinheiligen Biest endlich die Maske vom Gesicht zu reißen.« Berta sieht aus dem Fenster und dann auf ihre Armbanduhr. »Das Wetter wird heute nicht mehr besser und wir beide«, sie deutet auf den Hund, »haben keine Lust, noch einmal vor die Tür zu gehen. Aber weißt du was? Wenn du jetzt schnell einkaufen fährst, dann schaffe ich es noch, uns zu Mittag einen schönen Wrukeneintopf zu kochen.«

»Super!« Sophie springt schon auf. »Was brauchen wir, außer einer Wruke?«

Berta überlegt kurz. »Mohrrüben, Kartoffeln und Zwiebeln sind da, Thymian auch, dann holst du nur noch Fleisch. Ein Stück Schweinekamm oder dicke Rippe. Bring mal gleich ein bisschen mehr, mindestens zwei Kilo. Du weißt ja, da finden sich immer genug Mitesser. Und der Eintopf schmeckt morgen, wenn er aufgewärmt ist, besser als heute.«

»Alles klar!« Sophie hat sich schon die Jacke übergezogen und steht an der Tür. »Halt du hier so lange die Stellung, aber es wird wohl niemand kommen. Angemeldet ist jedenfalls keiner und falls zufällig einer reinschaut, weißt du ja Bescheid. Soll ich noch etwas mitbringen für heute Nachmittag zum Kaffee?«

»Da ist noch genug Stollen und Lebkuchen, Anne hat reichlich angeschleppt. Nun hau schon ab.«

Dienstag, 4. Dezember

Der kleine Ofen glüht und in der Hütte wird es allmählich warm. Schweigend hören die Fischer dem Weißhaarigen zu, der sich über Doktor Moll lustig macht.

»Das Auto hat seine Tochter dann weggeholt. Wahrscheinlich hat sie Angst, dass er wieder besoffen damit fährt. Aber auf die Patienten haben sie ihn losgelassen. Einmal stand er stocksteif mitten auf dem Hof und hat versucht, seinen Kittel zuzuknöpfen. Dabei hat er vor sich hin gebrabbelt. Bis Marita kam und ihn reingeholt hat. Na, für die ist das natürlich ein gefundenes Fressen, so kann sie sich wieder wichtig tun. Sie vertuscht schon immer, was der so anrichtet. Aber nun haben sie ihn wohl doch aus dem Verkehr gezogen. Er soll wieder zur Entziehung sein. Das kostet alles unser Geld! Wenn unsereins etwas will von der Krankenkasse, wird das abgelehnt, und so ein versoffener Doktor bekommt gleich die nächste Kur. Das ist doch sowieso sinnlos.«

Sogar Plötz fühlt sich abgestoßen von der Bosheit des verbitterten Mannes.

»Na ja, eine ganze Weile hat er ja durchgehalten«, stellt er versöhnlich fest. »Wer weiß, was dem dazwischengekommen ist. Ich mag ihn eigentlich. Aber ich gehe auch nicht oft hin zum Arzt. Ich habe jeden Tag meine Arbeit an der frischen Luft, Fisch auf dem Teller und jeden Abend esse ich einen Apfel von der eigenen Ernte, das spart den Doktor. Und wenn doch mal was ist, hab ich meine Medizin zur Hand.«

Er greift zu seinem Grogglas. »Prost! Auf die Gesundheit.«

Die Männer nippen an ihren heißen Getränken. Die Tür geht langsam einen Spalt breit auf, dann steckt Steffi den Kopf in die Bude. Sie trägt heute eine schwere Lederjacke mit großem Kragen aus dem gleichen Kunstpelz wie ihre Mütze.

»Stör ich? Ich dachte, Berta wäre vielleicht hier.«

»Nun komm schon rein!« Plötz freut sich offensichtlich über den Besuch und auch Arno lächelt freundlich. Nur der Weißhaarige mustert die Frau missmutig. Er mag keine Fremden, schon gar keine Frauen, und erst recht nicht in der Fischerbude von Plötz, wo er sich zu Hause fühlt.

Steffi setzt sich auf den Küchenstuhl, den Arno, der ihr auch gleich ein Glas Grog reicht, für sie frei gemacht hat.

»Schmeckt besser als dein Kölsch, was?«, lästert Plötz. »Ich glaub, du fühlst dich hier bald so wohl, dass du gar nicht wieder zurück willst nach Köln.«

Steffi lacht. »Doch, doch. Zu Weihnachten fahre ich auf jeden Fall nach Hause. Meine Familie vermisst mich allmählich doch und mir fehlen sie auch. Sogar meine Schwiegertochter, die hat bestimmt schon einen Berg Bügelwäsche für mich im Schaaf.«

»Wo? Im Schaf?« Plötz guckt verständnislos.

Steffi lacht. »Im Schrank«, erklärt sie. »Ja, also Weihnachten und zum Karneval bleibe ich auf jeden Fall in Köln. Aber vielleicht komme ich im nächsten Herbst wieder. Wenn die

Ferien vorbei sind. Im Sommer ist mir das hier auf der Insel zu voll und zu teuer.«

»Na ja«, bietet Plötz etwas zögernd an, »wenn du kommen willst, finden wir schon eine preiswerte Unterkunft für dich. Auch für deine Familie.«

»Danke!« Steffi freut sich offensichtlich über das Angebot. »Vielleicht komme ich ja mal darauf zurück.« Sie trinkt ihr Glas leer und steht auf. »Ich werde mal nachsehen, ob Berta bei Sophie ist. Eigentlich wollte ich einen Strandspaziergang machen, aber das Wetter gefällt mir nicht. Bei dem feinen Regen und dem Wind ist man gleich durchnässt.«

»Ja.« Plötz nickt und blickt durch die offene Tür nach draußen. »Aber der Wind hat schon nachgelassen. Ich glaub, wir können morgen raus. Müssen sehen, dass wir Fisch ran holen, jetzt kommen bald die Weihnachtsgäste. Über die Feiertage sind die Hotels wieder alle voll, bevor dann im Januar die Saure-Gurken-Zeit beginnt.«

Nachdem Steffi die Tür hinter sich geschlossen hat, dreht sich die Unterhaltung um den Fang, den die Fischer erwarten, und um die Wetteraussichten. Plötz denkt an Berta. Er will den Weißhaarigen schon fragen, ob der sich an diesen Badeunfall von damals erinnert. Dann fällt ihm ein, dass dessen Kind ja auch in der Ostsee ertrunken ist und er schluckt die Frage hinunter. ›Im Haus des Gehängten soll man nicht vom Strick reden‹, denkt er und schlägt Arno vor, ebenfalls ins *Kehr wieder* zu gehen: »Wollen mal sehen, ob die da etwas zu essen haben. Meine Alte ist nach Greifswald gefahren, die muss schon wieder zum Arzt und dann will sie gleich Weihnachtseinkäufe machen. Da kommt sie bestimmt erst heute Abend nach Hause. Aber Berta hat bestimmt etwas für uns.«

Mittwoch, 5. Dezember

Christine Jahn erwacht mit Kopfschmerzen. Sie sieht sich im dämmrigen Schlafzimmer um. Es ist kurz nach neun. Allmählich scheint sich wieder alles zu normalisieren. Seit ihren Halluzinationen am Donnerstag ist nichts Unerklärliches mehr passiert.

Als sie gestern Abend nach Hause kam, ist sie als Erstes in die Küche gegangen und hat den Kühlschrank geöffnet. Er war leer, bis auf ein paar Dosen Bier, eine angebrochene Flasche Weißwein und einige Lebensmittel, die Berta mitgebracht hat: ein Stück Butter, ein Päckchen Käsescheiben, etwas Wurst. Auf dem Fensterbrett standen ein paar Flaschen Bier, eine Flasche Rotwein neben der Spüle und in einer Ecke, neben dem Mülleimer, leere Flaschen. Alles so, wie sie es hingestellt hatte. Den roten Pullover, den sie auf dem Sessel gesehen hatte, fand sie im Wäschekorb. Erleichtert hat sie sich auf ihre Couch gesetzt und in aller Ruhe ein Bier getrunken. Sie hat sich das alles also doch nur eingebildet. Wahrscheinlich hat sie es geträumt.

Sie erwägt den Gedanken, doch einmal einen Arzt aufzusuchen, zumindest, um sich über die möglichen Auswirkungen eines Schocks zu erkundigen. Vielleicht gibt es ja wirksame Medikamente dagegen. Aber die vertragen sich dann natürlich nicht mit Alkohol. Ach was, es wird schon von allein vorbeigehen.

Ob sie versucht, noch einmal einzuschlafen? Aber sie weiß schon, dass sie sich nach zu viel Schlaf noch benommener fühlt. Sie gähnt und reckt sich noch eine Weile im Bett. Schließlich steht sie langsam auf. Als sie die Jalousie öffnet, wird es nicht viel heller im Zimmer. Christine sieht hinaus in die trostlosen Gärten. Alles ist grau und nass. Ein bisschen Schnee wäre schön. Fast schämt sie sich für diesen Wunsch. Nein, sie wird nichts schmücken. Das wäre wohl nicht angebracht, so kurz nach Manfreds Tod. Sie wundert sich jetzt über sich selbst, wie sehr sie die vorweihnachtliche Stimmung am Sonntag im *Kehr wieder* genossen hat. Wahrscheinlich brauche ich jetzt, wo ich allein bin, dieses Gefühl von Geborgenheit und Gemütlichkeit bei Kerzenschein, versucht sie sich ironisch in einer Selbstanalyse.

Als sie über den Flur ins Bad gehen will, fällt ihr Blick hinunter auf das Treppengeländer. Etwas Rotes sticht ihr ins Auge. Einen Moment lang bleibt sie wie erstarrt stehen, schließt die Augen und atmet tief ein. Dann sieht sie noch einmal hin. Langsam geht sie die Treppe hinab. Über dem Knauf am Fuß der Treppe hängt Manfreds roter Pullover. Sie nimmt ihn in die Hand und schluckt. Dann geht sie energisch in den Hauswirtschaftsraum und steckt das Kleidungsstück direkt in die Waschmaschine. Schnell gibt sie Waschpulver in das Fach und Weichspüler. Sie zögert einen Moment, zerrt den Pullover wieder aus der Maschine, zieht sich im Flur im Vorbeigehen eine Jacke über und öffnet die Haustür. Kurz sieht sie nach rechts und links, niemand ist zu sehen. Schnell geht sie die paar Schritte zur Mülltonne, stopft den Pulli hinein und atmet auf.

Unter der Dusche versucht sie sich das Geschehene zu erklären. Sie erinnert sich genau, den Pullover gestern Abend in der Wäschetruhe gesehen zu haben. Sie hat wohl doch zu viel getrunken. Erst ein Grog während des Spaziergangs, dann noch das Bier zu Hause. Na ja, gegessen hat sie nicht viel.

Sicher war sie betrunken, dann hat sie wieder an den Pullover gedacht und ihn aus dem Korb genommen. Vielleicht wollte sie ihn mit nach oben nehmen – was einem im Suff eben so einfällt. Kein Grund zur Panik. Sie hat schon manchmal Dinge gemacht, die sie sich in nüchternem Zustand nicht erklären konnte.

Trotzdem hat sie ein flaues Gefühl im Magen, als sie die Treppe wieder hinuntergeht. Sie blickt ins Wohnzimmer und kann nichts Ungewöhnliches feststellen. Einer plötzlichen Eingebung folgend, öffnet sie die Tür zum unteren Bad, das ihr Mann immer benutzt hat. Sie hat es nach seinem Tod noch nicht betreten. Ungläubig und erschrocken sieht sie zur Duschwanne. Es steht Wasser darin und darauf schwimmt eine gelbe Gummiente, ein Kinderspielzeug, das sie noch nie im Haus gesehen hat. Christine bekommt eine Gänsehaut und schließt die Tür schnell wieder.

Als sie zur Küche geht, rechnet sie schon fast damit, dass der Kühlschrank wieder mit Flaschen und Gläsern gefüllt ist. Aber dann bleibt sie entsetzt an der Tür stehen. Auf dem Küchentisch, an dem Platz ihres Mannes, steht ein Frühstücksgedeck. Ein Teller, Besteck, ein Eierbecher mit Ei darin, daneben der Salzstreuer. Butter, Brot, Wurst und Käse stehen griffbereit. Die Kaffeemaschine ist an, die Kanne noch halb voll. Manfreds Kaffeebecher ist gefüllt. Unwillkürlich blickt Christine sich um, sie glaubt, ihr Mann würde jeden Moment die Treppe herunterkommen, um zu frühstücken. Dann greift sie sich an den Hals, wo sie ihren Herzschlag spürt.

Sie dreht sich um, zieht hastig Schuhe und Jacke an, greift im Vorbeigehen nach ihrem Schlüsselbund und verlässt das Haus.

Erst nach mehreren Minuten überlegt sie, wo sie eigentlich hingehen will. Es zieht sie zu Berta. Aber die ist sicher im *Kehr wieder*, bei Sophie. Oder in der Fischerbude. Vor so vielen Menschen will sie nicht über das reden, was in ihrem Haus passiert. Sie sieht schon die ungläubigen, bestenfalls mitleidigen Blicke der anderen. Es gibt sicher eine Erklärung für alles. Und wenn es vorbei ist, wird sie froh sein, mit niemandem darüber gesprochen zu haben. So eine Geschichte hängt einem doch ewig an. Nein, niemand soll sie für verrückt halten, auch Berta nicht.

Sie geht jetzt langsamer zwischen den Gärten am Ortsrand hindurch. Es ist still. Die Gärten sind kahl und aufgeräumt, die Fenster der Lauben zugehängt oder mit Läden verschlossen. Christine scheucht ein paar Vögel auf, eine Katze versteckt sich unter einem Gebüsch. Sie tritt in eine Pfütze, ohne es zu bemerken. Es muss jemand im Haus gewesen sein. Jemand, der einen Schlüssel hat. Vielleicht Manfreds Schlüssel. Sie hat sie immer noch nicht gesucht. Das wird sie jetzt tun. Entschlossen macht sie sich auf den Rückweg.

Aber wer macht so etwas? Hat derjenige auch etwas mit Manfreds Tod zu tun? War es doch kein Unfall, hat ihr erstes Gefühl sie nicht getäuscht? Ihr Herz beginnt wieder heftiger zu schlagen. Ein Fremder im Haus, nachts, wenn sie schläft, dieser Gedanke ist unerträglich.

Aber was hat das alles zu bedeuten? Sie hat doch niemandem etwas getan – und Manfred sicher auch nicht. Was hat die Polizei gesagt? Es konnte bei seinem Unfall keine Fremdeinwirkung festgestellt werden. Na also.

Nein, sie ist einfach überreizt. Sie trinkt zu viel und der Schock über Manfreds Tod hat sie endgültig aus dem Gleichgewicht gebracht. Christine bemüht sich, ruhig zu werden und ihre Gedanken zu ordnen. Also: über Manfreds Bad will sie gar nicht weiter nachdenken. Sie hat es schon, als er noch lebte, kaum betreten. Weiß der Teufel, was der da so getrieben hat. Der Frühstückstisch? Wahrscheinlich hat sie gestern Abend im Suff vergessen, dass ihr Mann tot ist. Ebenso, wie sie den Pullover mit nach oben nehmen wollte, hat sie eben auch den Frühstückstisch für ihn gedeckt. Sie hatte wohl im Unterbewusstsein das Bedürfnis, ihm etwas Gutes zu tun.

Bevor sie ins Haus geht, sieht sie in die Mülltonne und nickt zufrieden. Der rote Pullover liegt oben auf den Abfällen. Sie zieht Schuhe und Jacke aus, hängt ihren Schlüssel an das Schlüsselbrett und geht nach oben. Ohne zu zögern betritt sie Manfreds Arbeitszimmer. Die Dinge, die sich in seinen Taschen befanden und die man ihr gegeben hat, liegen auf dem Schreibtisch. Seine Brieftasche, das Handy, die Schlüssel. Auf den ersten Blick erkennt sie den Haustürschlüssel. Existieren eigentlich nur zwei davon? Nein, wahrscheinlich gibt es noch mehr. Die müssten hier irgendwo in Manfreds Zimmer sein. Ratlos sieht sie sich um, zieht ein paar Schubladen auf, zuckt dann aber mit den Schultern. Sie hat keine Lust, jetzt sein Zimmer zu durchsuchen. Das hat Zeit. Wenn jemand die Schlüssel genommen hat, hätte er ja vorher erst einmal ins Haus gelangen müssen.

Beruhigt geht sie hinunter. Vor der Tür von Manfreds Bad bleibt sie kurz stehen, geht dann entschlossen hinein und lässt das kalte Wasser ab. Die Ente nimmt sie mit in die Küche und wirft sie in den Mülleimer. Dann räumt sie den Frühstückstisch ab, schaltet die Kaffeemaschine aus und stellt die Tasse, den Teller und das Besteck in den Geschirrspüler. Das Ei wirft sie ebenfalls in den Müll. Die anderen Lebensmittel stellt sie in den Kühlschrank. Sie kann sich nicht überwinden, jetzt etwas davon zu essen.

Stattdessen geht sie nach oben, zieht ihr Bett ab und putzt das Schlafzimmer. Sie saugt den Teppich im Wohnzimmer, wischt Staub und putzt dann die Küche, den Flur und das untere Bad. Zwischendurch macht sie sich nun doch ein Käsebrot und isst ohne Appetit. Schließlich gießt sie ihre Blumen und entfernt die trockenen Blätter.

Bevor sie am Nachmittag das Haus verlässt, um zum *Kehr wieder* zu gehen, prüft sie, ob die Terrassentür und die Tür zum Keller verschlossen sind, und schließt auch die Haustür sorgfältig ab.

Jenny Sonnenberg spürt das Misstrauen, das Sophie ihr entgegenbringt. Sie lächelt. ›Du ahnst wohl schon, dass irgendetwas schiefläuft‹, denkt sie, ›aber du weißt nicht, wo das Unheil herkommt. Warte mal, es geht erst los, dir wird deine gute Laune noch vergehen. Und deiner blöden Tante auch.‹

»Darf ich mich zu euch setzen?«, fragt sie betont munter und schwingt sich auch schon elegant auf einen Barhocker neben Arno. Täuscht sie sich, oder hat Anne ihr eben einen finsteren Blick zugeworfen? Ach wer weiß, bei welchen internen Gesprächen sie gerade stört. Die beiden tuscheln doch ständig miteinander. Welche Rolle spielt Arno hier eigentlich? Warum sitzt der nicht neben Plötz am Stammtisch? Er sieht auch ganz anders aus als sonst, direkt attraktiv. Jenny behält den Mann im Blick, während sie mit Anne plaudert.

»Es gibt schon eine ganze Menge Anfragen für die nächste Saison. Was meinst du, ob Inka wohl die geführten Radwanderungen übernehmen würde, die Sören sonst gemacht hat?«

Anne zuckt mit den Schultern. »Keine Ahnung. Frag sie doch.«

»Ich denk schon, dass sie das macht. Sie ist ja jung und sportlich. Und sie ist ganz wild darauf, mehr Fahrten zu bekommen, sie fragt schon dauernd. Aber zuerst kommst du natürlich, Inka soll nur das machen, was du nicht schaffst. Obwohl – sie hat sich ganz gut eingearbeitet, findest du nicht?«

»Doch, das hat sie wirklich.« Anne lächelt etwas gezwungen.

Jenny beobachtet aus den Augenwinkeln, wie Arno und Sophie einen Blick wechseln und er ihre Hand kurz festhält, als er ein Glas entgegennimmt.

›Ist ja süß‹, denkt sie ironisch. ›Jetzt hat die doch tatsächlich noch diesen blöden Fischer verführt. Wie macht die das bloß? Na, der ist wahrscheinlich froh, wenn er überhaupt mal eine Frau abbekommt, auch wenn die zehn Jahre älter ist. Kann die sich eigentlich alles erlauben? Und was ist mit Frank? Ist der vielleicht doch noch zu Verstand gekommen und hat das Verhältnis endlich beendet? Oder hat sie nun schon zwei Kerle gleichzeitig? Zuzutrauen wäre es ihr.‹

Am Stammtisch wird es laut. Plötz ist nach dem Mittagessen dort gleich sitzen geblieben und hat inzwischen so viel Grog getrunken, dass er nur noch plattdeutsch reden kann, was er in nüchternem Zustand Fremden gegenüber gern vermeidet.

Berta sieht ihn besorgt an. »Ich werde dir mal noch was zu essen holen«, beschließt sie und geht in die Küche. Kurz darauf stellt sie einen tiefen Teller vor ihn auf den Tisch. »So, hier. Das isst du jetzt und dann trinkst du erst mal einen Kaffee.«

Der Fischer blinzelt Steffi vergnügt zu. »Die denkt, ich bin dun«, flüstert er laut. Dann sieht er auf den Teller. Fischstücke, aus denen Gräten herausragen, und gekochte Kartoffeln schwimmen in einer weißen Soße. Fasziniert sieht Steffi zu, wie der Mann einen Löffel nimmt, sich ein großes Stück Fisch in den Mund schiebt, nach einigen Kaubewegungen den Löffel wieder vor den Mund hält und die Gräten darauf spuckt. Gehorsam isst er den Teller leer, weigert sich aber, etwas anderes als Grog zu trinken und wird, obwohl Sophie den Schnapsanteil zugunsten des Wassers verringert, immer lustiger.

Steffi versteht kaum noch, was er sagt, und Berta betätigt sich als Dolmetscher.

»Watt ick sein heff, kann ick seggen und de Faken kümmen ut 'n Moors oder dicht dorbi«, spricht Plötz gerade mit ernster Miene und Berta schüttelt den Kopf.

»Das will ich nicht übersetzen«, erklärt sie Steffi, »das ist eine Redensart. Aber ist doch komisch«, wendet sie sich an den Fischer, »dass sich das auf hochdeutsch immer viel gemeiner anhört, als auf platt. Ich meine, ›mi lickst an 'n Moors‹ klingt doch auch nicht böse.«

Plötz nickt mit dem Kopf, ohne überhaupt zu verstehen, wovon die Frau spricht.

›Blödes Volk‹, denkt Jenny, ›warum muss ich mir dieses Gequatsche hier eigentlich anhören?‹

Ärgerlich sieht sie zu Arno, der sie völlig ignoriert, ungeniert mit Sophie flirtet und auch mit Anne scherzt. Jenny fühlt sich als Außenseiter. Sie kann für niemanden hier auch nur die geringste Sympathie aufbringen. Selbst Christine Jahn, die mit am Stammtisch sitzt, scheint sich dort wohl zu fühlen.

»Das habe ich mit eigenem Fleisch und Blut erlebt«, behauptet Anne gerade. Jenny zwingt sich, in das Lachen von Sophie und Arno einzustimmen und denkt: ›Die ist ja noch bescheuerter als die anderen.‹ Sie wird immer wütender. Ihr ist noch nie so bewusst gewesen, wie wenig sie hierher passt. Während sie an ihrem Weinglas nippt und sich bemüht, dem Gespräch zu folgen, um an den richtigen Stellen zu lachen, schmiedet sie in Gedanken Rachepläne.

Ein kleiner Unfall wäre doch schön, jetzt so kurz vor Weihnachten. Sie sieht Sophie schon im Krankenhaus liegen, während in der Pension alles drunter und drüber geht. Natürlich würde sie gern einspringen, aber ob das für Sophie von Vorteil wäre? Unwillkürlich muss sie lächeln. Vielleicht sollte man am Auto etwas manipulieren. Aber nein, zu gefährlich. Außerdem versteht sie gar nichts von Autos.

»Ich muss das Schild noch reinholen«, fällt Sophie gerade ein und Arno rutscht von seinem Barhocker. »Ich mache das schon.«

Er geht zur Tür, die zur Strandpromenade führt. Jenny sieht ihm hinterher.

»Hast du eigentlich Gäste?«, fragt sie dann, aus ihren Gedanken heraus.

Sophie schüttelt zögernd den Kopf. Was hat diese Frage zu bedeuten? Hat Jenny wieder etwas vor?

»Nein, noch nicht. Morgen kommen zwei Familien und dann am Wochenende noch eine. So langsam beginnt das Weihnachtsgeschäft.«

»Wird ja auch Zeit«, gibt Jenny sich betont interessiert. »Der November ist immer furchtbar, bei mir ist es genauso.« Sie plaudert munter weiter, während sie sich im Stillen zu einer neuen Idee gratuliert.

Auch in der *Seeresidenz* sind die ersten Gäste eingetroffen – und schon wieder abgereist. Genauer gesagt haben sie den Ort nicht verlassen, sondern nur das Haus und wohnen jetzt in einem anderen Hotel. Dort erzählen sie jedem, der es wissen will oder auch nicht, von den unhaltbaren Zuständen in ihrer gebuchten Unterkunft.

Alexander Brinkmann inspiziert sein Haus. Er geht von Zimmer zu Zimmer, wortlos, blass, zeitweise ballt er die Hände zu Fäusten. Die zwei Zimmerfrauen und der Hausmeister, die ihn begleiten, wagen kaum zu atmen und schon gar nicht, etwas zu sagen. Sie kennen ihren Chef und warten auf den Ausbruch, der jeden Moment erfolgen muss.

Sie haben in der obersten Etage begonnen. In den ersten zwei Zimmern war alles in Ordnung. Das dritte ließ sich nicht öffnen, der Schlitz, in den die Karte eingeführt werden muss, sieht verklebt aus. Brinkmann macht sich eine Notiz, der Hausmeister auch. Im nächsten Zimmer steht das Fenster offen, die Auslegware ist durchnässt.

»Wann waren Sie zuletzt hier drin?«, donnert der Hotelbesitzer.

Die beiden jungen Frauen sehen sich an und zucken mit den Schultern. »Das – das ist schon länger her, vielleicht im Oktober«, stottert die eine. Es folgen zwei Suiten, die völlig in Ordnung zu sein scheinen. Dann ein Bad, in dem ein Büschel, anscheinend Hundehaare, in der Dusche liegt. In einem anderen Bad ist das Toilettenpapier abgerollt und im ganzen Raum verteilt. Eine andere Toilette wurde durch einen großen Lappen verstopft. In mindestens zwei Bädern läuft das Wasser, einmal am Waschbecken, einmal in der Dusche. Ein Duschschlauch ist ganz abgerissen. Mehreren Betten ist anzusehen, dass sich jemand daran zu schaffen gemacht hat. In einem liegt Strandsand, ein anderes ist feucht, es riecht nach Bier.

Alexander Brinkmann geht immer schneller. Er sieht nicht mehr genau hin, öffnet nur noch die Türen, sieht kurz in die Räume und geht wieder hinaus, ohne etwas zu verändern. Sie kommen in das Zimmer, aus dem die Gäste abgereist sind, ohne das Zimmer zu beziehen. Es stinkt noch immer bestialisch. »Verfaulter Fisch«, vermutet der Hausmeister.

Schweigend gehen sie die kleine Treppe hinunter und zur Rezeption.

»Ich rufe jetzt die Polizei«, erklärt der Hotelier. »Sie bleiben hier«, weist er die ältere Zimmerfrau an, »und zeigen denen alles. Vielleicht finden die ja doch eine Spur. Obwohl …«, Brinkmann zuckt hoffnungslos mit den Schultern.

Er wendet sich an die andere Frau. »Sie versuchen, alle Mitarbeiter zu erreichen, auch die, die nur bis Oktober hier tätig waren. Ich will morgen Nachmittag um fünfzehn Uhr alle hier haben. Es muss doch einer etwas bemerkt haben. Und Sie«, befiehlt er dem Hausmeister, » kontrollieren alle Fenster und Türen im Erdgeschoss. Wenn Sie sehen, dass etwas offen ist, fassen Sie nichts an, sondern zeigen es der Polizei. Danach gehen Sie in die Kellerräume, Lager, Spa-Bereich. Dort sehen sie sich besonders gründlich um. Ich will keine Überraschungen mehr.«

Der Hausmeister, der eigentlich schon Feierabend hat, nickt bereitwillig. Ein Widerspruch wäre bei seinem Chef nicht angebracht, schon gar nicht heute. Nun muss seine Frau eben allein zum Einkaufen fahren.

Brinkmann setzt sich an die Rezeption und fährt den Computer hoch. Er öffnet seine Website, findet aber keine neuen Einträge. Einer Eingebung folgend, sieht er sich an, welche Beurteilungen das *Kehr wieder* bekommen hat. Überrascht stößt er mit Blick auf ein Tourismusportal einen kurzen Pfiff aus. Da schau an, das ist doch genau so ein Blödsinn, wie bei ihm. Möglicherweise gelten diese Anschläge also nicht ihm persönlich, sondern betreffen vielleicht mehrere Häuser im Ort. Das schränkt doch die Verdächtigen gewaltig ein, es kann sich eigentlich nur um Konkurrenz handeln. Oder um jemanden, der dem Tourismus generell schaden will. Er beschließt, auf jeden Fall mit Sophie und dann auch mit anderen Hoteliers des Ortes zu reden. Vielleicht gibt es bei denen ähnliche Sabotageakte. Eigentlich wäre das ja die Aufgabe der Polizei, denkt er. Na, mal sehen, was die sagen und vor allem, was die machen.

Der große grauhaarige Mann blickt zur Tür, zu seinem Hausmeister. »Im Pool schwimmt Hundescheiße«, ruft der ihm zu.

»Verdammt!« Brinkmann springt auf und geht zu seinem Angestellten. »Fischen sie das raus«, zischt er ihm zu und legt nach, als der Mann zögert: »Sofort! Haben Sie mich verstanden?«

»Ja, ja natürlich«, stottert der Hausmeister und schließt die Tür hinter sich.

Der Hotelier geht zurück hinter die Rezeption. Er setzt sich hin und stützt den Kopf auf die Hände.

›Wenn das noch vier Wochen so weitergeht, bin ich ruiniert‹, denkt er. ›Der verregnete Sommer, im Herbst häuften sich die Probleme, einen Verlust des Weihnachtsgeschäftes werde ich nicht mehr ausgleichen können.‹

Donnerstag, 6. Dezember

Markus Moll sitzt an seinem Schreibtisch und sieht sich um. Es ist still, die Praxis ist geschlossen und er ist ganz allein. Er hat sich für eine Woche krank gemeldet. Mehr Zeit will er sich nicht nehmen, um sein Leben wieder zu ordnen. Seine Patienten brauchen ihn doch!

Er schafft es diesmal allein, da ist er ganz sicher. Er braucht nur etwas Ruhe. Im Raum ist alles in gewohnter Ordnung. Auch auf seinem Schreibtisch. Er zieht die Schubladen nacheinander auf. Nichts Auffälliges. Er atmet tief durch und lehnt sich zurück. Der Albtraum ist vorbei. Nun muss er es nur noch schaffen, wieder ganz auf den Alkohol zu verzichten. Obwohl, eigentlich hat er doch alles unter Kontrolle. Ein, zwei Gläser am Morgen, vor der Arbeit, damit die Hände nicht zittern. Abends ein paar Gläser Wein, zur Beruhigung, um schlafen zu können. Eine Weile sollte es so gehen, irgendwann, wenn wieder alles in gewohnten Bahnen läuft, wird er wieder ganz trocken werden. Er verdrängt jeden Gedanken daran, wie es dazu gekommen ist, dass er wieder trinkt. Später, später wird er darüber nachdenken und es herausfinden. Jetzt will er es gar nicht wissen. Auch nicht, ob die Unfälle von Töpfer, Sören Mager und Manfred Jahn zufällig geschehen sind.

Der Arzt springt auf und tritt ans Fenster. Er hat Angst. Etwas Unheimliches geschieht um ihn herum. Etwas so unfassbar Böses, dass es ihm die Luft abschnürt. Bildet er sich wirklich alles ein, weil er wieder trinkt, so wie Schwester Marita behauptet?

Nein, als es begann, war er trocken. Er hatte sein Leben unter Kontrolle. Jetzt bricht plötzlich alles zusammen, Bilder aus der Vergangenheit stürzen auf ihn ein, er sieht das ertrunkene Kind vor sich – verschwommen, so wie damals auch.

Nun denkt er doch daran und sein Bedürfnis zu trinken, um die Gedanken abzuschalten, wird fast übermächtig. Die Heizung ist abgeschaltet, die Räume sind kühl, aber ihm steht der Schweiß auf der Stirn. Der Mann öffnet das Fenster, er umklammert das Fensterbrett, um das Zittern der Hände zu unterdrücken, und atmet tief durch.

Es ist still im Haus. Nach einer Weile glaubt er zu hören, wie die Außentür der Arztpraxis leise geschlossen wird. Er wartet, lauscht, dann geht er in den Warteraum. Mitten auf dem kleinen Tisch neben dem Eingang steht eine Flasche Wodka. Seine Hilflosigkeit schlägt in Wut um. Sicher hat er Fehler gemacht, ist nicht perfekt. Aber das hat er nicht verdient! Mit einem Aufschrei greift er die Flasche und wirft sie an die Wand.

Dann reißt er sich zusammen. Ohne sich um die Scherben und den Gestank zu kümmern geht er zurück ins Sprechzimmer und setzt sich an den Schreibtisch. Ungeduldig blättert er in seinem Notizbuch, bis er die gesuchte Telefonnummer findet. Er verwählt sich, beginnt noch einmal und hat Glück. Sein ehemaliger Studienkollege, der jetzt eine Suchtklinik leitet, ist sofort am Apparat.

Doktor Moll muss nicht viel erklären. »Ich brauche deine Hilfe« genügt. Schon morgen will er sich von seiner Tochter in die Klinik fahren lassen. Er weiß, dass es eine Flucht ist. Er hätte mit der Polizei sprechen sollen. Fred Müller ist ein netter Junge, mit ihm kann man reden. Aber erst einmal muss er sein eigenes Leben wieder auf die Reihe bekommen, muss in Ruhe über alles nachdenken. Jetzt will er hier nur noch weg.

* * *

Sophie geht es gut. Sie sieht Arno zu, der ein Stück Stollen isst, und genießt es, mit ihm allein zu sein. Er kaut langsam und gründlich, wischt sich den Mund mit einer Serviette ab, bevor er einen Schluck Kaffee trinkt – und schweigt dabei. Das liebt sie besonders an ihm, dass man mit ihm nicht nur reden, sondern auch schweigen kann. Er strahlt eine unglaubliche Ruhe aus.

»Mit ihm zusammen zu sein, ist wie nach Hause zu kommen«, hat sie Anne erklärt. »Ich fühle mich so sicher und geborgen, ich kann so sein, wie ich bin, muss mich nicht verstellen und brauche nichts zu beweisen.«

Anne hat verständnisvoll genickt. »Ich weiß, was du meinst. Ich staune ja selbst, wie perfekt ihr zusammenpasst. Da hast du wohl wirklich noch auf deine alten Tage die Liebe deines Lebens gefunden.«

Berta kommt mit dem Hund an der Leine herein. ›Die sitzen da wie ein altes Ehepaar‹, denkt sie, ›hoffentlich wird Sophie das auf Dauer nicht langweilig mit ihm.‹ Laut sagt sie: »Jetzt ist es aber ganz schön kalt geworden.« Sie kommt an den Tisch und reibt die Hände aneinander. »Vielleicht gibt es doch noch weiße Weihnachten.«

Sie wendet sich an Arno. »Ist das dein Abendbrot? Ich hab noch Eintopf übrig.«

Er schüttelt den Kopf. »Nein, lass mal. Ich esse gern Kuchen, Stollen besonders.«

»Aha.« Berta zuckt mit den Schultern. »Na, ich gönne mir jetzt einen Grog, zum Aufwärmen.«

»Setz dich mal hin, ich mach dir deinen Grog.« Sophie steht auf und geht in die Küche. Sie bringt ihrer Tante das Gewünschte und gießt sich selbst und Arno Kaffee nach.

Berta macht die Harmonie des Pärchens nervös. Wie können nur alle um sie herum so ruhig weiterleben? Ist sie wirklich die Einzige, die sich Gedanken macht über das, was hier im Ort geschieht?

»Du, sag mal«, fordert sie Arno unvermittelt auf, »wann ist eigentlich das Kind von dem Weißhaarigen ertrunken? Weißt du das noch?«

Der Fischer sieht sie erstaunt an und überlegt. »Das ist schon lange her, mindestens zwanzig Jahre. Ja, ich glaub, das war gleich nach der Wende, ich hatte gerade angefangen zu fischen.«

Berta nickt. »Ja, stimmt, das ist wirklich schon ewig her. Seine Frau ist dann auch krank geworden, aber sie ist erst ein paar Jahre später gestorben. Jetzt fällt mir auch wieder ein, wie der auf Doktor Moll geschimpft hat, der hätte sie angeblich falsch behandelt.«

Sie denkt eine Weile nach. »Ich müsste mal Schwester Marita fragen, die kann sich bestimmt noch erinnern.«

Sophie sieht Berta erstaunt an. »Wie kommst du denn jetzt darauf? Was geht dich das an?«

Die wird ungeduldig. Am liebsten würde sie ihre Nichte schütteln. »Sag mal, wann nimmst du mich endlich ernst? Wie viele Menschen müssen eigentlich ermordet werden, bis ihr nicht mehr an Zufälle glaubt?« Ihre Hand zittert vor Erregung, als sie das Glas abstellt. »Verdammt noch mal, hier treibt ein Mörder sein Unwesen und es ist höchstwahrscheinlich jemand, den wir kennen! Und ihr tut, als ob nichts wäre.«

Sophie ist erschrocken. Sie weiß, dass ihre Tante nicht grundlos Panik verbreitet. Berta neigt eher dazu, Geschehnisse herunterzuspielen als sie aufzubauschen. Sie mag keine

Aufregung und wäre die Letzte, die Unruhe verbreitet, wenn es sich vermeiden lässt. Nach dem Gespräch mit Fred Müller hat Berta auch gar nicht mehr über die Unfälle gesprochen. Nur einmal hat sie kurz erwähnt, dass der Polizist ihre Vermutung, dass Carlos etwas damit zu tun haben könnte, ernst genommen hat. Aber der Spanier ist schon überprüft worden und der Verdacht hat sich nicht erhärtet.

»Du meinst also wirklich, es gibt einen Mörder in Bansin?«

Berta nickt energisch mit dem Kopf. »Es sieht ganz so aus. Und es scheint kein Dummer zu sein, selbst die Polizei glaubt ja wohl auch eher an Unfälle.«

Arno blickt traurig drein. »Das Auto, das Sören überfahren hat, haben sie nicht gefunden. Ich hab Fred Müller vorgestern gefragt. Und sie haben alle überprüft, die da in der Nähe wohnen und immer die Strecke fahren.«

»Dass Manfred Jahn so blöd ist, die Steilküste hinunterzustürzen, kam uns ja auch seltsam vor«, überlegt Sophie. »Aber es muss wohl doch so gewesen sein. Jedenfalls hat die Polizei nichts anderes herausgefunden, oder?«

»Und was hatte Töpfer auf den Bahngleisen verloren?«

Sophie ist froh, als ihre Freundin hinzukommt. Anne, die sofort in die Überlegungen einbezogen wird, zweifelt nicht länger an Bertas Vermutung.

»Du hast Recht, das wären zu viele Zufälle. Da steckt etwas dahinter. O Gott, ich hatte das alles schon wieder verdrängt. Ich konnte mir eben einfach nicht vorstellen, dass in Bansin so etwas passiert. Aber wenn die Polizei nichts herausfindet, sollten wir das vielleicht tun. Wir kennen die Leute hier alle und sind nicht allein auf irgendwelche Spuren angewiesen, die es ja anscheinend nicht gibt.«

Berta ist jetzt etwas ruhiger, sie spürt, dass sie mit ihrer Angst nicht mehr allein ist.

»Wir müssen den Zusammenhang suchen. Was haben Töpfer, Sören Mager, Manfred Jahn und Arno miteinander zu tun?«

»Na, na, ich lebe ja noch«, gibt der Letztgenannte zu bedenken.

»Ja, aber das mit dem Teewasser war doch eindeutig ein Mordanschlag. Ich denke immer noch, dass alles mit dem ertrunkenen Kind zusammenhängt.«

»Von dem Weißhaarigen?«, will Anne wissen.

»Nein, ich meine den Urlauberjungen, der hier am 22. Juli 2002 ertrunken ist, wie ich inzwischen weiß. Berta erzählt Sophie und Anne von ihrem Verdacht, über den sie schon in der Fischerhütte gesprochen haben.

»Also«, fasst Anne zusammen, »da hat Sören vielleicht als Rettungsschwimmer versagt und Doktor Moll als Arzt. Und Töpfer hatte Schuld, dass der Rettungswagen nicht rechtzeitig zum Strand kam, weil sein Auto im Weg stand. Arno, denk bitte einmal genau nach, was du an jenem Tag gemacht hast. Weißt du das noch? Ich kann mich nicht mehr gut erinnern, aber es müssen doch alle nach dem Kind gesucht haben. Und Manfred Jahn? Wir müssen seine Frau fragen, vielleicht weiß die ja etwas. Oder sie ist selbst in alles verwickelt. Die ist komisch in letzter Zeit.«

»Das wärst du auch, wenn dein Mann tödlich verunglückt«, gibt Berta zu bedenken.

»Ja, vielleicht. Besonders, wenn ich nachgeholfen hätte.« Anne lässt sich schwergewichtig auf einen Stuhl fallen und sieht die anderen drei, erstaunt über ihre eigene Idee, an. »Mal angenommen, Christine Jahn hätte im Suff Sören Mager überfahren. Ihr Mann hat das mitbekommen und droht, sie zu verraten. Wer wüsste besser als sie, wann er da oben am Abhang entlanggeht? Sie können sogar zusammen unterwegs gewesen sein. Bei Brinkmann kennt sie sich auch aus, da hat sie doch mal einen Sommer gekellnert. Oder war das eine nicht verlängerte Probezeit? Womöglich ist sie sauer auf den. Und Arno? Na ja, das kann ein Ablenkungsmanöver gewesen sein oder einfach die pure Bosheit, weil sie unseren beiden Verliebten das Glück nicht gönnt.«

»Quatsch.« Berta schüttelt den Kopf. »Das glaub ich nicht. Ich denke nicht, dass es jemand von uns war. Wir müssen herausfinden, zu wem das Kind gehörte, das da ertrunken ist.«

In der folgenden Nacht schlafen sie alle nicht gut. Anne und Arno versuchen, jeder für sich, sich an einen bestimmten Tag vor rund zehn Jahren zu erinnern. Berta beschließt, noch einmal mit Schwester Marita zu reden. Die wird am besten über alle Kranken- und Todesfälle im Ort Bescheid wissen.

Freitag, 7. Dezember

Sophie hat das Frühstück für ihre Gäste selbst zubereitet. Die Kellnerin hat noch Urlaub, arbeitet erst wieder über Weihnachten und Silvester. Danach wird sie für drei Monate arbeitslos und im April stellt Sophie sie wieder ein.

Es ist gemütlich im Gastraum. Weil nur zwei befreundete Familien anwesend sind, gibt es kein Büfett. Die Tische sind zu einer Tafel zusammengeschoben und großzügig gedeckt mit verschiedenen Brötchen und Brotsorten, Wurst und Käse, Marmeladen und Honig, Eiern, Joghurt und Orangensaft. Die Kinder haben sich Kakao gewünscht und für die Eltern bringt die rothaarige Wirtin Kaffee und Tee.

»Haben Sie noch einen Wunsch?«

»Nein, danke!« Die Gäste wehren ab. »Sie verwöhnen uns. Wir müssen nachher erst mal einen langen Spaziergang machen, um das Frühstück zu verdauen.«

Sophie nickt zufrieden. »Wo möchten Sie denn hin? Das Wetter ist perfekt für einen Strandspaziergang.«

»Ja«, bestätigt einer der Urlauber, »wir wollen am Strand entlang, Muscheln sammeln und vielleicht finden wir auch Bernstein, was meinen Sie?«

»Warum nicht? Gehen Sie immer dicht am Ufer lang, da liegt bestimmt etwas. Sie müssen nur genau hinsehen.«

»Das machen wir«, stimmt eine Frau zu. »Gut, dass der Strand so breit ist. Unterhalb der Steilküste möchte ich auch nicht gehen, da habe ich immer ein ungutes Gefühl. Als könnte mir gleich ein Baum auf den Kopf fallen.«

Die Männer lachen, aber Sophie meint: »Ja, Sie haben Recht, die Bäume stehen wirklich sehr nah am Abhang. Und sie rutschen immer weiter. ›Die Buchen surfen‹, sagt unser Förster. Da stürzen bestimmt noch einige ab in diesem Winter. Falls Sie oben durch den Wald zurückgehen, gehen Sie bitte nicht so nah an die Steilküste und passen Sie auf die Kinder auf. Das ist nicht ungefährlich.« Sie lächelt, um ihre Worte abzumildern, hofft aber, dass die Warnung trotzdem ernst genommen wird.

Während die Gäste nach dem Frühstück in ihre Zimmer gehen, um sich anzuziehen, räumt ihre Wirtin den Gastraum auf. Sie wechselt gerade die Tischtücher, als die Familien die Treppe hinunterkommen.

»Sie können gleich hier hinausgehen.« Sophie schließt die Tür zur Strandpromenade hin auf und lächelt ihren Gästen zum Abschied freundlich zu. »Viel Spaß«, wünscht sie, »und viel Erfolg bei der Bernsteinsuche!«

Sie will die Tür gerade wieder schließen, als ein plötzlicher Aufschrei ertönt. Der etwa fünfjährige Junge wollte vorlaufen und ist offensichtlich ausgerutscht. Laut weinend liegt er am Fuß der Treppe. Jetzt sieht auch Sophie, dass die Steine von einer spiegelglatten Eisschicht überzogen sind.

»Vorsicht!«, ruft sie erschrocken, aber auch die Mutter ist schon ausgerutscht. Anscheinend ist ihr nichts weiter passiert, sie steht langsam auf, beugt sich über ihren Jungen und hilft auch ihm beim Aufstehen. Der jammert jetzt nur noch leise und hält sich seinen Arm.

Der Vater tastet sich vorsichtig die Treppe hinunter, die anderen Gäste sind an der Tür stehen geblieben.

»Gehen Sie doch wieder hinein«, bittet Sophie leise und blickt ratlos auf die Familie, die unten an der Treppe steht.

»Bleiben Sie bloß oben«, ruft der Mann ihr zu, als sie versuchen will, zu ihnen zu gehen. »Sie werden noch gebraucht.«

Na, Gott sei Dank, er scheint die Sache mit Humor zu nehmen. Trotzdem ist es Sophie unendlich peinlich. »Gehen Sie doch bitte um das Haus herum, zur Straßenseite«, sagt sie und eilt ihren Gästen durch die Gaststätte entgegen.

Zum Glück hat der dicke Skianzug das Kind weitgehend vor Verletzungen bewahrt, nur ein blauer Fleck am Ellenbogen zeugt von dem Sturz. Sophie ist erleichtert. Dennoch entschuldigt sie sich mehrmals und nimmt sich vor, dem Jungen heute Abend einen Teller mit Süßigkeiten hinzustellen oder vielleicht auch ein Spielzeug, als Entschädigung für den Schreck.

Als Berta kommt, ist Sophie gerade dabei, Sand auf die Treppenstufen zu streuen.

»Oder soll ich lieber Salz nehmen, was meinst du?«

»Nein, Salz ist nicht gut, das greift die Steine an. Aber wieso ist da überhaupt Eis?«

Sophie sieht ihre Tante ungeduldig an. »Weil Winter ist?«

Berta schüttelt den Kopf. »Die Treppe war noch nie vereist. Durch die Überdachung bleibt sie trocken, da liegt kaum mal Schnee drauf. Und außerdem waren die letzten Tage zwar frostig, aber trocken, es gibt doch nirgendwo Eis.«

Jetzt wird Sophie auch nachdenklich. »Du meinst, da hat jemand nachgeholfen?«

Ihre Tante nickt energisch. »Das mein ich. Mit Sicherheit. Wahrscheinlich solltest du selbst die Treppe hinunterstürzen, wenn du das Schild rausbringst. Es muss jemand gewesen sein, der genau weiß, dass du jeden Vormittag die große Klapptafel aufstellst, die auf den Eingang an der Straßenseite hinweist«.

»Ein Sturz mit vollen Händen. Das hätte böse ausgehen können.« Sophie schließt die Tür von innen ab. »Also muss ich noch mehr aufpassen. Mann, was ist hier bloß los?«

Anne hört sich am Nachmittag Sophies Bericht an und ist entsetzt. »Du hättest dir alle Knochen brechen können.« Dann blickt sie fragend von ihrer Freundin zu Berta.

»Was denkt ihr? War das Jenny?«

»Ich weiß nicht«, beginnt Berta zögernd. »Ob Jenny so weit geht? Sie ist so schwer einzuschätzen.«

Sophie steht auf. »Ich mach uns dann mal Kaffee.«

»Ach.« Anne sieht die beiden Frauen bittend an. »Ich hab überhaupt keine Lust, hier Kaffee zu trinken. Die Adventsstimmung ist mir gründlich vergangen. Wollt ihr nicht auch mal raus? Es ist so schönes Wetter.«

»Warum eigentlich nicht? Stimmt schon, ich brauch auch mal ein bisschen Ablenkung. Und meine Hausgäste kehren erst heute Abend zurück. Kommst du mit, Tante Berta?«

»Ich weiß nicht. Wo wollt ihr denn hin? Ich muss aber den Hund mitnehmen.«

»Wie wäre es denn, wenn wir nach Heringsdorf fahren?«, schlägt Anne vor. »Da ist alles so schön geschmückt.«

Eine halbe Stunde später bummeln die Frauen auf dem Steg der mehr als fünfhundert Meter langen Seebrücke. Eine Plexiglaswand in der Mitte schützt sie vor dem kalten Ostwind. Fast am Ende, in der Nähe des Schiffsanlegers, bleiben sie stehen und blicken auf den Strand, wo sich Spaziergänger um einen Glühweinstand drängen. Die Ostsee ist noch eisfrei, am Horizont sieht man die Schwedenfähre.

»Ich liebe die Heringsdorfer Seebrücke«, erklärt Anne. »Mit meinen Gästen komme ich immer hierher. Hier kann man sich bei jedem Wetter aufhalten und es ist nie langweilig.«

»Die alte Seebrücke war noch viel schöner«, erinnert sich Berta. »Aber die ist ja leider abgebrannt.«

»Wann war das eigentlich?«

»1958. Im Juni 1958. Das werde ich nie vergessen. Die Flammen waren kilometerweit zu sehen. Die Seebrücke war ja aus Holz. Da waren auch schon Geschäfte drauf, so wie heute.

Na ja, nicht so viele. Und unter dem Steg waren Hohlräume, da haben die ihr Verpackungsmaterial, Papier und Pappe, gelagert. Ja, da brauchten die Strolche, ein paar Heringsdorfer Bengels, nur ein Streichholz ranzuhalten. Mann, war das ein Feuer. Gegenüber im Kurhaus *Solidarität* haben sie die Gäste evakuiert. Die standen alle mit ihren Koffern vor der Tür. Zum Glück haben die Flammen nicht übergegriffen. Aber die Seebrücke war weg, der Stolz der Insel Usedom. Das war wirklich ein Verlust. Und dann hatte Heringsdorf sehr lange gar keine Seebrücke, diese wurde ja erst in den Neunzigerjahren gebaut.«

Die drei Frauen gehen langsam zurück. Auf einen Einkaufsbummel verzichten sie mit Rücksicht auf Bobby und spazieren stattdessen noch ein Stück auf der Promenade in Richtung Ahlbeck.

Als sie an der Büste Wilhelms II. vorbeigehen, schüttelt Berta verständnislos den Kopf. »Was die jetzt alle mit dem ollen Kaiser haben? Das hat früher keinen Menschen interessiert, ob der hier war oder nicht.«

Anne, die ihre Begleiterinnen um mehr als einen Kopf überragt, lacht. »Ich verstehe das eigentlich auch nicht. Der war für die Geschichte des Seebades ja gar nicht so wichtig. Das ist eben eine Werbestrategie und ich staune selbst immer wieder, wie das funktioniert, wie sich die Leute für diesen Kaiser interessieren, der uns ja nicht viel Gutes eingebracht hat.«

Während Berta und Anne sich weiter über die Geschichte des Ortes und der einzelnen Häuser austauschen, schweifen Sophies Gedanken ab. Jemand wollte, dass sie auf der Treppe stürzt. Gibt es in Bansin einen Menschen, der wahllos andere verletzt oder ermordet? Der Gedanke macht ihr Angst. Umso weniger versteht sie, wie sich ihre Freundin und ihre Tante so ruhig über belanglose Dinge unterhalten können. Und überhaupt – wer weiß, was inzwischen in Bansin passiert. Sie unterbricht die beiden und drängt darauf, zurückzufahren.

In der Hütte ist es heute richtig warm, Paul Plötz hat schon zum zweiten Mal Holz nachgelegt. Trotzdem zittern seine Hände, als er zwei Tassen auswischt und auf dem Tisch bereitstellt. Er sieht sich im Raum um, es ist ungewöhnlich aufgeräumt und sauber. Er will einen guten Eindruck machen, aber hauptsächlich hat er sich aus Nervosität beschäftigen müssen.

Prüfend fährt er noch einmal mit der Hand über die Sitzfläche des Stuhles, dann steckt er sich, ganz in Gedanken, eine Zigarette an, drückt sie aber gleich erschrocken wieder aus und wirft sie einfach in den Ofen, wobei er leise flucht, weil er sich die Finger an der Eisenklappe verbrennt.

Als es klopft, richtet er sich hastig auf, streicht durch das graue Haar und räuspert sich. Dann reißt er die Tür so hastig auf, dass seine Besucherin erschrocken zurücktritt.

»Komm doch rein, bitteschön, ist warm hier drin, draußen ist es ja kalt, der Ostwind ...« Verlegen hält er inne. »Setzen Sie sich doch. Einen Kaffee vielleicht? Oder lieber Grog?«

Schwester Marita sieht ihn etwas belustigt an. »Wir können uns ruhig duzen«, entscheidet sie dann. »Kennen uns ja lange genug. Gib mir schon einen Grog und dann setz dich endlich hin. Machst mich noch ganz verrückt mit deinem Gezappel.«

Sie verschmäht den Ehrenplatz im Sessel, der ihr großzügig angeboten wird, und setzt sich auf den Küchenstuhl. Der Fischer schiebt die Tassen beiseite, füllt zwei dickwandige Gläser zur Hälfte mit Rum, gibt reichlich Zucker dazu, gießt heißes Wasser auf und rührt um. Einen Moment lang betrachtet er sein Werk nachdenklich, dann lässt er die Getränke einfach auf dem Tisch stehen und setzt sich hastig in seinen Sessel neben dem Ofen. Er beugt sich zu seiner Besucherin.

»Was willst du?«, fährt er sie jetzt beinahe an. »Willst du mich jetzt doch noch anzeigen? Warum jetzt? Das ist alles schon Jahre her. Und überhaupt – ich weiß ja gar nicht, was eigentlich passiert ist.«

»Na eben«, erwidert sie ruhig. »Meinst du nicht, du hättest dich mal erkundigen sollen, was dem Mann geschehen ist, den du überfahren hast?«

»Na –, ich hab doch«, stottert Plötz, »in der Zeitung stand nichts und im Ort hat auch keiner was erzählt, nicht mal Berta, ich dachte, da würde doch drüber geredet, wenn was Schlimmes wäre ...«

»Na klar. Und auf die Idee, mich anzurufen oder den Doktor und zu fragen, ob der Mann verletzt war, bist du natürlich nicht gekommen. Lieber gehst du jahrelang gar nicht zum Arzt, um keinen von uns zu treffen. Du wartest, ob Berta dir vielleicht etwas erzählt. Obwohl sie von dem Unfall ja gar nichts weiß – oder hast du es ihr gesagt?«

»Nein, du? An dem Abend vielleicht, als ihr beide spazieren gegangen seid?«

»Nein.«

Der Fischer lehnt sich erleichtert in seinem Sessel zurück. Dann steht er auf, holt die Gläser und stellt sie auf die Ofenplatte. Marita beobachtet ihn nachdenklich.

»Was war denn nun eigentlich mit dem Mann? Dem ist doch gar nichts passiert, oder?«

»Nein, ich habe Berta nichts davon gesagt«, übergeht sie seine Frage. »Wir haben über die ganzen anderen Unfälle gesprochen, die es in letzter Zeit in Bansin gab.«

»Ja.« Plötz nickt gleichmütig, pustet in sein Glas und sieht sie fragend an. »Und was habe ich damit zu tun?«

»Genau das wüsste ich gern. Deshalb habe ich dich angerufen. Seit dem Gespräch mit Berta zerbreche ich mir den Kopf über die Zusammenhänge. Und da bin ich auf deinen Unfall gekommen.«

Die Krankenschwester sieht in ihr Glas und nippt vorsichtig an dem heißen Getränk. Plötz zieht die Stirn in tiefe Falten und fragt lauernd: »Was soll das heißen? Das verstehe ich nicht.«

»Der Mann, der da auf der Straße lag, ist tatsächlich noch in der Nacht gestorben.«

Als kleine Strafe legt sie eine Pause ein und der Fischer wird auch plötzlich kreidebleich und blickt sie entsetzt an.

»Aber damit hattest du wohl nichts zu tun. Er starb an einem schweren Herzinfarkt. Du hast ihn gar nicht angefahren, er hatte jedenfalls keine äußerlichen Verletzungen«, fährt sie endlich fort.

Der grauhaarige Fischer lehnt sich wieder zurück. »Und das hat mir nun jahrelang auf der Seele gelegen«, stöhnt er. »Mann, warum habe ich dich nicht einfach angerufen und nachgefragt?«

»Vor allem solltest du dich fragen, weshalb du einfach weggefahren bist.«

»Na, das kannst du dir doch wohl denken. Ich hatte was getrunken. Und ich habe ja gesehen, dass du da kommst mit deinem Fahrrad und wusste, dass du dich kümmerst. Ich weiß, es war blöd, aber ich habe nur an meinen Führerschein gedacht. Ich wusste auch nicht genau, ob du mich erkannt hast.«

»Ich habe sogar erkannt, dass du nicht allein im Auto warst«, stellt Marita sachlich fest.

»Na gut, aber ich verstehe trotzdem nicht, weshalb du mich jetzt schon zweimal angerufen hast. Was hat das mit diesen anderen Sachen zu tun? Und wer war der Mann eigentlich?«

»Du wirst ihn nicht gekannt haben. Das war ein Nachbar von Jahns, der erst kurz vorher dorthin gezogen war. Er lag ja auch genau vor Jahns Haus. Und neben dir im Auto saß Sören, der ist jetzt auch tot. Dadurch bin ich darauf gekommen, dass es mit diesem Unfall zu tun haben könnte.«

Plötz, dem gerade erst ein Stein vom Herzen gefallen ist, sieht die hagere Frau mit den wirren Haaren und dem ratlosen Gesichtsausdruck entsetzt an. »Du glaubst doch wohl nicht, ich könnte Sören überfahren haben?«

»Nein, nein«, wehrt sie schnell ab, »das traue ich dir wirklich nicht zu. Ich meine nur, es könnte einen Zusammenhang geben.«

Die beiden denken eine Weile nach, während sie schweigend Grog trinken.

»Ich werde mal mit Berta reden«, beschließt Paul Plötz dann schweren Herzens. »Die wird mir zwar schön den Marsch blasen, aber sagen muss ich es ihr.«

»Mach das«, stimmt Marita nun auch erleichtert zu. »Und wenn du wieder Lachs räucherst, bringst du mir ein Stück in die Praxis. Jetzt kannst du dich ja auch wieder mal in Bansin untersuchen lassen.«

Samstag, 8. Dezember

»Was meinst du, wollen wir nicht nach Rostock fahren, zum Weihnachtsmarkt? Wir könnten doch eine Nacht dableiben, vielleicht mal wieder ins Theater gehen.«

Frank Sonnenberg schlendert durch das Arbeitszimmer seiner Frau und bleibt vor dem Schreibtisch stehen. Sie blickt vom Computer auf und lächelt etwas mühsam. »Warum nicht? Ich könnte wirklich ein bisschen Abwechslung gebrauchen.«

»Viel zu tun?«, fragt er, mehr aus Höflichkeit als Interesse, und sieht auf ihren Bildschirm.

Jenny schließt eine E-Mail. »Eigentlich zu wenig für diese Zeit«, deutet sie vorsichtig an, aber ihr Mann zuckt nur gleichgültig die Schultern.

»Na, dann hast du ja Zeit. Soll ich ein Zimmer buchen? Vielleicht für das nächste Wochenende? Du kannst ja mal nachsehen, ob du ein Theaterstück findest, oder etwas anderes, das dich interessiert.«

Jenny nickt und Frank verlässt zufrieden das Zimmer.

Sie öffnet erneut ihr Postfach. Es gibt nicht einen einzigen Auftrag für die Feiertage. Keine Nachfrage nach Übernachtungen, keine Rundfahrten, keine Veranstaltungen. Jenny erwägt, ihre Stammkunden anzurufen. ›Ich habe schon so viele Anfragen für Weihnachten und Silvester und da dachte ich, ich frage erst einmal bei Ihnen nach, Sie möchten doch sicherlich über die Feiertage auch wieder kommen‹ – ja, das ist unverfänglich. Beherzt greift Jenny zum Telefon, dann fällt ihr ein, dass es schon ziemlich spät ist. In den Büros arbeitet niemand mehr. Sie fährt den Computer herunter, steht auf und wandert nervös im Raum umher. Irgendetwas geht hier vor.

Die sind ihr doch nicht etwa auf die Schliche gekommen? Ihr wird ganz heiß bei der Vorstellung. Nein, sie muss vorsichtiger sein.

Aber dass Sophie etwas mit der Flaute im Geschäft zu tun hat, kann sie sich nur schwer vorstellen. Wie hätte sie das machen sollen? So schlau ist die nicht. Oder? Sie muss es herausfinden.

Jenny räuspert sich und geht zum Arbeitszimmer ihres Mannes. »Ich hätte Lust etwas trinken zu gehen«, behauptet sie gespielt munter. »Kommst du mit?«

»Ins *Kehr wieder*?«

»Ja, wohin sonst?«

Frank hat eigentlich keine Lust, sich das junge Glück von Sophie und Arno hautnah anzusehen, aber er nickt betont gleichgültig. »Okay, dann können wir da ja auch etwas essen. Oder wollen wir lieber mal wieder zum Chinesen?«

»Ach nein, ich hab gar keinen Hunger. Außerdem ist es bei Sophie so schön gemütlich, richtig weihnachtlich.«

Jetzt wird ihr Mann misstrauisch. Seit wann legt Jenny Wert auf weihnachtliche Stimmung? Das passt ja nun so gar nicht zu ihr. Da stimmt doch etwas nicht. Was führt sie denn im Schilde? Und überhaupt – sie ist doch sonst privat kaum ins *Kehr wieder* gegangen. Die Gespräche dort haben sie immer gelangweilt. Frank muss unwillkürlich grinsen. Sollte ihr jetzt doch der Verdacht gekommen sein, dass er ein Verhältnis mit Sophie Kaiser hat, dann haben sie es genau zum richtigen Zeitpunkt beendet. Das heißt, muss er sich eingestehen, Sophie hat es beendet. Na, egal. Heute jedenfalls ist er auf der sicheren Seite und ein bisschen neugierig, was seine Frau so vorhat.

»Also dann«, sagt er unternehmungslustig. »Lass uns gehen.«

Die Urlauber haben sich zwei Flaschen Wein mit auf ihre Zimmer genommen, sie wollen die Kinder dort nicht allein lassen. Sie haben zu Abend gegessen und waren nett und fröhlich wie immer. Sophie, die dem kleinen Jungen von der Heringsdorfer Seebrücke eine Plüschrobbe mitgebracht hat, ist froh, dass sie ihr anscheinend keine Vorwürfe wegen des Unfalls machen.

In der Gaststätte ist es ruhig. Berta sitzt mit Steffi und Christine Jahn am Stammtisch, Anne, Sophie und Arno stehen an der Bar. Arno ist besorgt wegen des Eises auf der Treppe. Nun gab es auch auf Sophie einen Anschlag.

»Bis jetzt hatten wir Glück«, murmelt er. »Aber Tante Berta hat Recht. Wir können nicht einfach abwarten, dass noch mehr passiert. Ich finde, wir sollten zur Polizei gehen.«

»Was glaubst du, was die machen?« Sophie hat wenig Vertrauen. »Bei Brinkmann waren sie doch auch schon wieder. Da soll jemand sämtliche Zimmer verwüstet haben. Und was haben sie herausgefunden? Nichts.«

»Das weißt du doch gar nicht«, besänftigt Arno. »Vielleicht haben sie ja Fingerabdrücke und wenn sie einen Verdächtigen finden, können sie wenigstens nachweisen, ob der auch für deinen Unfall verantwortlich ist.«

»Ich glaube nicht, dass auf der Eisschicht auf meiner Treppe Fingerabdrücke zu finden sind«, mault Sophie.

»Ich denke immer noch, dass Jenny das gewesen ist«, mischt Anne sich ein. »Was denkt ihr, wie sauer die ist, sie muss doch schon gemerkt haben, dass bei ihr keine Aufträge mehr eingehen. Also, ich trau ihr das zu. Und – na also«, stellt sie befriedigt fest, »kaum spricht man vom Fuchs, guckt auch schon der Arsch um die Ecke.«

Frank klopft zur Begrüßung kurz auf den Stammtisch. »Tante Berta, du hast wohl nicht zufällig noch einen sauren Hering und ein paar Bratkartoffeln für einen hungrigen Arbeiter?«

»Mach ich dir, Schieter, setz dich man hin.« Berta erhebt sich stöhnend. »Für dich auch?«, fragt sie Jenny im Vorbeigehen.

Die schüttelt den Kopf mit der eleganten Hochsteckfrisur, die sie am liebsten trägt.

»Nein, danke, ich möchte lieber ein Glas Rotwein. Ich darf doch?«

Sie setzt sich auf einen Barhocker und sieht sich um. »Schön hast du das alles geschmückt«, lobt sie. »Die Gäste werden sich wieder total wohlfühlen.«

Arno mustert Jenny mit unbewegter Miene. Sophie sieht sie gar nicht an, sondern wendet sich ab, holt eine Flasche Rotwein aus der Theke und gießt ein Glas davon ein.

»Bitte.« Sie räuspert sich. »Ja, ich hoffe doch, dass die Gäste sich wohlfühlen. Hast du denn noch Buchungen? Ich habe ja noch einige Zimmer frei und es ist nicht mehr lange hin bis Weihnachten.«

»Ach, die kommen schon noch. Mach dir keine Sorgen. Ich kümmere mich darum, dass wir alle genug zu tun haben.«

Jenny lächelt Anne an, aber sie fühlt sich unwohl. Irgendwie wirken hier alle komisch. Die haben etwas gemerkt, zumindest haben sie einen Verdacht. Sie muss Vertrauen zurückgewinnen.

»Ich plane, im nächsten Jahr die Preise für die Ausflüge etwas zu erhöhen«, unterbricht sie das unbehagliche Schweigen. »Ich denke, ich nehme zehn Euro mehr pro Fahrt und die will ich dann direkt an dich und Inka durchreichen. Ihr verdient das, Qualität hat eben ihren Preis.«

Die große, kräftige Frau ihr gegenüber nickt, wenig begeistert. »Wenn du meinst.«

Jenny wird immer unsicherer. Sie trinkt einen kräftigen Schluck. Dann versucht sie einen Scherz mit Arno, der gar nicht darauf reagiert. Na, das ist und bleibt eben ein Dorftrottel. Was Sophie mit dem wohl will? Ob er Geld hat? Sicher nicht. Woher auch.

Sie trinkt ihr Glas schnell leer, auch das zweite. Da sie wenig gegessen hat, spürt sie schon bald die Wirkung des Alkohols und fühlt sich gelöster. Auch die anderen scheinen sich ganz normal zu unterhalten. Wahrscheinlich hat sie sich nur etwas eingebildet. Die sind doch viel zu dämlich, um zu merken, was sie tut. Eingeschüchtert sind sie, ängstlich, wissen gar nicht, wie ihnen geschieht. Ob schon jemand die Treppe hinuntergesegelt ist? Anscheinend nicht, sonst würden sie doch davon reden. Oder trauen sie sich nicht, ihr zu erzählen, was nun wieder schiefgegangen ist? Natürlich, das ist es! Sie haben Angst vor ihr. Angst, dass sie keine Gäste mehr herbringt in diesen Katastrophenladen. Ha! Sie werden noch betteln: ›Ach bitte, hilf uns doch! Was sollen wir nur tun? Wir müssen doch die Raten an die Bank zahlen.‹ Jenny trinkt noch einen Schluck Rotwein und kneift die Augen zusammen, um Sophies Miene besser zu erkennen. Irgendwie scheint alles zu verschwimmen. Ach egal. Ihr geht es gut. Alles regelt sich von selbst. Ihr Mann scherzt mit Berta und

Steffi. Das Geschäft wird auch wieder laufen. Morgen ruft sie die Kunden an.

»Prost! Auf die Geschäfte!« Sie erhebt ihr Glas zu Sophie. Und dann stellt sie endlich die Frage, die sie schon den ganzen Abend im Hinterkopf hat. »Ich denke, du hast Urlauber im Haus? Wo sind die eigentlich? Sind die schon wieder abgereist? Ist etwas passiert?«

Sophie blickt sie nur erschrocken an. Bei Anne jedoch bringt dieses dümmliche Fragen das Fass zum Überlaufen. »So«, zischt sie und ist ganz blass vor Wut, »also warst du das tatsächlich. Ich wusste es! Du bist so ein Miststück! Wolltest du Sophie umbringen oder was? Und was soll der ganze andere Schiet, den du gemacht hast? Meintest du wirklich, wir merken das nicht? Hältst du dich für so schlau oder uns für so dämlich? Hast du gedacht, du kommst damit durch? So, jetzt sag ich dir mal was: du bist raus aus dem Spiel. Ich habe die Kunden angerufen, die haben direkt bei mir gebucht. Übernachtungen, Ausflüge, Essen, Veranstaltungen – alles. Wir brauchen keine Agentur mehr. Such dir neue Kunden, die meisten hast du sowieso durch mich und Sophie bekommen. Wir wollen nichts mehr mit dir zu tun haben, das gilt auch für Inka, deine zehn Euro kannst du dir sonst wo hinschieben. Und du hast Hausverbot«, fügt sie noch hinzu, sieht dann aber schnell zu Sophie. Die nickt nur sprachlos.

Berta, Steffi und Christine sind schon gegangen, nur Frank ist noch da und hat verständnislos zugehört.

»Deine Frau hat letzte Nacht Wasser über die Vordertreppe gegossen«, erklärt Arno. »Sie wollte wahrscheinlich, dass Sophie da runterfällt und sich das Genick bricht.«

»Woher wollt ihr das wissen?«

»Frag sie!« Frank braucht nicht zu fragen, Jennys hasserfülltes Gesicht und ihr Schweigen sagen alles.

»Sie hat noch mehr auf dem Gewissen.« Während Sophie von den Fehlbuchungen und der Silvesterkapelle erzählt, schiebt sich Jenny langsam vom Barhocker, nimmt ihre Jacke vom Garderobenhaken, sieht niemanden an und verabschiedet sich auch nicht. Als sie zur Tür wankt, murmelt sie etwas Unverständliches, das wie eine Drohung klingt.

Frank setzt sich auf einen Hocker und blickt ihr nach. »Gib mir mal einen Schnaps«, bittet er Sophie, als sich die Tür hinter seiner Frau geschlossen hat. Er kippt den doppelten Weinbrand in einem Zug hinunter, wehrt aber ab, als Sophie nachschenken will.

»Warum hat sie das gemacht?«

»Na, wenn du das nicht weißt«, brummt Arno.

Die beiden Männer sehen sich an.

»Na gut.« Frank streicht sich die dunklen Haare aus dem Gesicht und zuckt mit den Schultern. »Du weißt es also auch. Ja, ich hab eine Menge falsch gemacht, das ist mir inzwischen auch klar. Ich hätte es ihr sagen sollen. Aber ich hätte doch nie gedacht, dass sie so weit geht.« Er stöhnt. »Oh Mann. Was macht ihr denn jetzt? Zeigst du sie an?«

Sophie schüttelt zögernd den Kopf. »Es ist ja alles halbwegs glimpflich ausgegangen. Am liebsten würde ich das Ganze vergessen.«

»Na, ich weiß nicht.« Anne zeigt sich nicht so versöhnlich. »Wer weiß, was jetzt noch kommt. Jetzt ist sie doch erst richtig wütend.«

»Also, ich will euch zu nichts überreden. Du hast jedes Recht darauf, sie anzuzeigen und Schadenersatz zu verlangen,

Sophie. Aber wenn du darauf verzichtest, verspreche ich dir, aufzupassen, dass nichts mehr passiert. Jenny ist ja immer noch meine Frau und ich bin ja auch nicht ganz unschuldig, wie es aussieht«, fügt er leise hinzu.

Sophie sieht etwas verlegen zu ihrer Freundin. »Na ja, direkten Schaden hatte ich ja nicht …«

»Außer in den Herbstferien, als du die Doppelbelegung hattest«, wirft diese ein.

»Das ersetzen wir dir«, versichert Frank, bevor Sophie antworten kann.

»Und eine Plüschrobbe.« Anne gibt nicht nach und Sophie kann endlich wieder lachen, während sie Frank erklärt, für wen das Spielzeug war.

»Also gut, den Schaden, der mir im Herbst entstanden ist, den kann Jenny mir ersetzen, das hat sie verdient«, beschließt sie dann. »Die Robbe ist mein Anteil, aber mehr schlechtes Gewissen habe ich auch nicht. Okay?«

Frank nickt und spürt ein leichtes Bedauern, dass diese Frau anscheinend wirklich mit ihm abgeschlossen hat. Aber so, wie es jetzt aussieht, können sie wenigstens noch Freunde bleiben.

Während er nach Hause geht, überlegt er, wie er sich nun verhalten soll. Wie lange mag Jenny schon von seinem Verhältnis mit Sophie gewusst haben?

Aber wie sie reagiert hat, ist natürlich völlig überzogen, ihr Verhalten macht ihm fast Angst.

Der Schreck über ihre eigene Dummheit ist Jenny so in die Glieder gefahren, dass sie nun fast wieder nüchtern ist. Wie konnte das passieren? Dabei hatte sie es doch so schlau angefangen. Sie denkt an den Nachmittag Anfang Oktober, als sie den Plan fasste, die Geliebte ihres Mannes zu vernichten. Ihre geschäftlichen Probleme begannen damals, ihr über den Kopf zu wachsen und sie gab allem Unbill mit Sophie Kaiser einen Namen und ein Gesicht.

›Es ist doch seltsam‹, hatte sie gedacht, ›seit diese Frau hier aufgetaucht ist, läuft bei mir alles schief.‹ Sie hasste die Blicke zwischen Frank und Sophie, auch den besonderen Ton, der zwischen ihnen herrschte und fürchtete, dass es mehr war als Sex, was die beiden verband. ›Es ist so ungerecht! Was hat diese Frau, was ich nicht habe? Sie sieht nicht besonders aus, ist nicht besonders klug, sie hat ja nicht mal Abitur. Und sie ist sogar noch fünf Jahre älter als ich. Aber alles scheint ihr zuzufallen. Ich bin nett zu den Leuten, sie ist einfach so überall beliebt. Ich muss mir alles schwer erarbeiten, sie erbt mal eben ein Hotel. Und nun bekommt sie auch noch meinen Mann. Sie bemüht sich nicht einmal besonders um ihn, anscheinend ist er sogar derjenige, der die Beziehung sucht und aufrechterhält.‹ Frank hielt ganz unverhohlen ziemlich viel von der Berlinerin. Als Jenny über eine Zusammenarbeit mit ihr nachdachte, hatte er sie dazu ermuntert. »In Sophie steckt viel mehr, als du glaubst.« ›Das ist mir egal, was in der steckt‹, hatte sie gedacht, ›so lange du es nicht bist.‹

Jenny war sich sicher, wenn sie Frank daraufhin anspräche, würde er das Verhältnis sofort zugeben. Wahrscheinlich würde er erleichtert sein, denn Lügen und Heimlichtuerei entsprechen gar nicht seinem Charakter. Sicher war es Sophie, die nicht wollte, dass ihre Beziehung zu einem verheirateten Mann bekannt würde. Das sähe ihr ähnlich, dieser falschen Schlange. Und natürlich – sie war geschäftlich ziemlich abhängig von der Agentur. Vermutlich würde sie lieber auf Frank verzichten als auf die Geschäftsverbindung zu seiner Frau. Es schien ihr Vorteil zu sein, dass sie die Situation überblickte, während die beiden glaubten, sie wäre völlig ahnungslos. Sie hasste ihre Rivalin, die hielt sie für eine Freundin. Jenny hatte nicht viel zu verlieren. Jedenfalls nichts, was ihr nicht ohnehin entglitt, wenn sie gar nichts tat. Frank, ihr hübscher, netter, egoistischer, aber völlig ahnungsloser Mann war ihrer weiblichen Raffinesse hilflos ausgeliefert. Er hatte seine Frau nie richtig gekannt, das wollte sie skrupellos ausnutzen. In jenen Tagen wurde sie eine neue Jenny Sonnenberg. Eine Kämpferin. Nett war gestern, gut, hilfsbereit und freundlich hatte nichts als Probleme gebracht.

Trotz allem muss sie noch immer darüber grinsen, dass ihr damals Brecht einfiel: »Ich wär auch lieber gut, anstatt so roh, doch die Verhältnisse, die sind nicht so.«

Der Kampf konnte beginnen. Sie wollte Sophie Kaiser vernichten. Dieses dumme Weib, das ohnehin keine Ahnung vom Tourismus und mehr Glück als Verstand hat, sollte aus Bansin verschwinden. Wenn die Gäste ausblieben, wenn ihr das Geschäft über den Kopf wuchs und sie die Raten an die Bank nicht mehr zahlen könnte, würde sie ganz schnell aufgeben. Und dann – wer wäre besser geeignet, das Haus wieder gewinnbringend zu betreiben, als sie selbst? Als Hotelier könnte sie ihre Verbindungen und ihre Erfahrungen mit Reiseunternehmen nutzen.

Wichtig war nur, dass niemand etwas von ihren Plänen ahnte. Sie musste ihre Maske aufbehalten und, wenn es auch schwerfiel, noch freundlicher zu Sophie sein. Die durfte gar nicht auf die Idee kommen, dass Jenny Sonnenberg nicht ihre wohlmeinende Freundin und verlässliche Geschäftspartnerin war.

Damit ist sie gründlich gescheitert. Wie wird es nun weitergehen? Mehr als eine Anzeige und Strafe fürchtet sie den Spott der Bansiner und die Verachtung ihres Ehemannes. Das erträgt sie nicht. Sie packt zwei Koffer und eine Reisetasche, findet einen großen Karton im Keller, den sie mit Schuhen füllt und auf den Rücksitz ihres Autos stellt. Zuletzt steckt sie ein Foto von Frank, das auf ihrem Schreibtisch steht, in die Handtasche. Jenny Sonnenberg fühlt sich jetzt völlig nüchtern, verschließt aber das Auto und legt sich ins Bett, nachdem sie den Wecker auf 8 Uhr gestellt hat.

Frank ist schon auf dem Weg zum Schlafzimmer, dreht dann aber um und geht ins Wohnzimmer. Soll Jenny ihren Rausch erst mal ausschlafen, morgen wird er ein ausführliches Gespräch mit ihr führen und danach entscheiden, wie es weitergehen soll. Er ist sich nicht schlüssig, ob er seine Ehe fortsetzen will. Das wird von ihrem Verhalten abhängen.

Frank Sonnenberg mag noch nicht ins Bett gehen. Er trinkt noch eine halbe Flasche Weinbrand, während er nachdenkt, und schläft erst lange nach Mitternacht auf der Wohnzimmercouch ein. Als er am nächsten Mittag aufsteht, hat seine Frau das Haus bereits verlassen. Ihr Auto ist weg, auch ein großer Teil ihrer persönlichen Sachen. Am Abend ruft sie an und teilt ihm mit, dass sie auf dem Weg nach München ist, zu ihrer Freundin.

»Ich werde erst mal eine Weile dort bleiben. Ob ich überhaupt noch einmal zurückkomme nach Bansin, weiß ich nicht. Im Moment glaube ich, eher nicht.«

»Okay«, stimmt Frank erleichtert zu. »Ich glaube auch, das ist für alle das Beste.«

Montag, 10. Dezember

Während Berta an diesem Vormittag das Mittagessen kocht, es soll im *Kehr wieder* Stampfkartoffeln geben, mit Lungwurst und süß-saurer Soße, denkt sie wieder über Manfred Jahn nach. Sie hat momentan einfach zu wenig Zeit für ihre Nachforschungen. An das ertrunkene Urlauberkind will sich hier vor Ort nach all den Jahren niemand mehr erinnern. Ja, da war etwas, so sagen sie, aber das ist alles schon so lange her … Wenn sie wenigstens den Namen des Kleinen wüsste! Ohne polizeiliche Hilfe kommt sie in dieser Frage nicht weiter, aber sie braucht einen ruhigen Moment mit Fred, sonst nimmt der sie nicht ernst. Vielleicht bildet sie sich da wirklich nur etwas ein und es gibt einen anderen Zusammenhang. Sie sollte nicht nur in eine Richtung denken.

Manfred Jahns Tod könnte etwas mit seiner Tätigkeit in der Bank, genauer gesagt in der Kreditabteilung zu tun haben. Hat Sophie nicht auch mit ihm verhandelt, bevor sie die Pension umgebaut hat?

Als sie gemeinsam beim Essen sitzen, fragt sie danach. Sophie nickt. »Ja, klar, der hatte da schon einigen Einfluss, glaube ich. Meinst du, er hat jemandem kein Geld gegeben und derjenige hat ihn dafür die Steilküste runtergestoßen?«

»Also, wenn du das so sagst, hört es sich ziemlich blöd an. Aber ich kann mir schon vorstellen, dass es da einen Zusammenhang gibt. Privat hat der doch bestimmt keiner Fliege etwas zuleide getan. Die Polizei könnte leicht herausfinden, wer da einen Kredit beantragt und nicht bekommen hat.«

»Ja, sicher. Wenn sie es wollen. Aber warum sollten sie? Sie halten den Sturz doch für einen Unfall.« Sophie blickt ihrer

Tante ernst in die Augen und schiebt seufzend ihren Teller von sich. »Also, denken wir mal nach. Was hat Arno mit der Bank zu schaffen?« Plötzlich sieht sie erschrocken aus. »Weißt du, was mir gerade einfällt? Jahn hat Arno mal einen Kredit angeboten für ein Boot. Er will doch so Kutterfahrten oder Angelfahrten, was weiß ich, mit Gästen machen. Ich kann mich daran erinnern, dass sie darüber gesprochen haben. Aber richtig zugehört habe ich damals natürlich nicht, ich weiß auch nicht, ob Arno darauf eingegangen ist. Wahrscheinlich nicht, sonst hätte er ja jetzt einen Kutter.«

»Sören wollte einen Kredit aufnehmen, um sein Haus umzubauen«, überlegt Berta. »Und Brinkmann hat auf jeden Fall Kredite laufen, genau wie du.«

»Das stimmt, bringt uns aber kein Stück weiter. Was glaubst du, wer alles auf Pump lebt? Meinst du wirklich, da läuft einer herum und tötet alle, die Schulden bei der Bank haben?«

»Ach, Schieter, ich weiß doch auch nicht. Aber es muss einen Zusammenhang geben.«

»Na gut. Fangen wir mal mit Töpfer an. Was weißt du von dem eigentlich? Hat inzwischen jemand eine Idee geäußert, warum der auf dem Bahnübergang stand?«

Berta zuckt die Schultern. »Nein. Für den scheint sich überhaupt kein Mensch in Bansin zu interessieren. Das könnte wirklich ein Selbstmord gewesen sein, auch wenn kein Abschiedsbrief da war.« Sie denkt eine Weile nach. »Vielleicht hat der sich umgebracht und seine Frau rächt sich nun an allen, die ihm etwas getan haben könnten. Du solltest Arno mal fragen, ob er irgendetwas mit Manfred Jahn zu tun hatte.«

»Vielleicht hat er ihm keinen Fisch verkauft, oder er war zu teuer.«

»Na schön. Mach du mal deine Witze, ich werde jedenfalls mal sehen, was die Witwe Töpfer so treibt. Ich kann mich nur beim besten Willen nicht an diese Frau erinnern. Dabei kenne ich doch eigentlich alle in Bansin. Vielleicht heißt sie ja inzwischen anders? Aber ich werde sie schon finden.«

Am Nachmittag fährt Berta mit Anne zu *Aldi*. Sie lassen sich Zeit beim Einkaufen.

»Haben die hier wenig Verkäuferinnen«, murrt Berta, während sie zum dritten Mal die Kühltheke durchstöbert. »Und ich hab noch keine gesehen, die ich kenne.«

»Ich schon.« Anne deutet zur Kasse. »Die da drüben, die ging bei mir in die Klasse und die schnattert gerne. Was soll ich sie fragen?«

Als sie eine halbe Stunde später wieder im Auto sitzen, weiß Berta, dass Töpfer nicht der Chef des Supermarktes, sondern nur ein Angestellter war, dass seine Witwe Karin heißt, dass sich die beiden hier bei der Arbeit kennen gelernt haben und dass sie seit dem Tod ihres Mannes krankgeschrieben ist. Bevor sie als Verkäuferin eingestellt wurde, hat sie als Zimmerfrau bei Brinkmann gearbeitet, an dem sie im Nachhinein nie ein gutes Haar gelassen hat.

Berta ist sehr zufrieden mit den neuen Erkenntnissen.

Dienstag, 11. Dezember

Als die Köchin der *Seeresidenz* ihr Fahrrad, wie an jedem Tag, am *Kehr wieder* vorbeischiebt, tritt Berta wie zufällig aus dem Haus. Freundlich begrüßen sich die Frauen.

»Hast du es eilig?«, fragt Berta. »Sonst komm doch ein bisschen mit rein, einen Kaffee trinken. Wir müssen doch nicht hier auf der Straße stehen und quatschen.«

»Na klar, Berta. Wir haben ja lange keinen Kaffeeklatsch mehr gemacht. Sonst hab ich ja auch immer wenig Zeit, aber im Moment ist bei uns nicht so viel zu tun.«

Gemeinsam gehen sie ins Haus und setzen sich an den Stammtisch. Zunächst tauschen sie Erinnerungen an ihre gemeinsame Zeit in den FDGB-Ferienheimen aus. Nachdem sie vom Kaffee zum Grog übergangen sind, erfährt Berta unter dem Siegel der Verschwiegenheit, was in der *Seeresidenz* in letzter Zeit alles vorgefallen ist.

»Ist das nicht furchtbar«, flüstert die dicke Köchin mit glänzenden Augen und roten Ohren, »es ist direkt unheimlich. Sogar die Polizei war da, die haben uns alle verhört. Aber sie haben auch nichts herausgefunden. Brinkmann ist fix und fertig. Also, ich glaube ja, dass ein ehemaliger Mitarbeiter hinter allem steckt. Vielleicht einer, den er entlassen hat. Da gibt es ja durchaus einige, die nicht so gut auf ihn zu sprechen sind.«

»Ja«, hakt Berta ein, »das könnte ich mir gut vorstellen. Übrigens, die Frau von dem Mann, der da auf dem Bahnübergang verunglückt ist – wie hieß er noch –, hat die nicht auch mal bei euch gearbeitet?«

»Töpfer! Karin Töpfer!« Die Frau nickt eifrig. »Ja, der würde ich das zutrauen. Kennst du die?«

»Nein, bloß so vom Sehen.«

»Na, ich sag dir, das ist vielleicht ein Biest. Die konnte keiner leiden. Ich hatte ja nicht so viel mit ihr zu tun, sie war in den Zimmern. Aber wenn sie mal bei uns in der Küche aushelfen sollte, hat sie nur rumgemotzt. Die war so was von zickig und immer schlecht gelaunt. Ich glaube, ich habe die noch nie lachen gesehen.« Sie trinkt den letzten Schluck Grog und sieht dann in ihr leeres Glas. »Ich glaube, ich sollte jetzt ...«

»Ach, einen trinken wir noch. Du weißt doch, so jung kommen wir nicht wieder zusammen.«

»Na gut. Es ist so schön gemütlich bei euch. Ich glaube, ich schaue jetzt öfter mal vorbei.«

›Du fehlst uns hier auch gerade noch‹, denkt Sophie, die hinter der Theke steht. Die geschwätzige Frau, die penetrant nach altem Frittierfett riecht, geht ihr allmählich auf die Nerven.

»Das machst du.« Berta nickt energisch und gibt Sophie ein Zeichen, die Gläser wieder zu füllen. »Aber sag mal, diese Karin Töpfer, die arbeitet doch jetzt beim Supermarkt. Warum hat die denn bei euch aufgehört, verdient sie da mehr?«

»Keine Ahnung. Aber aufgehört hat sie, weil sie sich selbstständig machen wollte. Mit ihm zusammen.«

»Ich denke, die haben sich erst bei *Aldi* kennen gelernt.«

»I wo! Die hatten doch so einen komischen Wohnwagen, da hatten sie Ware drin und damit sind sie über die Dörfer gefahren. Überall dahin, wo es keine Läden mehr gibt. Wenn sie davon erzählt hat, war sie ganz begeistert von ihrer Idee, oder seiner, was weiß ich. Sie hat gedacht, die warten da bloß auf sie. Aber das war wohl doch nicht so. Entweder hatten sie die falschen Sachen oder sie waren zu teuer, vielleicht auch beides, jedenfalls hat das Ganze nicht funktioniert.«

»Hatten sie dafür denn einen Kredit aufgenommen?«

»Nein, aber sie wollten! Jetzt wo du es sagst, fällt mir das auch wieder ein. Sie wollten den alten *Konsum* kaufen, weißt du, da an der Ecke, wo es früher Lebensmittel gab. Karin hat nicht nur einmal davon erzählt. Oben im Haus wollten sie wohnen und unten wieder einen Laden aufmachen. Den wollte sie betreiben und er sollte über die Dörfer fahren. Gerade sie, wo sie doch immer so unfreundlich ist, wer kauft denn bei der ein? Außerdem ist es in den Supermärkten einfach billiger und das Angebot ist auch größer. Na, mit dem Kredit war es jedenfalls Essig. Mann, war die sauer.« Die Köchin grinst schadenfroh bei der Erinnerung. »Dann ist wohl auch noch das Auto kaputtgegangen, jedenfalls hat sie schließlich an der Supermarktkasse angefangen.«

»Aha, so war das also. Und jetzt ist er tot und sie ganz allein. Wo wohnt sie eigentlich?«

»Sie hat so eine Plattenbauwohnung am Ortsrand. Da hat sie auch schon gewohnt, bevor sie mit ihm zusammen war. Hat wohl gedacht, mit ihm kommt sie da raus. Aber da hat sie sich gründlich verrechnet. Auch ein Mercedes macht eben noch keinen reichen Mann.«

»Ja, das ist wohl wahr. Na, was geht es uns an. Was machen denn deine Kinder eigentlich?«

Diese Jahn ist viel zäher, als ich gedacht habe. Es scheint ihr sogar immer besser zu gehen, von Tag zu Tag. Habe ich ihr am Ende einen Gefallen getan, als ich ihren Mann beseitigt habe? Oder ist sie dauernd so betrunken, dass sie gar nicht bemerkt, was in ihrer Wohnung geschieht? Wozu dann die ganze Mühe und das Risiko, gesehen zu werden?

Ich muss das Miststück bestrafen, sie darf nicht davonkommen. Wenn ich an sie denke, mit diesen glasigen Augen, der dümmlich selbstzufriedenen Miene, möchte ich ihr am liebsten gleich das Gesicht zerschlagen. Wie ich sie hasse! Ich sehe sie direkt vor mir an diesem Tag, obwohl ich nicht dabei war. Er hat es mir so oft erzählt: »Wenn diese Frau nur nicht so gleichgültig gewesen wäre, wenn sie nur ein bisschen aufgepasst hätte!«

Sie haben direkt daneben gesessen. Er ist einfach gegangen und sie hat in all ihrer Stumpfheit dagesessen und Bier getrunken. Warum hat sie nicht hingesehen? Als sie gefragt haben, wo das Kind ist, hat sie nur gleichgültig mit den Schultern gezuckt. Sie hätte es verhindern können, aber es war ihr egal.

Dann, als alle nach dem Kleinen gesucht haben, ist sie nach Hause gegangen. Sie soll es bereuen! Ich will sie erinnern an das, was sie vergessen hat. Nie wieder soll sie sich wohlfühlen in ihrem Zuhause. So wie die Mutter, die das leere Kinderzimmer in ihrer Wohnung nicht ertragen konnte. Ein Jahr nach dem Unfall hat sie sich das Leben genommen.

Diese Säuferin soll merken, was Angst ist, bevor sie endlich nicht wieder aufwacht aus ihrem Rausch.

Donnerstag, 13. Dezember

Vorsichtig öffnet Christine Jahn die Augen. Sie liegt auf der Couch im Wohnzimmer. Ihr Kopf schmerzt und sie hat einen widerlichen Geschmack im Mund. Ihr Hals ist trocken. Als sie sich langsam aufsetzt, wird ihr schwindlig. Zunächst glaubt sie, es wäre Nacht, aber dann merkt sie, dass die Jalousien geschlossen sind. Unter großer Anstrengung steht sie auf, lässt Licht in den Raum und setzt sich wieder hin, immer noch völlig benommen. Allmählich nimmt sie ihre Umgebung wahr und glaubt, sich in einem Albtraum zu befinden.

Auf dem Tisch liegt eine Rotweinflasche, der Inhalt hat sich auf den Teppich ergossen. Auch das Glas liegt auf dem Boden. Der große schwere Sessel steht nicht mehr neben der Couch, sondern in einer Zimmerecke. Darauf türmen sich leere Bilderrahmen. Die dazugehörigen Fotos sind in kleine Schnipsel gerissen und im ganzen Zimmer verstreut. Bücher liegen auf dem Boden, anscheinend wurden sie mit einer Flüssigkeit übergossen. Es riecht nach Bier.

Alle Pflanzen, die auf einer Blumenbank neben dem Fenster standen, sind aus den Töpfen gerissen, Blätter und Erde im ganzen Raum verteilt. Das wertvolle Gemälde, das direkt über der Couch hing, ist zerstört und lehnt vor dem Fernseher.

Als Christines Blick zur Glasvitrine wandert, treten ihr Tränen in die Augen. Einer Meissner Porzellanfigur, die sie von ihrer Großmutter geerbt hat, wurde der Kopf abgeschlagen. Auch die Kristallgläser und Vasen sind kaputt.

Christine Jahn sitzt sehr lange stumm da, ist unfähig, sich zu bewegen und sieht sich fassungslos um. Dann steigt sie vorsichtig über Bücher, Blumenerde und Scherben hinweg in Richtung Tür. Im Flur findet sie Teile ihres Telefons auf dem Boden.

In der Küche sieht alles normal aus. Langsam, die Hand an das Geländer gekrampft, geht sie nach oben. Ängstlich öffnet sie die Tür zum Schlafzimmer und bleibt stehen, fast schon mehr schicksalsergeben als erschrocken. Ein durchdringender Geruch von schalem Bier und Schnaps schlägt ihr entgegen. Da auch hier die Jalousien geschlossen sind, schaltet sie das Licht an. Die Türen des Kleiderschrankes stehen weit offen, die Kleiderstangen sind leer. Kleidung, Schuhe und Wäsche sind im Zimmer verteilt. Alles, auch das Bett, ist mit Bier, Schnaps und Wein übergossen. Überall liegen leere Flaschen.

Die Witwe wankt ins Bad und übergibt sich in die Toilette.

Danach geht sie in die Küche, setzt sich auf einen Stuhl und starrt die Wand an. Nach einer gefühlten Ewigkeit beschließt sie, etwas zu essen und Kaffee zu trinken, um die Halluzinationen verschwinden zu lassen. Sie widersteht der Versuchung, noch einmal ins Wohnzimmer zu gehen und schließt die Küchentür. Der Spuk muss die Chance haben, zu verschwinden.

Umständlich kocht sie Kaffee, schmiert Brote und isst. Ihr wird wieder übel, aber sie zwingt sich zum Essen und trinkt zwei Tassen Kaffee. Dann räumt sie alles weg und wäscht das Geschirr ab. Während der ganzen Zeit hat sie Angst. Ihr Herz klopft bis zum Hals und ihre Hände zittern so, dass sie kaum die Tasse zum Mund bekommt. Am liebsten würde sie schreien, aber das darf sie nicht. Nur nicht durchdrehen, nicht die Kontrolle verlieren.

Als sie mit allem fertig ist, setzt sie sich wieder auf den Küchenstuhl und blickt auf die Tür. Sie möchte den kleinen Funken Hoffnung bewahren und weiß doch schon: Das Inferno ist kein Albtraum, sondern Realität.

Einer plötzlichen Eingebung folgend springt sie auf und läuft zur Haustür. Sie drückt auf die Klinke: die Tür ist abgeschlossen. Sie blickt über die Trümmer im Wohnzimmer und sieht, dass die Terrassentür verriegelt ist. Schnell überprüft sie alle Fenster und Türen im Erdgeschoss und im Keller. Es ist alles verschlossen. Also, keine Polizei, beschließt sie. Was würden die denken? Irgendjemand ist ins Haus eingedrungen, während sie schlief, hat alles verwüstet, ohne, dass sie dabei wach wurde, und hat dann die Tür wieder hinter sich abgeschlossen? Das klingt, nein, es ist verrückt.

Bestenfalls würden die Polizisten sie bedauern, weil sie den Tod ihres Mannes noch nicht verarbeitet hat und ihr dringend anraten, weniger zu trinken. Schlimmstenfalls würde sie in eine Klinik eingewiesen werden. Das wäre sogar wahrscheinlicher.

Die schlanke Frau setzt sich hin und überlegt. Ist sie tatsächlich wahnsinnig? Hat sie hier alles selbst zerstört? Ist es so, wenn man den Verstand verliert, dass man sich dessen nicht bewusst ist? Dass man zeitweise ganz klar ist und dann wieder völlig austickt? Seit Manfreds Tod gibt es immer wieder Zeiträume, an die sie sich überhaupt nicht erinnert.

Nur so kann es sein. Der »große Unbekannte«, der Tag und Nacht in ihrem Haus herumspukt, ist eine Wahnvorstellung. Manfred hat schon immer gesagt, sie würde eines Tages ihren Verstand versaufen. Nun ist es also geschehen.

Christine Jahn sieht sich um. Sie ist jetzt sogar etwas ruhiger. Es war kein Fremder im Haus!

Aber was kann sie tun? Als Erstes muss sie mit dem Trinken aufhören. Rigoros. Sofort. Dann aufräumen. Es soll niemand sehen, was hier geschehen ist, auch Berta nicht. Nein, selbst mit ihr will sie nicht darüber reden. Sie wird aufräumen, sauber machen, waschen, den ganzen Schaden beseitigen und dann vergessen. Wenn sie nicht mehr daran denkt und mit niemandem darüber spricht, ist es, als wäre nichts geschehen.

Schnell steht sie auf. Was, wenn Berta jetzt kommt? Sie wird nicht öffnen. Immerhin könnte sie ja außer Haus sein, einen

Spaziergang machen. Nicht so laut. Erst das Wohnzimmer. Nein, erst mal nach oben. Christine geht in ihr Schlafzimmer, öffnet das Fenster weit und sucht einige Kleidungsstücke heraus, die sie mit nach unten nimmt und in die Waschmaschine steckt. Dann holt sie Müllbeutel und füllt sie mit Scherben, Blättern und Blumenerde. Jedes Buch nimmt sie einzeln in die Hand, die meisten wirft sie in einen Karton, den sie aus dem Keller geholt hat. Den wird sie später zur Papiertonne bringen. Das Gemälde bringt sie erst einmal in den Keller, irgendwann wird sie es auch entsorgen müssen. Nach kurzer Überlegung, ob der Rotweinfleck wohl auszuwaschen geht, rollt sie den Teppich einfach zusammen und schafft ihn ebenfalls hinunter in den Keller. Inzwischen ist es draußen dunkel. Christine tritt auf die Terrasse hinaus und atmet tief durch. Schemenhaft sieht sie die kahlen Büsche und Bäume, es ist kalt, aber es hat noch immer nicht geschneit. Sie versucht sich vorzustellen, es wäre Sommer. Die Blumen blühen, am Baum hängen unreife Äpfel, es riecht nach Jasmin und dem Grillrauch ihrer Nachbarn und sie sitzt in ihrer Hollywoodschaukel, schlägt nach den Mücken und trinkt ein kühles Bier. Nein, kein Bier mehr. Sie geht wieder ins Haus, holt einen Eimer Wasser und wischt den Boden auf. An der Tür bleibt sie stehen. Das Zimmer sieht fremd und kahl aus.

In der Waschmaschine dreht sich inzwischen die Bettwäsche. Christine Jahn holt die Kleidungsstücke aus dem Trockner und geht damit nach oben. Dort öffnet sie ihre Schlafzimmertür, überlegt kurz und bringt die Sachen in das Arbeitszimmer ihres Mannes. Dann nimmt sie einen weiteren Arm voll Wäsche mit nach unten. Die Bettwäsche ist noch nicht fertig und sie beschließt, in der Zwischenzeit etwas zu essen.

Den ganzen Nachmittag, während sie aufgeräumt und geputzt hat, ist es ihr gelungen, nicht über das Geschehen nachzudenken. Sie hat nur an das gedacht, was sie gerade tat. Jetzt kriecht die Angst wieder in ihr hoch. Und wenn sie es doch nicht selbst war? Sie springt auf und schließt die Haustür ab. Dann schließt sie auch die Terrassentür, die sie einen Spalt breit geöffnet hatte, weil es noch immer nach Bier riecht.

Mit einem Glas Tee und einem Käsebrot geht sie ins Wohnzimmer, setzt sich auf die Couch und schaltet das Fernsehgerät ein. Sie will sich ablenken und sich nicht so allein fühlen. Angestrengt versucht sie, der Handlung eines Filmes zu folgen, aber es gelingt ihr nicht. Ungeduldig schaltet sie weiter, doch sie kann sich auf nichts konzentrieren. Christine Jahn trinkt einen Schluck von ihrem Tee, der inzwischen erkaltet ist, und schüttelt sich angewidert.

›So ein Unsinn‹, denkt sie, während sie auf den Bildschirm blickt, ohne zu wissen, was sie dort sieht, ›man kann doch in so einer Stresssituation nicht aufhören zu trinken. Das kann ja gar nicht funktionieren. Das wird mir jeder Psychologe bestätigen. Ich muss erst mal wieder runterkommen, alles verarbeiten und ruhig werden. Und dann kann ich auch ohne Alkohol auskommen. Notfalls hole ich mir eben doch Hilfe. Vielleicht gehe ich ja mal zu Doktor Moll, wenn der wieder da ist. Der hat bestimmt Verständnis für mich. Ja, das ist eine gute Idee. Wenn mir jemand helfen kann, dann er. Ich muss nur so lange durchhalten, bis er wieder in der Praxis ist. Inzwischen muss ich vorsichtig sein. Ich darf nur so viel trinken, dass ich ruhig werde, nicht zu viel. Heute habe ich noch gar nichts getrunken. Deshalb geht es mir so schlecht. Ich könnte jetzt auch gar nicht schlafen. Nein, das kann nicht gut sein, das macht mich noch völlig verrückt. Ich will auch keine Angst mehr haben, nicht mehr nachdenken.‹

Sie geht in die Küche und holt sich ein Bier. Es ist nur noch eine Flasche da, die zischt auch gar nicht, als sie sie öffnet. Ist das überhaupt noch gut? Ach, egal. Christine nimmt Weinbrand aus dem Küchenschrank, trinkt einen großen Schluck direkt aus der Flasche und schüttelt sich. Dann geht sie mit dem Bier und einem Glas ins Wohnzimmer und setzt sich wieder auf die Couch. Einen Moment lang glaubt sie, ein Gesicht am Fenster zu sehen. Sie trinkt einen Schluck von dem schalen Bier, dann geht sie wieder in die Küche, gießt sich ein Wasserglas halb voll Schnaps und nimmt es mit hinein. Eine halbe Stunde später ist sie auf der Couch eingeschlafen. Im Schlaf hört sie ein Flüstern: *Du hättest aufpassen müssen! Warum hast du nicht aufgepasst?*

Wieder erlebt sie diesen Sommertag vor fast zehn Jahren. Heute träumt sie noch intensiver als sonst. Sie sieht jetzt das Mädchen ganz deutlich vor sich, das auf das Kind aufpassen sollte. Inka Weber ist es, die sie rüttelt und schreit: »Wo ist der Junge?« Im Traum wird sie wach, sieht zu dem Sandauto, das der Junge offenbar nicht fertig gebaut hat, und schüttelt den Kopf. »Ist wohl weggelaufen«, murmelt sie benommen. Inka schreit: »Ich war doch nur eine halbe Stunde weg!« Das Mädchen ist völlig außer sich. Selbst der große Bruder des Kindes versucht, sie zu beruhigen. »Der ist bloß weggelaufen. Wir werden ihn schon finden.«

Vom Rettungsturm her ertönt eine Durchsage mit der Beschreibung des gesuchten Jungen. Seine Eltern sind eingetroffen und befragen hektisch die Menschen am Strand. Sie selbst kann dem verzweifelten Vater nur sagen, dass sie eingeschlafen war und nichts bemerkt hat, was dieser mit einem bitterbösen Blick beantwortet. Er hat wohl ihre Bierfahne gerochen. Nun zieht sie sich beleidigt an und geht nach Hause, in der Gewissheit, dass der Junge sicher bald gefunden sein wird.

Christine Jahn stöhnt im Schlaf, als ihr jemand ein Glas an den Mund setzt und Schnaps einflößt, in dem Schlaftabletten aufgelöst sind.

Freitag, 14. Dezember

Berta geht um das Haus herum, nachdem sie immer wieder geklingelt hat. Schon zum zweiten Mal ist die alte Frau hier. Es beunruhigt sie, dass Christine Jahn anscheinend immer noch nicht zu Hause ist. Die Witwe wirkt seltsam in letzter Zeit, anscheinend wird sie mit dem Tod ihres Mannes überhaupt nicht fertig. Außerdem trinkt sie zu viel.

Die vollschlanke Alte kommt gar nicht auf die Idee, dass sie sich ungebeten in fremde Angelegenheiten einmischt. Sie drückt ihr Gesicht dicht an das Fenster und späht hinein. Die Küche ist leer und sieht aufgeräumt aus. Die Gardine vor der Terrassentür ist nicht ganz zugezogen. Durch einen Spalt sieht sie in das Zimmer. Es wirkt irgendwie kahl. Hing da nicht ein Bild an der Wand? Dann entdeckt sie Christine auf der Couch. Sie klopft heftig und ruft. Drinnen bewegt sich nichts.

Berta gerät in Panik. Sie wühlt in ihrer Tasche, natürlich hat sie das Handy wieder zu Hause vergessen. Hastig läuft sie zum Nachbarhaus und klingelt Sturm.

»Schnell«, ruft sie, als geöffnet wird. »Rufen Sie die Polizei, die müssen die Tür aufbrechen. Und einen Krankenwagen!«

Die Frau im Eingang wirft nur einen kurzen Blick auf das Nachbarhaus und nickt eifrig. Ihr ist schon lange klar, dass da drüben etwas nicht stimmt.

Eine halbe Stunde später ist Christine Jahn auf dem Weg ins Krankenhaus. »Sie wird es schaffen, aber viel später hätten Sie nicht kommen dürfen«, hat der Notarzt zu Berta gesagt.

Für den Mediziner schien alles klar zu sein. Eine leere Packung Schlaftabletten lag noch auf dem Tisch, neben der Schnapsflasche und dem ebenfalls leeren Glas. Doch Berta steht nachdenklich in der Küche und sieht hinaus zur Straße. Sie wartet auf den Schlüsseldienst, der soll ein neues Schloss einbauen. Die Polizei hat die Tür aufgebrochen. Danach haben sie Spuren aufgenommen und die Nachbarn befragt. Der Kriminalhauptkommissar war heute nicht dabei, auch nicht Fred Müller. Schade, vielleicht hätten die etwas gründlicher gesucht. Allmählich müssten doch auch sie so etwas wie eine Serie erkennen.

Langsam geht Berta ins Wohnzimmer und sieht sich um. Sie bemerkt die Lücken im Bücherregal und in der Glasvitrine, den fehlenden Teppich. Die Pflanzen könnten vertrocknet sein, vielleicht hat Christine Jahn sie einfach vergessen in ihrem Kummer. Aber wo ist das Bild? Berta erinnert sich wieder an das Gemälde, das über der Couch hing. Weder auf den Möbeln noch auf dem Boden liegt Staub, alles scheint frisch geputzt zu sein.

Sie überlegt einen Moment, dann geht sie hinaus und sieht in die Mülltonne. Die ist fast randvoll, obenauf liegen Scherben von feinem, dünnem Porzellan und Kristallgläsern und

Blätter von Zimmerpflanzen. Nicht vertrocknet, sondern gewaltsam zerstört.

›Was mag in der Frau vorgegangen sein?‹, überlegt Berta. War sie wirklich so verzweifelt, dass sie ihre eigene Wohnung verwüstet hat? Aber sie wirkte doch ganz ruhig, als sie sich das letzte Mal getroffen haben. Es ist schwer, sich in eine Frau hineinzuversetzen, die gerade ihren Mann verloren hat. Aber irgendwie passt das alles nicht zu ihrem Eindruck von Christine, weder die Zerstörungen noch der Selbstmordversuch. Es sei denn – Berta erwägt die Möglichkeit, dass Christine Jahn selbst ihren Mann von der Steilküste hinabgestoßen hat und nun mit ihren Gewissensbissen nicht fertig wird. Vielleicht sind es ja doch alles Zufälle und lediglich Manfred Jahn ist von seiner Frau ermordet worden. Die Ehe war sicher nicht die beste, wer kann schon sagen, was da alles unter der Oberfläche brodelte.

Auch über Töpfer weiß man wenig, schon gar nicht, was er mit seinem Auto auf den Bahngleisen verloren hatte. Vielleicht war es ein Selbstmord, vielleicht ein Unfall. Sören Mager ist durch einen Unfall mit Fahrerflucht ums Leben gekommen, so hat es die Polizei festgestellt. Ein Alkoholiker wie Doktor Moll kann immer mal rückfällig werden, das ist nichts Ungewöhnliches. Und die Sabotageakte bei Sophie hat zweifelsfrei Jenny Sonnenberg verübt. Bei Brinkmann auch? Warum hätte sie das tun sollen?

Berta ist wieder ins Haus gegangen und sieht auf den Wohnzimmertisch. Die Polizisten haben Fingerabdrücke genommen und das Glas mit den angetrockneten Resten eingepackt. Die leere Tablettenpackung liegt noch da. Plötzlich stutzt sie. Es sind gewöhnliche Schlaftabletten, wie sie jeder in der Apotheke kaufen kann. Berta kann sich genau erinnern: Erst vor wenigen Tagen, als sie hier war, hat Christine ihr erzählt, sie hätte die starken Schlaftabletten genommen, die der Arzt ihr nach Manfreds Tod verschrieben hat, und endlich einmal wieder richtig geschlafen. Warum hat sie nicht diese Tabletten für ihren Selbstmordversuch benutzt, sondern viel schwächere?

Berta durchsucht die Küchenschränke und Schubladen, dann geht sie nach oben. Auch im Bad findet sie keine Medikamente. Als sie die Schlafzimmertür öffnet, erschrickt sie. Es ist eiskalt, trotzdem stinkt es noch immer nach Alkohol. Fassungslos betrachtet sie die verschmutzte Kleidung auf dem Fußboden. Dann schließt sie das Fenster. In der Nachttischschublade findet sie die gesuchten Tabletten. Es fehlen nur zwei Stück. Als sie Rufe hört, legt sie die angebrochene Packung zurück und geht nach unten.

Am Nachmittag herrscht im *Kehr wieder* bedrücktes Schweigen. Christine Jahn ist kein Mensch, den man schnell ins Herz schließt oder dessen Gesellschaft man genießt. Sie ist eher schweigsam, fast schon unfreundlich, und wenn sie angetrunken ist, was ja gewissermaßen seit Jahren ihren Normalzustand darstellt, wird sie auch schnell aggressiv. Schon vor dem Tod ihres Mannes hat sie selten gelacht.

›Eigentlich war sie in der letzten Zeit friedlicher und angenehmer als sonst‹, denkt Sophie mit einem Anflug von schlechtem Gewissen. Vielleicht hätte sie doch mal am Stammtisch sitzen bleiben und sich mit der Frau unterhalten sollen. Aber die machte durchaus nicht den Eindruck, als wolle sie ihr Herz ausschütten.

Berta sitzt da wie ein Häufchen Elend und schnieft in ihr Taschentuch. ›Die hat doch tatsächlich immer noch Stofftaschentücher und wie schön gebügelt‹, denkt Anne und stellt entsetzt fest, das dies jetzt wohl völlig unangebracht ist. Auch sie kann nicht wirklich Mitleid mit Christine Jahn empfinden. »Sie lebt ja und wird es schon schaffen«, tröstet sie die alte Frau halbherzig. »Und jetzt kümmert sich bestimmt ein Psychiater um sie.«

»Das konnte doch keiner ahnen, dass sie Manfreds Tod so mitnimmt«, versucht Sophie eine Rechtfertigung, »als er noch lebte, haben die sich nur angegiftet.«

»Ich hatte schon die ganze Zeit so ein komisches Gefühl bei ihr«, mischt sich Steffi ein. »Ich kenne sie ja nicht so lange, aber sie wirkte manchmal total abwesend, auch wenn sie noch nichts getrunken hat. Hat sie vielleicht gekifft oder irgendetwas anderes genommen?«

Berta schüttelt abweisend den Kopf. »Wie sollte sie dazu kommen? Sie trinkt, das ist wohl wahr. Und nicht nur hier, sondern auch zu Hause. Aber dass sie sich umbringen wollte, kann ich einfach nicht glauben.«

»Und wenn es ein Versehen war?«, gibt Sophie zu bedenken. »Vielleicht wollte sie einfach nur schlafen.«

»Und macht deswegen Tabula rasa in ihrem Haus? Und räumt danach wieder auf? Allein davon müsste sie schon todmüde gewesen sein.«

»Na eben – todmüde«, bemerkt Sophie leise.

Berta seufzt. »Ich weiß auch nicht, was ich denken soll. Aber ihr habt Recht, ein Psychiater wird schon herausfinden, was in ihrem Kopf vorgegangen ist. Und ob sie das überhaupt selbst gemacht hat. Die Wohnung verwüsten und die Schlaftabletten nehmen«, fügt sie hinzu, als die anderen Frauen sie verständnislos ansehen.

»Nicht schon wieder«, stöhnt Sophie.

Aber Anne nickt nachdenklich. »Wenn es einen Grund gab, Manfred Jahn zu ermorden, dann hängt seine Frau da doch garantiert mit drin. Und die Idee, Schlaftabletten in ihrem Bier oder Schnaps aufzulösen, ist naheliegend. Das wäre mir auch als Erstes eingefallen, wenn ich sie hätte umbringen wollen.«

»Aber dazu hättest du in ihr Haus eindringen müssen und wie hättest du das gemacht?« Sophie ist skeptisch.

»Ja«, stimmt Berta zu, »die Türen waren alle verschlossen, die Polizei musste sie aufbrechen. Deswegen haben die ja auch gar nicht daran gezweifelt, dass es ein Selbstmordversuch war. Aber ich glaube es trotzdem nicht so richtig. Warum hat sie denn nicht die starken Tabletten genommen, die sie im Nachttisch hatte? Ich werde sie so bald wie möglich im Krankenhaus besuchen. Hoffentlich kann sie sich erinnern, was passiert ist.«

»Na, jedenfalls ist sie nun als Verdächtige erst mal außen vor«, stellt Anne pragmatisch fest. »Allmählich gehen uns die Leute aus, wenn es jemand sein soll, den wir kennen.«

Steffi räuspert sich und blickt Berta von der Seite an. Zögernd sagt sie: »Habt ihr eigentlich schon einmal über Plötz nachgedacht? Ein Motiv fällt mir zwar auch nicht ein, aber er hatte alle Möglichkeiten.«

Bevor Berta etwas sagen kann, fasst ihre Nichte sie beschwichtigend am Arm. »Lass es uns doch einfach mal erwägen. Rein theoretisch«, fügt sie schnell hinzu. »Angenommen, Plötz hätte Sören überfahren. Der Unfall passierte auf der

Straße, die er immer fährt, oft genug angetrunken, sei ehrlich. Es war dunkel, es hat geregnet – ein Unfall. Das passiert. Zugeben kann er es nicht, schon wegen Arno, der würde doch nie wieder ein Wort mit ihm reden. Weiterhin angenommen, Manfred Jahn hätte ihn gesehen. Zufällig, er kann mit dem Hund unterwegs gewesen sein oder was weiß ich. Also bringt er ihn zum Schweigen. Er weiß genau, wann und wo der mit Bobby unterwegs ist. Christine Jahn könnte etwas von ihrem Mann vor dessen Tod erfahren haben. Plötz versucht sie in den Wahnsinn zu treiben, damit ihr niemand glaubt, und als das nicht klappt ...«

»Aber er würde Arno doch nichts tun«, wendet Anne ein.

»Vielleicht war das Wasser gar nicht für Arno bestimmt. Es könnte auch ein Ablenkungsmanöver gewesen sein.« Sophie spricht immer schneller, um ihre Tante nicht zu Wort kommen zu lassen. »Und Brinkmann – wenn der pleite ist, kann er den Kiosk selbst übernehmen, das will er doch schon lange.«

»Und was, glaubst du, hat ihm der Doktor getan?«, fährt Berta nun doch dazwischen. »Nein, wirklich, ich kenne Paul Plötz schon solange, wie er lebt. Er ist bestimmt kein Heiliger, aber ein Mörder auf keinen Fall. Dafür lege ich meine Hand ins Feuer.« Sie steht auf und der Hund kommt schwanzwedelnd unter dem Tisch hervor, hebt erwartungsvoll den Kopf. »Ja, komm, mein Kleiner, wir gehen noch eine Runde, bevor es ganz dunkel wird.« Sie bückt sich langsam und legt dem Tier die Leine an.

Sophie sieht nachdenklich zu. »Wie heißt der eigentlich?«

Berta zuckt mit den Schultern. »Bobby. Aber das ist mir zu albern. Ich sage ›Hund‹ zu ihm, da hört er drauf. Manchmal«, schränkt sie ein.

»Warum nicht? Du sagst zu deinem Charlie ja auch einfach *Kater*.«

»Ja. Und der weiß, wer gemeint ist. Hören tut er sowieso nicht. Da könnte ich ihn auch mit ›Sie‹ anreden, der macht nur, was er will.«

»Da kann ich ja froh sein, dass du mich nicht mit ›Nichte‹ ansprichst.«

Berta grinst. »Ich denk mal drüber nach. Aber ›Sophie‹ gefällt mir eigentlich ganz gut, war ja auch meine Idee.«

Gemeinsam mit Steffi verlässt sie die Gaststätte.

Anne erhebt sich ebenfalls. »Ich muss auch los, ich will noch einkaufen. – Soll ich dir hier noch helfen?«

Sophie winkt ab. »Geh bloß, ich hab sowieso nichts zu tun.«

›Na, Arno wird schon bald auftauchen‹, denkt Anne, während sie sich anzieht und hinausgeht. Sie überlegt, ob sie am Abend zu Hause bleibt, um das Paar alleinzulassen, entscheidet sich dann aber dagegen. ›Die beiden haben ja noch die ganze Nacht für sich‹, denkt sie mit einem leichten Anflug von Neid.

Berta hat sich bereits nach wenigen Schritten von Steffi verabschiedet. Ihr Vorhaben kann sie besser allein durchführen. Gemächlichen Schrittes nähert sie sich dem Ortsrand. Schon vor 1990 standen hier Plattenbauten, damals begehrte »Neubauwohnungen«. In Bansins Villen war jahrzehntelang nicht viel verändert worden, die meisten alten Wohnungen hatten kein Bad, sondern nur ein Waschbecken in der Küche und die Toilette auf dem Flur, eine halbe Treppe höher oder tiefer als die Wohnung. Die Räume waren groß und hoch und schwer zu beheizen. Dagegen waren die modernen Wohnungen mit Bad und Fernheizung direkt luxuriös.

Mitte der Neunzigerjahre wurden noch einige Wohnblöcke errichtet. Jetzt wohnte man hier nicht mehr so gern, aber vielen blieb gar nichts anderes übrig. Sie hatten an der Strandpromenade gewohnt, in einem Haus, das jetzt ein Hotel war, oder eine Ferienwohnanlage. In diesen Häusern in der ersten Reihe, mit Blick auf die Ostsee, wohnen, soweit Berta weiß, überhaupt keine Einheimischen mehr. Allerdings findet sie das nicht schlimm.

»Es ist ja nun mal so«, hat sie Sophie einmal erklärt, »wir leben alle vom Tourismus. Und wenn ich eine Gaststätte habe, kann ich auch nicht sagen, ich möchte Gäste haben, aber der Fenstertisch mit der schönsten Aussicht ist für meine Familie reserviert. Wer das eine will, muss das andere mögen. Und außerdem wohnen die da doch gut. Das sind schöne moderne Wohnungen, nicht so teuer, und am Strand bist du in zehn Minuten. Also, was wollen die mehr.«

Langsam geht Berta mit dem Hund an der Leine zwischen den Häusern entlang und es dauert auch keine halbe Stunde, da ist sie schon in ein Gespräch mit einer Bekannten vertieft. Sie hat Glück, die Frau kennt Karin Töpfer, wohnt sogar im gleichen Block. Bereits nach wenigen Worten verfestigt sich der Eindruck, den Berta schon nach dem Gespräch mit der Köchin gewonnen hat.

»Das ist vielleicht eine blöde Kuh. Denkst du, die hat schon einmal die Treppe gewischt? Hält sich für was Besseres. Man soll ja über Tote nichts Schlechtes sagen, aber er war genauso. Hat kaum gegrüßt, immer die Nase hoch. Na ja, Hochmut kommt eben vor dem Fall.«

»Ich frag mich bloß«, sinniert Berta, »was der auf dem Bahnübergang gemacht hat. Meinst du, das war Selbstmord?«

Ihre Gesprächspartnerin zuckt gleichmütig die Schultern. »Keine Ahnung. Aber möglich ist es schon. Ich meine, so blöd kann ja keiner sein. Vielleicht war er auch besoffen oder was weiß ich, was der so genommen hat.«

Berta wird hellhörig. »Was meinst du denn damit?«

»Na, erzählt wurde so allerhand. Er war ja auch mal eine Zeitlang im Westen, da hat er wohl schlechte Gewohnheiten mitgebracht. Bei uns gibt es doch so was gar nicht.« Die Frau denkt einen Moment nach, bevor sie weiter spricht. »Aber Selbstmord würde ich dem auch zutrauen, jetzt, wo du es sagst. Glücklich waren die beiden jedenfalls nicht. Die haben sich manchmal schön gezofft, das hat man durch das ganze Haus gehört. Na, jetzt wird es ihr bestimmt leidtun, dass sie ihn immer so angegangen ist. Nun ist sie ja ganz alleine.«

»Ja, Kinder hatten sie ja nicht.«

»Nee, obwohl sie eines geplant hatten. Deshalb wollten sie ja unbedingt die Dreizimmerwohnung. Ich glaube, sie war sogar schwanger, als sie da eingezogen sind. Hat wohl das Kind verloren. Na, die Jüngste war sie da ja nicht mehr, da ist das eben ein Risiko ...«

Sie verliert sich in Spekulationen und Berta verabschiedet sich. Als sie langsam zum *Kehr wieder* zurückgeht, wird es schon dunkel. Trotzdem macht sie noch einen Umweg, um noch einmal in Ruhe nachzudenken. Karin Töpfer scheint eine ziemlich unangenehme Person zu sein. Aber warum sollte sie andere Menschen töten? Weil eine Geschäftsidee geplatzt ist? Und was haben Sören und Arno damit zu tun? Ganz in Gedanken schüttelt Berta den Kopf, bemerkt nicht mal, dass entgegenkommende Spaziergänger sie erstaunt ansehen. Nein, das ist alles zu weit hergeholt.

»Komm, Hund, wir kucken mal nach, was Plötz da in seiner Bude treibt.« Sie hat gesehen, dass Rauch aus dem kleinen Schornstein der Fischerhütte steigt, und ihr fällt ein, dass sie dem Fischer schon seit Tagen nicht mehr begegnet ist. Bei der ganzen Aufregung in letzter Zeit ist ihr das gar nicht aufgefallen, aber jetzt macht sie sich Sorgen. Er wird doch nicht krank sein? Na, jedenfalls scheint er sich am Strand aufzuhalten.

Plötz macht einen gesunden, aber ziemlich schuldbewussten Eindruck, als Berta mit Bobby ohne anzuklopfen die Hütte betritt. Er räumt zwischen seinen Netzen umher und blickt sie etwas verlegen von der Seite an.

Berta kneift misstrauisch die Augen zusammen. »Was ist los?«

Nach dem zweiten Glas Grog hat sie ihrem alten Freund die Fahrerflucht und vor allem das jahrelange Schweigen fast verziehen. Maritas Verdacht, dass es einen Bezug zu den aktuellen Vorfällen geben könnte, erscheint logisch. Aber was könnte Töpfer damit zu tun haben? Und Brinkmann passt überhaupt nicht in diese Geschichte. »Vielleicht muss man das trennen, die Anschläge in den Hotels und das andere«, murmelt Berta nachdenklich. Der Fischer zuckt ratlos mit den Schultern.

»Na jedenfalls«, stellt Berta entschlossen fest, als sie das leere Glas abstellt und sich vom Küchenstuhl erhebt, »haben wir eine neue Spur. Wir werden erst mal herausfinden, wer das war, der da an dem Herzinfarkt gestorben ist. Und dann sehen wir weiter. Kommst du mit ins *Kehr wieder*?«

»Heute nicht, ich muss nach Hause. Meine Tochter kommt zu Besuch, da muss ich mich ein bisschen mit den Enkeln beschäftigen.« Plötz wirkt jetzt merklich erleichtert.

»Na denn, schönen Gruß. Komm, Hund!«

Arno und Sophie sehen wie ertappt zur Tür, als Berta hereinkommt. Sie schüttelt sich, genau wie ihr kleiner Begleiter.
»Was für ein Mistwetter! Es fängt schon wieder an zu regnen. Wird wohl doch nichts mit ›weiße Weihnacht‹.«

Sie geht an die Bar, auf der das Adventsgesteck steht. Zwei Kerzen brennen, die Flamme der kürzeren ist gefährlich nahe an den Tannenzweigen. Berta schüttelt den Kopf und bläst sie aus.

»Sophie du musst besser aufpassen, auch wenn du hier allein mit deinem Liebsten bist! Du fackelst noch mal die Hütte ab mit deinen Kerzen.« Sie tritt an den Tisch und löst die Hundeleine, das Tier macht es sich unter dem Tisch bequem.

Da stürmt Anne in das Lokal, zieht hastig ihre Jacke aus und setzt sich dazu.

»Mir ist etwas eingefallen, Tante Berta hat Recht«, sprudelt sie hervor, ohne sich lange mit einer Begrüßung aufzuhalten.

Die anderen sehen sie verständnislos an.

»Also«, Anne zwingt sich, ruhig und der Reihe nach zu berichten. »Ich war eben einkaufen. Und da habe ich einen ehemaligen Busfahrer getroffen. Der ist jetzt Rentner. Er ist bei *Ostseebus* gefahren, Sophie, ich glaube, du kennst den auch. So ein kräftiger, mit krausen grauen Haaren, Klaus heißt der.«

Sophie nickt und Anne fährt auch schon fort. »Als ich mit ihm geredet habe, ist es mir wieder eingefallen. An dem Tag damals, als dieser Junge ertrunken ist, habe ich mit Klaus eine Inselrundfahrt gemacht. Und zwar für die *Seeresidenz*. Ich weiß nicht mehr, ob das schon über Jenny lief, oder ob ich den Auftrag direkt hatte. Das war kurz, nachdem Brinkmann sein

Hotel neu eröffnet hat. Und – nun haltet euch fest – die Eltern von dem ertrunkenen Jungen waren als Gäste der *Seeresidenz* mit dabei. Ich muss das komplett verdrängt haben. Stellt euch mal vor, die Leute sitzen bei mir im Bus und amüsieren sich und inzwischen ertrinkt ihr Kind. Ist das nicht furchtbar?«

Sophie nickt erschüttert. »Das ist es, wirklich. Aber warum haben sie den Kleinen denn nicht mitgenommen? War der allein am Strand?«

»Nein, ich glaube nicht.« Anne überlegt. »Ich weiß das nicht mehr so genau, es ist ja auch schon eine Weile her. Aber wir nehmen eigentlich selten Kinder mit, für die ist das langweilig. Wir sitzen ja meist im Bus oder gehen in Kirchen oder Museen, das interessiert doch die Kinder nicht. Klaus sagt, der Junge war noch ziemlich klein, ging wohl noch gar nicht zur Schule. Aber da war wohl noch ein älteres Kind, das sollte bestimmt aufpassen.«

»Und wie kommst du darauf, dass das jetzt mit den ganzen Unfällen zu tat?«, fragt Berta, ohne einen leichten Triumph in der Stimme so ganz unterdrücken zu können.

»Ja, es ist tatsächlich so, wie du gesagt hast: Sören war an diesem Tag der verantwortliche Rettungsschwimmer, Doktor Moll hat den Jungen behandelt, ob er dabei etwas falsch gemacht hat, weiß ich nicht. Aber der Rettungswagen kam zu spät, und das lag daran, dass der Mercedes von Töpfer die Zufahrt versperrt hat. Und nun kommt es: Christine Jahn war an diesem Tag ebenfalls am Strand. Die Jahns haben genau dort gesessen, wo der Junge zuletzt gespielt hat. Du weißt doch, Arno, am Fischerstrand, wo sie immer sitzen ... gesessen haben.«

»Vielleicht warst du dann ja auch in der Nähe, am Boot oder so?« Sophie sieht Arno besorgt an, aber der schüttelt den

Kopf. »Nein, wir waren draußen, ich hab erst am nächsten Tag davon gehört. Ich hab das alles auch nur noch so ganz dunkel in Erinnerung. Aber es stimmt, es war ein Urlauberkind, das ertrunken ist. Und Sören hat sich sehr viele Vorwürfe gemacht. Ich hab noch versucht, ihn zu trösten, aber er war ganz verzweifelt. Bitte seid mir nicht böse, dass ich euch das verschwiegen habe. Ich dachte, das wäre ich Sörens Andenken schuldig.«

»Dann hätten wir jetzt auch den Zusammenhang mit Brinkmann«, stellt Sophie fest. »Ich glaube nämlich nicht, dass Jenny für die Vorfälle bei ihm verantwortlich ist.«

Anne nickt. »Das glaube ich auch nicht. Sie ist übrigens weg, nach München, zu ihrer Freundin. Wisst ihr das schon?«

»Ja, Frank hat angerufen. Hoffentlich bleibt sie da, ich will sie hier wirklich nicht wieder sehen. Aber was machen wir denn jetzt?« Sophie stützt ratlos den Kopf in die Hände.

Berta dagegen ist ganz aufgekratzt. »Es stimmt also doch. Ich habe immer mal wieder gedacht, ich fange auf meine alten Tage noch an zu spinnen. Aber jetzt fügt sich das Bild zusammen. Ja«, nimmt sie den Faden wieder auf, »was machen wir jetzt?«

»Zur Polizei gehen«, empfiehlt Arno.

Die drei Frauen sehen sich an, Sophie nickt zögernd. »Das sollten wir wohl, bevor noch mehr passiert.«

»Aber was können die tun, was wir nicht können?« Anne ist viel zu neugierig und zu ungeduldig, um dem Vorschlag zuzustimmen. »Die sagen dann bestimmt, wir sollen uns da raushalten, dann können wir nichts mehr unternehmen.«

»Wenn sie uns überhaupt glauben«, meldet auch Berta Bedenken an.

»Wisst ihr was?«, beschließt Anne energisch, »ich gehe jetzt erst mal zu Brinkmann. Der soll die Adresse von den Eltern des Jungen raussuchen, die muss er doch noch haben. Und bestimmt erinnert er sich an den Unfall. Es ist ja auch in seinem Interesse, dass wir herausfinden, wer dahintersteckt, oder?«

Berta ist da nicht so sicher. So, wie sie ihren Nachbarn kennt, ruft der sofort die Polizei und überlässt denen die Arbeit. Auf ein Detektivspiel lässt der sich bestimmt nicht ein. »Du kannst es ja versuchen, vielleicht kann der uns wirklich helfen«, sagt sie, wenig überzeugt.

Anne macht sich umgehend auf den Weg, kommt aber schon nach fünf Minuten zurück. »Der ist heute nicht mehr da«, berichtet sie. »Da sitzt nur eine einsame Rezeptionistin und langweilt sich. Aber die kann mir natürlich nicht helfen. Brinkmann anzurufen bringt bestimmt nichts, der hat seine Unterlagen ja wohl im Hotel. Aber ich gehe gleich morgen Vormittag hin.«

»Na gut«, meint Berta, »auf eine Nacht wird es nun wohl auch nicht mehr ankommen.«

Am nächsten Vormittag spricht Anne mit dem Hotelier. Wie erwartet, ist er skeptisch, was ihren Verdacht betrifft, aber er hört sich zumindest alles geduldig an. Es wäre jedenfalls eine Möglichkeit und er ist inzwischen bereit, nach jedem Strohhalm zu greifen, um die Vorfälle aufzuklären und vor allem zu beenden. Die Polizei hat zwar jede Menge Spuren gefunden, aber das ist in einem Hotel nichts Ungewöhnliches und hat zu keiner Lösung geführt.

Er erinnert sich auch tatsächlich noch an den Unfall. Vor allem wohl deshalb, weil der Vater des ertrunkenen Kindes einige Jahre später noch einmal in Bansin war. Der Mann hatte damals in einem anderen Haus gewohnt, tauchte aber während seines Aufenthalts noch einmal in der *Seeresidenz* auf und machte dem Hotelier bittere Vorwürfe. Und nicht nur ihm, sondern auch dem Rettungsschwimmer, dem Arzt und noch einigen anderen, an die sich Brinkmann nicht mehr erinnert. Der Vater wollte alle verklagen, aber es ist offenbar nicht dazu gekommen.

»Ich war ziemlich erschüttert«, gibt Brinkmann zu. »Es war wirklich dramatisch. Ich hatte die Eltern überredet, an dem Ausflug teilzunehmen. Ich hatte ihnen auch jemanden besorgt, der auf die Kinder aufpassen sollte. Ich weiß aber nicht mehr, wer das war. Ein junges Mädchen, glaube ich, ja richtig, es war die Tochter einer Angestellten.«

Anne wird hellhörig. »Das könnte wichtig sein. Können Sie sich nicht erinnern, wer das war?«

Brinkmann überlegt. »Nein, im Moment wirklich nicht. Aber vielleicht fällt es mir wieder ein. Ich müsste mal nachsehen, wer in jenem Jahr bei mir gearbeitet hat.«

Während des Gesprächs hat er in seinem Computer nach der Adresse der betreffenden Gäste gesucht.

»Ja, das müssen sie sein. Familie Karstens, zwei Söhne, fünf und zwölf Jahre alt. Sie sind am Tag nach dem Unfall abgereist. Ich habe ihnen keine Rechnung geschrieben«, stellt er selbstzufrieden fest und streicht sich über seine sorgfältig frisierten grauen Haare.

Anne muss sich zwingen, nicht mit dem Kopf zu schütteln. »Die Adresse«, erinnert sie ihn.

»Ja. Die Familie kam aus Bergisch-Gladbach. Ich schreibe es Ihnen auf.«

Er gibt ihr einen Zettel. »Informieren Sie mich, wenn Sie Genaueres wissen?«

»Natürlich«, nickt Anne, schon im Hinausgehen. Dann dreht sie sich noch einmal um. »Und versuchen Sie doch bitte herauszufinden, wer auf die Kinder aufpassen sollte. Das Mädchen oder die Frau könnte wirklich in Gefahr sein.«

Im *Kehr wieder* wird Anne schon ungeduldig erwartet. Arno steht in seiner Fischerkleidung bei Sophie an der Bar, er ist wohl direkt vom Strand hierhergekommen. Genau wie sein Kollege trägt auch er am Strand blaue Latzhosen und einen dicken blauen Pullover. Nur hat er statt des Flanellhemdes ein T-Shirt darunter. Die Stiefel hat er gegen Turnschuhe getauscht.

Als sie die Tür klappen hört, kommt Berta aus der Küche und wischt sich die Hände an der Schürze ab.

Sophie bringt vier Tassen zum Tisch, ihre Tante trägt die volle Kanne hinterher und gießt allen Kaffee ein. »Nun erzähl«, fordert sie auf.

Anne rührt umständlich Sahne in der Tasse um. »Er war erstaunlich nett«, sagt sie dann und berichtet, was sie erfahren hat.

»Bergisch-Gladbach«, überlegt Berta, »wo ist das überhaupt?«

»Im Ruhrgebiet«, weiß Sophie. »Aber was machen wir jetzt? Wenn das hier in der Nähe wäre, würde ich sagen, wir fahren hin und sehen, was aus der Familie geworden ist.«

»Ja«, nickt ihre Tante. »Das würde mich auch interessieren. Ob wirklich einer von ihnen oder alle drei zusammen den Tod des Kindes rächen wollen.«

»Alle drei zusammen glaube ich nicht, ich denke, es war der Vater«, vermutet Anne.

»Oder der andere Sohn. Der ist ja jetzt auch schon über zwanzig Jahre alt.«

»Ach, Mist!«, ärgert sich Sophie. »Wenn man die Familie kennen lernen würde, käme man bestimmt darauf. Und überhaupt«, fällt ihr plötzlich ein, »wahrscheinlich haben wir den Mörder schon getroffen. Oder glaubt ihr, hier kann sich jemand so gut verstecken, dass ihn niemand sieht?«

»Nicht außerhalb der Saison.« Auch Berta ist von dieser Erkenntnis überrascht. »Wahrscheinlich ist es tatsächlich jemand, den wir kennen. Vielleicht schon seit Jahren.«

»Was?« Die anderen sehen sie verständnislos an.

»Na ja, kann doch sein«, fährt sie fort. Die Eltern haben sich möglicherweise getrennt oder ein Elternteil ist gestorben. Dann ist der andere eben hierhergezogen, weil er oder sie sich hier dem verlorenen Kind näher fühlt oder um die Rache zu planen. Oder der Sohn ist hier, vielleicht arbeitet er in einem Hotel.«

»Du hast Recht. Man müsste zu ihrem Wohnort fahren und herausfinden, wo jeder ist und wie die jetzt aussehen. Aber Bergisch-Gladbach? Dann brauchen wir wohl doch die Polizei«, stellt Anne enttäuscht fest. »Und die unternehmen ja nie etwas.«

»Doch, doch«, besänftigt sie Berta. »Ich hab gerade im Krankenhaus angerufen, wegen Christine Jahn. Die haben gesagt, ich darf sie erst besuchen, wenn sie von der Polizei vernommen wurde. Noch ist sie nicht ansprechbar, aber da sitzt einer bei ihr vor der Tür und passt auf.«

»Also haben sie den Ernst der Lage endlich verstanden.« Sophie ist aufgeregt, ihr wird eigentlich erst jetzt klar, dass sie wirklich nach einem Mörder suchen, an den sie selber lange nicht geglaubt hat. »Ich glaube, wenn das alles Racheaktionen sind, dann steckt eine Frau dahinter.«

Anne ist erstaunt: »Wie kommst du darauf?«

Sophie zeigt auf die Tageszeitung, die noch auf dem Stammtisch liegt. »Ich habe heute gerade gelesen, da ist einer in einen Friseursalon gestürmt, hat seine Ex, mehrere Kunden und dann sich selbst erschossen, nur weil er einen Sorgerechtsstreit verloren hat. Das musst du dir mal überlegen. Ich kann mir nicht vorstellen, dass eine Frau so etwas macht.«

»Eben«, ereifert sich Berta, »eine Frau hätte sich viel subtiler gerächt. Und auch keine Unschuldigen da mit reingezogen. Die hätte sich erst mal einen Racheplan gemacht.«

»Das ist vielleicht richtig«, stimmt Anne zu. »Wenn ich daran denke, was ich für schöne Rachepläne geschmiedet habe, als ich herausgefunden habe, dass mein Ex fremdgeht.«

»Und?«, fragt Sophie, »hast du deine Rachepläne ausgeführt? Nein. Dazu bist du nicht hinterlistig und gemein genug. So wie ich dich kenne, hast du ihn direkt zur Rede gestellt.«

»Gestellt habe ich«, präzisiert ihre Freundin, »die Koffer vor die Tür.«

»Na also. Genau das passt auch zu dir. Und das lieben wir an dir. Stimmt's, Tante Berta?«

»Aber der ›Graf von Monte Christo‹ war ein Mann«, wendet Arno ein. »Der Verfasser, der sich seinen ganzen Rachefeldzug ausgedacht hat, ebenfalls. Und der war ja nun wirklich subtil.«

»Wahrscheinlich war Dumas im Herzen eine Frau«, vermutet Sophie, »oder im Kopf. Sonst wäre der Graf von Monte

Christo losgezogen und hätte alle seine Feinde einfach abgeknallt.«

Paul Plötz hat Zander gebracht und da sowohl Berta als auch Anne, Sophie und Arno viel zu aufgeregt sind, um nach Hause zu gehen, haben sie gemeinsam Mittag vorbereitet. Nun tauschen sie bei weiß gekochtem Fisch und Gurkensalat am Stammtisch ihre Vermutungen aus. Aber es fällt einfach niemandem etwas Neues ein. Sie sind an einem toten Punkt angekommen.

»Wir müssen warten, was die Polizei herausfindet«, stellt Berta schließlich fest. »Alleine kommen wir nicht weiter.«

Arno schüttelt den Kopf. »Wir können doch zumindest versuchen herauszufinden, ob ein junger Mann, Anfang zwanzig, mit dem Namen ›Karstens‹ im Ort ist. Es ist zwar nur eine kleine Chance, aber einen Versuch wert. So viel Fremde sind ja nicht da. Er könnte in einem Hotel arbeiten.«

»Und wenn er an der Rezeption einen anderen Namen angegeben hat?«

»Warum sollte er?«

»Da hast du auch Recht. Also, hören wir uns mal um. Vielleicht ist er sogar bei Brinkmann beschäftigt, das wäre doch naheliegend.«

Sophie steht auf und beginnt, den Tisch abzuräumen. Anne zieht sich ihre Jacke an. »Ich gehe erst mal nach Hause. Ich muss noch ein paar E-Mails beantworten, da sind schon einige Aufträge für Reiseleitungen. Ich komme nachher noch mal vorbei.«

Berta unterhält sich mit Arno. »Ziemlich leer, unser Stammtisch in letzter Zeit«, stellt sie fest. »Manfred Jahn ist tot, sie im

Krankenhaus, Jenny Sonnenberg ist weg und Frank kommt auch nicht mehr.« Sie wirft ihrem Gegenüber einen listigen Blick zu, aber der verzieht keine Miene.

»Plötz will nachher noch kommen und Steffi wohl auch«, vermutet er.

»Wann will die eigentlich fahren?«, fragt Sophie von der Theke her. »Wollte sie nicht Weihnachten zu Hause sein?«

»Ja, ich glaube, Ende nächster Woche fährt sie. Brauchst du die Ferienwohnung?«

»Nein, von mir aus kann sie noch bleiben bis zum Mai. Mich stört sie nicht.«

»Nee, nee, die hat Heimweh nach ihrer Familie. Ist auch ein bisschen komisch in letzter Zeit. Sie redet gar nicht mehr so viel.«

»Das macht der Umgang mit dir und Plötz«, stichelt Sophie. »Was soll sie euch denn dauernd erzählen?«

»Was macht Inka eigentlich? Die war auch schon lange nicht mehr hier.«

»Stimmt.« Sophie sieht ihre Tante nachdenklich an. »Ob sie krank ist? Ich habe sie die ganze vorige Woche nicht gesehen und in der letzten Zeit hat sie nicht viel gesagt, aber sie war noch zappliger und nervöser als sonst. Anne hat ja ihre Telefonnummer, ich werde ihr nachher sagen, sie soll sie mal anrufen.«

Aber als Anne am Abend wieder da ist, sprechen sie über das furchtbare Schicksal der Familie Karstens und niemand denkt an Inka.

Sonntag, 16. Dezember

Berta hat wieder schlecht geschlafen. Stundenlang hat sie in ihrem Gedächtnis gekramt, aber sie kann sich an den Tag, an dem das Kind ertrank, nicht erinnern. Damals hat sich im Ort und auch in ihrem eigenen Leben so viel verändert, dass sich ihr dieses Ereignis nicht eingeprägt hat. Und offenbar ging es vielen Bansinern ähnlich.

Am Morgen ist sie zu einem Entschluss gekommen. Sie sieht auf die Uhr, entscheidet, dass ein anständiger Mensch um acht Uhr ausgeschlafen haben muss, und ruft Fred Müller an. Gut, dass er ihr seine Privatnummer gegeben hat. Und hat er nicht auch gesagt, sie solle jederzeit anrufen, wenn ihr etwas einfällt? Dass seine Stimme ziemlich verschlafen klingt, ignoriert Berta. Ohne lange Vorrede teilt sie ihm ihre neuen Erkenntnisse mit und den Verdacht, dass ein Angehöriger des ertrunkenen Kindes dessen Tod rächt.

Der Polizist hört die Ausführungen geduldig an.

»Tante Berta, wir sind da bereits dran«, erklärt er dann. »Wir sind durch Töpfer darauf gekommen, es gab einen aufschlussreichen Aktenvermerk. Natürlich haben wir auch den Zusammenhang zu Sören Mager und Markus Moll hergestellt. Allerdings haben wir keine Verbindung zu Manfred oder Christine Jahn gefunden. Auf die Idee, dass die Vorfälle im Hotel *Seeresidenz* etwas mit den Toten zu tun haben könnten, sind wir noch nicht gekommen. Vielen Dank für den Hinweis! Und was ist das für eine Geschichte mit Arno Potenberg? Warum wissen wir nichts davon?«

Berta überhört den Vorwurf. Sie ist erleichtert. »Also meint ihr auch, es hat mit diesem Unglück zu tun. Dann braucht ihr doch nur herausfinden, wo sich die Familie aufhält. Vor allem der Vater, aber auch die Mutter und der ältere Bruder.«

»Ja, natürlich.« Fred Müller ist jetzt hellwach, doch seine Stimme klingt resigniert. »Wir haben das überprüft, aber das ist eine sehr traurige Geschichte. Die Mutter hat ein Jahr nach dem Tod des Kindes Selbstmord begangen. Der Vater wurde schwerer Alkoholiker, er ist im August gestorben. Vom Sohn wissen wir nur, dass er drogenabhängig war oder ist. Zum letzten Mal ist er vor drei Jahren auffällig geworden, da wurde er in Köln als Obdachloser registriert. Die Polizei in Köln fahndet bereits nach ihm. Mehr können wir im Moment nicht tun.«

Er überlegt kurz, dann klingt seine Stimme aufgeregt. »Wir wussten nicht, dass ein Mädchen aus dem Ort auf die Kinder aufpassen sollte. Wir müssen ganz schnell herausfinden, wer das war. Bitte, Berta, hör dich um. Wenn du irgendetwas erfährst, ruf mich sofort an, ja?«

Berta verspricht es und zieht bereits ihre Jacke an, während sie überlegt, wen sie nach diesem Tag vor zehn Jahren noch fragen könnte.

Wie wohl und sicher sie sich in ihrer Hütte fühlen. Dabei war es so einfach, dort einzudringen. Plötz hätte sich nur bücken müssen, um in das Schloss hineinzusehen, dann hätte er das Stück Holz entdeckt. Aber ich habe ihn ganz richtig eingeschätzt. Dumm und faul. Der Schlüssel lässt sich nicht drehen, also wird eben nicht abgeschlossen. Ist ja nichts Wertvolles drin und außerdem gibt es in Bansin keine Diebe. Alles gute Menschen!

Und nun ist mir auch noch die Säuferin durch die Finger geschlüpft. Verdammt! Ich hätte sie alle vergiften sollen. Das hätte ein Zeichen gesetzt. Dramatisch genug, um sie aufzurütteln. Es würde das Vergangene vor dem Vergessen bewahren. Sie würden sich erinnern! Sie werden bereuen!

Ich muss das genau planen. Es wird der Höhepunkt sein. Ein Feuer! Ein Feuer ist gut. Hell soll es sein und laut. Dramatisch. Es ist eigentlich ganz einfach. K.-o.-Tropfen in alle Getränke und dann, wenn sie alle schön schlafen, brennt die Hütte. Niemand kann sie retten. Ich muss darüber nachdenken. Aber nicht jetzt.

Dienstag, 18. Dezember

Am Morgen hat es endlich aufgehört zu regnen, aber dennoch ist es ein grauer, trüber Tag, der auf das Gemüt drückt.

»Es wird gar nicht richtig hell«, stellt Steffi fest. Sie hat sich Sophies Auto ausgeliehen und fährt über die Insel in Richtung Zinnowitz. Neben ihr sitzt Inka, die bedrückt und sogar etwas ängstlich wirkt. Am frühen Nachmittag hat die Kölnerin vor ihrer Tür gestanden und sie zu einem Ausflug eingeladen.

»Ich will in die Bernsteintherme«, hat sie erklärt, »und niemand hat Lust, mitzukommen. Die sind alle beschäftigt, aber du hast doch Zeit. Und außerdem musst du auch mal raus, du kannst doch nicht nur in der Wohnung hocken, da wirst du ja jeck.«

Inkas Mutter hat der freundlichen Frau zugestimmt. »Fahr doch mit, Kind, du brauchst wirklich ein bisschen Abwechslung.«

»Aber muss es denn unbedingt ein Schwimmbad sein?«, hat Inka gemurrt. »Du weißt doch, ich gehe nicht gern schwimmen.«

»Ach, Unsinn«, hat Steffi widersprochen, »da ist es hell und warm, das tut uns gut bei dem Wetter. Und wenn du nicht schwimmen willst, bleibst du eben im Nichtschwimmerbecken oder auf die Sonnenbank. Eine Sauna gibt es da auch. Und anschließend essen wir einen schönen Eisbecher, dann fühlst du dich wie im Sommer.«

Nach längerem Zögern hat Inka sich überreden lassen, aber nun sitzt sie wie ein Häufchen Unglück auf dem Beifahrersitz.

»Glaubst du eigentlich an Gott?«, fragt sie nach längerem Schweigen.

Steffi wirft ihr einen erstaunten Blick zu. »Wie kommst du denn jetzt darauf?«

Als die junge Frau wieder schweigt, hakt Steffi nach: »Nun erzähl schon, was hast du auf dem Herzen? Dich bedrückt doch etwas. Manchmal hilft es, darüber zu reden. Oder ist es ein Geheimnis?«

»Nein, eigentlich nicht«, sagt Inka leise. »Es wissen ja alle. Aber sie verstehen das nicht. Höchstens meine Mutter, vielleicht. Aber mit ihr kann ich nicht darüber reden.«

Steffi fährt schweigend weiter, sie drosselt die Geschwindigkeit, es ist neblig geworden, die Sicht beträgt nur wenige Meter.

Inka fühlt sich geborgen neben der mütterlichen Frau. »Ich habe einmal einen großen Fehler gemacht«, beginnt sie, »daran muss ich in letzter Zeit dauernd denken. Ich war vierzehn. Es war im Sommer und ich sollte auf ein Kind aufpassen, auf einen kleinen Jungen.«

Während sie durch die graue Landschaft fahren und Inka erzählt, erleben beide Frauen, eingehüllt in winterliche Nebelschwaden, in Gedanken einen längst vergangenen Sommertag, als nähme dieser direkt vor ihren Augen noch einmal seinen Lauf.

Es war ein warmer Julitag. Die Sonne stand im Südwesten noch hoch am strahlend blauen Himmel, der leichte Westwind brachte kaum Abkühlung, aber die Ostsee war nicht mehr ganz so glatt wie am Vormittag. Die zahlreichen Badegäste begrüßten jauchzend jede Welle, die sich in Ufernähe brach, und warfen sich in die Schaumkämme.

Am breiten Strand standen die Strandkörbe dichtgedrängt, unterhalb der Körbe, in Wassernähe, lagen die Menschen auf Badelaken oder Luftmatratzen, manche hatten ein Sonnensegel aufgestellt.

Am Horizont sah man ein großes, weißes Schiff, die Schwedenfähre, langsam vorübergleiten, näher am Ufer zog ein Motorboot einen Surfer hinter sich her.

Am Fischerstrand, an Bansins Ostseite, dort, wo die Strandpromenade endet und die Steilküste beginnt, wo die kleinen Fischerbuden und Imbissstände stehen und die Boote liegen, wo es immer nach Fisch und ein wenig Teer riecht, dort, zwischen den letzten Strandkörben und den Booten, spielten zwei Brüder. Der größere von ihnen war eigentlich schon zu alt, um im Sand zu spielen, so meinte er jedenfalls. Aber hier kannte ihn ja keiner, seine Freunde waren weit weg. Und als er am Strand entlang sah, bemerkte er, dass viele Erwachsene, meist Männer, eifrig dabei waren, mit den Kindern zusammen im feuchten Sand am Wasser Burgen und Türmchen zu bauen. Beruhigt wandte er sich wieder seinem kleinen Bruder zu. Der überlegte gerade, was er als Lenkrad für sein Sandauto verwenden könnte. Aber dann schob er das Problem beiseite und vertiefte erst einmal das Loch vor den Vordersitzen.

Wie immer, wenn der Kleine so eifrig war, schob er die Zungenspitze aus dem Mund. Das Auto sollte so groß sein, dass er darin sitzen konnte. Es störte ihn auch nicht, dass er beim Graben bereits auf das Wasser stieß. Sie buddelten schon den ganzen Nachmittag im Sand. Der Ältere begann sich zu langweilen. Er spielte gern mal mit seinem kleinen Bruder, aber doch lieber mit Gleichaltrigen. Sehnsüchtig blickte er zum Volleyballplatz hinüber, der etwa fünfzig Meter entfernt lag. Er stand auf und klopfte sich den Sand von der Badehose. Der Kleine sah ein wenig enttäuscht aus, als sein großer Bruder ihn fragte, ob er allein weitermachen könne, nickte dann aber bereitwillig. Das Auto war ja fast fertig und er wusste es zu schätzen, dass der Große den ganzen Nachmittag mit ihm gespielt hatte. Zu Hause tat er das selten.

Das Mädchen, das auf die beiden aufpassen wollte, versuchte, den Teenager am Weggehen zu hindern. Aber von ihr ließ er sich nichts verbieten, sie war ja nur zwei Jahre älter als er. Als er weg war, musste das Mädchen immer wieder zum Rettungsturm hinübersehen. Da oben stand, mit einem Fernglas sah er auf das Meer, der tollste Junge in Bansin. Unwillkürlich fuhr sie sich mit den Händen durch das Haar. Gestern hatte er im Wasser plötzlich neben ihr gestanden und bewundernd gesagt, sie könne ja schwimmen wie ein Fisch. Vielleicht wolle sie auch mal als Rettungsschwimmer arbeiten? Noch sei sie zu jung, aber er würde ihr gern mal den Turm zeigen und von seiner Arbeit erzählen. Das Mädchen besann sich auf seine Aufgabe, setzte sich neben den kleinen Jungen und half ihm, eine Seitenwand zu befestigen, die einzustürzen drohte. Obwohl das Kind schon sonnengebräunt war, hatte sie es kurz zuvor noch einmal mit Sonnenschutzmilch eingerieben. Jetzt war der Junge von oben bis unten mit feinem Sand bedeckt. Das Mädchen wurde nervös, immer wieder musste sie denken: Schade, dass ich gerade heute Babysitter bin. Der Rettungsschwimmer war nur noch heute auf dem Turm, ab morgen wäre er woanders eingesetzt, hatte er gestern gesagt, und sie hatte sich nicht getraut zu fragen, wo das sein würde. Als der Kleine sein Auto fast fertig hatte, ging sie zum Wasser und sammelte flache Steine und Muscheln in einen kleinen Eimer. Damit sollte er die Armaturen bauen. Er hatte genaue Vorstellungen, wie ein Auto von innen aussah. Seine Schwimmflügel mussten notdürftig als Lenkrad dienen, für den Schaltknüppel fand sich ein Stock am Dünenrand.

Eine Zeitlang sah sie ihm noch zu, er war völlig vertieft in sein Spiel. Die dunkelblonden Haare waren nach dem letzten Bad schon lange wieder getrocknet und von der Sonne ausgeblichen. Er sah klein und zierlich aus für sein Alter, etwas zu dünn, was wohl daran lag, dass er ständig in Bewegung war. Im nächsten Jahr sollte er zur Schule kommen und seine Eltern befürchteten, dass ihm das Stillsitzen schwerfallen würde. Vielleicht könnte man die Einschulung auch noch um ein Jahr verschieben, er hatte im Juli Geburtstag, war gerade in der vorigen Woche fünf Jahre alt geworden. Die Reise an die Ostsee war ganz offenbar sein schönstes Geburtstagsgeschenk.

Das Mädchen wurde immer unruhiger. Schließlich sagte sie ihm, sie müsse mal zur Toilette gehen, aber er wollte nicht mitkommen.

Sie blickte sich um. Das Ehepaar, das nur etwa fünf Meter entfernt von ihnen seinen Platz hatte, kannte sie und sie grüßte hoffnungsvoll hinüber. Die Frau hatte ihnen schon eine Weile zugesehen. Dass die bei dieser Hitze Bier trinken mochte! Ihr Mann erwiderte freundlich den Gruß. Das beruhigte das Mädchen. Dann war der kleine Junge also nicht ganz allein, wenn sie jetzt mal kurz wegging. Aber als sie nach einer halben Stunde zurückkam, war der Junge fort.

Inkas Stimme bricht, doch sie bemüht sich, weiterzusprechen. Steffi sagt nichts und starrt angestrengt auf die Straße.

Nebenan lag die Frau auf ihrem Badelaken und schlief. Der Mann war weg. Das Mädchen sah sich panisch um, dann rüttelte sie die Frau wach. Aber die sah sie nur mit glasigen Augen an und begriff überhaupt nicht, was dieser Teenager von ihr wollte. Der Bruder des Jungen war wieder da und plötzlich auch die Eltern. Vom Rettungsturm hörte man die Suchmeldung, immer wieder, immer eindringlicher. Der Rettungsschwimmer fand ihn schließlich. An der Buhne, am Fischerstrand, dort, wo das Baden verboten war. Dr. Moll war schnell da. Sein Gang war unsicher, das konnte am Strandsand liegen, aber auch seine Bewegungen waren fahrig und er sprach betont artikuliert. Der Vater des Jungen beobachtete ihn misstrauisch, aber es gelang ihm, den Kleinen wiederzubeleben. Dann jedoch dauerte es unendlich lange, bis der Rettungswagen da war. Später hieß es, die Zufahrt zur Strandpromenade sei durch ein parkendes Auto versperrt gewesen. Das Kind starb auf dem Weg ins Krankenhaus.

Inka hat zuletzt immer schneller gesprochen, als wolle sie das Geständnis schnell hinter sich bringen. Sie sieht die ältere Frau von der Seite an, aber die schweigt und Inka fährt fort: »Ich war zum ersten Mal verliebt, in Sören Mager, er war Rettungsschwimmer. Ich wollte nur ganz kurz zu ihm, zum Turm. Aber dann war er so nett, wir haben geflirtet – und als ich schließlich zurückkam, war der Kleine weg. Wir haben sofort alle nach ihm gesucht, aber es war zu spät. Kannst du dir das vorstellen, ein Kind ist ertrunken und ich habe Schuld daran. Deshalb mag ich auch nicht mehr schwimmen gehen.«

Als sie weiterspricht, hat sie Tränen in den Augen. »Und ich glaube, jetzt werden wir bestraft. Alle, die dabei waren. Sören ist tot, Töpfer, dessen Auto an der Strandpromenade stand, Manfred Jahn. Und Christine Jahn wäre auch fast gestorben hat Tante Berta gesagt. Aber ich hatte doch am meisten Schuld. Ich habe so eine Angst. Was soll aus meiner Mutter werden, wenn mir etwas passiert? Das überlebt sie nicht. Deshalb kann ich mit ihr auch nicht darüber reden. Und die anderen verstehen das nicht. Anne und Sophie sagen bestimmt, ich spinne, wenn ich denen das erzähle. Die nehmen mich ja doch nicht richtig ernst. Verstehst du das?«

Steffi nickt und scheint selbst mit einem Kloß im Hals zu kämpfen. »Doch, ich glaube schon.«

»Meinst du, es gibt so etwas, dass man vom Schicksal bestraft wird für das, was man getan hat? Oder bilde ich mir das nur ein, weil ich dauernd daran denke? Vielleicht liegt es auch an der Jahreszeit, dass ich so traurig bin und so ängstlich. Denkst du, im Frühjahr geht es mir wieder besser?«

»Sicher. Es wird bestimmt alles wieder gut«, versucht die Kölnerin zu beruhigen und sieht weiter geradeaus.

Inka blickt hilflos in den Nebel.

Sophie sieht ihre Freundin erschrocken an, die gerade hereinkommt. »Was ist passiert?«

Anne ist ganz blass und ringt nach Atem. »Ich muss erst mal – ich bin so schnell gelaufen – das glaubt ihr nicht.« Ohne ihre Jacke abzulegen, lässt sie sich auf einen Stuhl am Stammtisch fallen und sieht Berta mit großen Augen an.

»Sag mal, wie heißt Steffi mit Nachnamen?«

»Was? Ich weiß nicht, vielleicht hat sie es mal gesagt, aber ich hab es vergessen. Warum?«

»Brinkmann hat mich gerade angerufen. Er hat sich die Buchung der Eltern von damals noch einmal genau angesehen. Reserviert wurde von einer Frau Steffi Karstens. Aus Köln. Sie hatte auch noch ein Einzelzimmer für sich selbst bestellt, aber das wurde kurzfristig storniert.«

Jetzt wird auch Berta blass. »Das darf doch nicht wahr sein. So einen Zufall gibt es nicht.«

Fassungslos sehen sich die drei Frauen an. »Ich glaube das wirklich nicht«, sagt Sophie schließlich. »Das ist doch eine alte Frau. Und sie ist so nett. Das ist doch keine Mörderin!«

Auch Anne überlegt jetzt. »Ich kann mir das nicht vorstellen. Sie hat doch dauernd von ihrer Familie erzählt. Das passt irgendwie nicht. Ich stelle mir den Mörder als einen einsamen, verbitterten Menschen vor.«

»Aber sie hat nie Bilder von der Familie gezeigt.« Berta hat sich neben Anne an den Stammtisch gesetzt. Nachdenklich sieht sie vor sich hin. »Was hat sie noch gesagt, wie alt ihre Enkel sind?«

»Der ältere soll 22 sein«, weiß Sophie, »den wollte sie doch Inka aufschwatzen.«

»Und ich glaube, sie hat mal gesagt, der Kleine – warum hat sie den eigentlich immer als den ›Kleinen‹ bezeichnet? – der wäre 15, hat sie mir erzählt«, sagt Anne.

»Also waren die vor zehn Jahren fünf und zwölf Jahre alt«, errechnet Berta.

»Mein Gott«, stöhnt Sophie, »was sollen wir denn jetzt machen?«

»Wir müssen die Polizei anrufen«, sagt ihre Tante energisch. »Wer weiß, was sonst noch passiert. Wenn sie es wirklich war, dann ist sie auf jeden Fall ziemlich verrückt. Und sie weiß, dass wir ihr auf der Spur sind.«

»Die glauben uns das doch im Leben nicht«, zweifelt Anne.

»Aber sie werden Steffi auf jeden Fall befragen und dann sehen wir weiter. Zumindest wird sich dabei ja herausstellen, ob sie die Familie nur erfunden hat und ob sie wirklich die Oma von dem ertrunkenen Jungen ist.«

»Stimmt«, nickt Sophie. »Und wenn wir uns geirrt haben, umso besser. Steffi würde das schon verstehen, bei den ganzen Zufällen.«

»Wo mag sie jetzt sein?«, überlegt Anne. »Bestimmt ist sie in der Ferienwohnung und heckt wieder etwas aus.«

»Nein, sie ist nicht in Bansin.« Sophie ist plötzlich aufgeregt. »Sie hat sich mein Auto geliehen, aber nicht gesagt, wohin sie will.«

»Ich weiß es.« Berta springt schon auf und zieht sich ihre Jacke an, während sie spricht.

»Ich habe dein Auto vorhin gesehen, als ich mit dem Hund gegangen bin. Es stand bei Inka vor dem Haus. Ich dachte, du besuchst sie, weil sie vielleicht krank ist. Und dann hab ich es ganz vergessen.«

Anne holt ihr Handy heraus und wählt Inkas eingespeicherte Nummer. Ungeduldig tritt sie von einem Bein auf das andere, dann gibt sie auf. »Teilnehmer ist nicht erreichbar.«

»Nun komm endlich!« Berta ist schon an der Tür.

* * *

Marianne Weber erschrickt, als sie die Tür öffnet. Ist etwas passiert? Doch nicht mit Inka?«

»Nein, nein, es ist gar nichts passiert. Wir suchen bloß eine Bekannte, Steffi Karstens. Sie hat Sophies Auto und da liegt noch etwas drin, das wir brauchen. Sophie hat ganz vergessen, das Fleisch aus dem Kofferraum zu nehmen, was sie eingekauft hat«, improvisiert Berta. »Und sie meint, Steffi wollte vielleicht Inka besuchen. War sie hier?« Berta zwingt sich zur Ruhe.

»Ja, natürlich.« Die Mutter atmet auf. »Aber kommen Sie doch herein.«

Berta sieht Anne warnend an, die vor Ungeduld schnauft, und geht an der Frau vorbei in die Wohnung.

»Kann ich Ihnen etwas anbieten? Wir bekommen so selten Besuch. Und heute gleich zweimal.« Die kleine, dünne Frau lächelt freundlich und wendet sich an Anne. »Ich wollte mich schon immer mal bei Ihnen bedanken, weil Sie so nett zu meiner Tochter sind. Inka ist ja richtig aufgeblüht, seit sie mit Ihnen zusammenarbeitet.«

Auch Anne lächelt, etwas gezwungen, und setzt sich auf die Stuhlkante. Berta will etwas fragen, aber Inkas Mutter fährt schon fort: »Im Moment hat sie wieder eine schlimme Phase, aber das wird schon wieder, ich kenne das ja selbst. Die dunkle Jahreszeit ist immer schwer zu überstehen.«

Berta fragt ganz offen: »Meinen Sie, Inka hat die Krankheit, die Depressionen, von Ihnen geerbt?«

»Ich weiß nicht. Die Veranlagung dazu vielleicht. Aber vor allem leidet sie furchtbar unter Schuldgefühlen, seit einem Unfall, der hier in Bansin am Strand passierte, als sie vierzehn war.«

In Berta läuten alle Alarmglocken. Auch sie hält es jetzt kaum auf dem Stuhl, aber sie weiß, sie darf die Frau nicht in Panik versetzen, das würde niemandem helfen.

»Was war das denn für einem Unglück?«, fragt sie betont ruhig.

»Na, damals ist doch ein Kind ertrunken, und Inka war es, die auf den Kleinen aufpassen sollte. Das hat sie sich nie verziehen. In letzter Zeit war es wieder ganz schlimm. Ich hoffte eigentlich, sie käme allmählich darüber hinweg, aber irgendetwas hat sie anscheinend wieder zurückgeworfen. Können Sie sich an den Unfall denn gar nicht mehr erinnern?«

»Doch, natürlich. Ich habe nur nicht daran gedacht. Es ist ja auch schon so lange her. So, wir müssen jetzt aber.« Berta steht auf. »Wissen Sie vielleicht, wo Steffi und Inka hingefahren sind?«

»Ja, natürlich. Sie wollten in die Bernsteintherme, nach Zinnowitz. Ich freue mich so, dass Inka heute etwas Schönes macht. Stimmt etwas nicht?«

Die Mutter ist nun doch misstrauisch, denn Annes Ungeduld ist nicht zu übersehen und auch Berta ist sichtlich erschrocken.

»Nein, nein, es ist alles in Ordnung. Machen Sie sich keine Sorgen.«

In der Therme ist wenig Betrieb. Aus dem Nichtschwimmerbereich dringt Kinderlachen. Ein einzelner Mann zieht seine Bahnen im tiefen Becken. Steffi und Inka, die ihre Badesachen angezogen haben, sehen ihm zu.

»Du musst nicht ins Wasser, wenn du nicht willst«, beruhigt Steffi das Mädchen. »Wir setzen uns einfach hierher, ich schwimme nachher ein bisschen und du siehst zu. Vielleicht bekommst du dann ja auch Lust. Wenn nicht, ist es doch egal.«

Sie suchen sich zwei Liegestühle am Beckenrand. Plötzlich erzählt Steffi von ihrer Familie.

»Der Kleine war auch so eine Wasserratte«, beginnt sie, und Inka fällt es gar nicht auf, dass sie in der Vergangenheit spricht. Sie ist in ihre eigenen Gedanken vertieft. Immer wieder sieht sie den kleinen Jungen in der blauen Badehose vor sich, der eifrig im Sand buddelt, als sie sich noch einmal umdreht, während sie mit ihren Gedanken schon bei Sören Mager ist.

»Wie war denn das noch einmal, mit dem kleinen Jungen?«, spricht Steffi sie an, als könne sie Gedanken lesen. »Du hast ihn wirklich ganz allein gelassen? Manchmal hilft es, wenn man darüber redet. Und du willst es doch.«

»Ja.« Inka schluckt. »Ich war total in Sören verliebt. Er war Rettungsschwimmer. Und er sah so toll aus! Ich wollte auch nur mal kurz mit ihm sprechen. Ich dachte, vielleicht könnten wir uns für abends verabreden.«

»Ich denke, der war schwul?«

»Das hat er wohl selbst erst später gemerkt. Damals hat er jedenfalls immer mit Mädchen geflirtet. Alle waren verliebt in ihn.«

»Und dann?«

»Es hat wohl doch etwas länger gedauert. Erst war sein Kollege noch da, na ja, als wir dann endlich allein waren, konnte ich mich einfach nicht von ihm trennen. Ich dachte auch, das Ehepaar, das da neben uns lag, die Jahns, die würden bestimmt ein wenig nach dem Kind sehen. Sein großer Bruder war ja auch nicht weit weg und wollte gleich zurückkommen. Ich war doch erst vierzehn!«

»Das ist doch keine Entschuldigung!«

Befremdet und etwas erschrocken blickt Inka die große, dicke Frau an, deren letzte Worte richtig böse geklungen haben. Aber dann lächelt Steffi plötzlich und tätschelt ihr die Hand.

»Entschuldige, das war nicht so gemeint. Ich hab mich nur so reingesteigert in deine Erzählung. Jetzt hole ich uns erst mal etwas zu trinken. Möchtest du einen Cocktail?«

Steffi will ihrer blonden, blassen Begleiterin gerade ein Glas reichen, als ein Ruf aus dem Nichtschwimmerbecken herübertönt: »Inka! Schön dass du auch einmal hier bist.«

Eine junge Frau mit Badekappe wirft einem kleinen Mädchen einen Wasserball zu und kommt an den Beckenrand. »Schön warm haben sie das Wasser heute. Das ist übrigens meine Tochter. Hast du Lust, mit uns Ball zu spielen?«

Inka sieht zu Steffi, die mühsam beherrscht lächelt und die beiden Gläser mit den bunten Flüssigkeiten auf den Boden am Rand des Schwimmbeckens stellt, außerhalb von Inkas Reichweite. Dann rückt sie umständlich einen Liegestuhl zurecht, geht dabei rückwärts und stößt mit einem Fuß die Getränke in das Wasser. »Hoppla!« Sie lacht etwas künstlich.

Inkas Bekannte, eine ehemalige Schulfreundin, lacht und schnattert munter weiter. Sie ist so nett, die Gläser wieder aus dem Becken zu holen. Die alte Frau bedankt sich umständlich, erklärt dann aber, sie wollten eigentlich gerade gehen. Inka fühle sich nicht so gut, sie habe deshalb auch keine Lust, ins Wasser zu gehen. Wahrscheinlich brüte sie eine Erkältung aus.

»Ja dann – schade, vielleicht ein andermal. Gute Besserung!« Die Frau winkt noch einmal kurz und wendet sich dann wieder ihrem Kind zu.

»Oder wolltest du lieber zu den beiden ins Wasser?«

»Nein, nein!« Inka schüttelt entsetzt den Kopf. »Ich kann die sowieso nicht besonders gut leiden.«

»Ja, was machen wir denn nun aus dem angefangenen Nachmittag? – Du, ich habe eine Idee! Anne und Sophie wollen doch heute einen Wellnessabend machen, bei Brinkmann im Hotel. Da können wir uns anschließen.«

»Was wollen die?« Inka sieht Steffi mit großen Augen an. »Einen Wellnessabend? Davon habe ich ja noch gar nichts gehört. Die *Seeresidenz* ist doch in dieser Woche noch geschlossen.«

»Stimmt, das kannst du gar nicht wissen, du warst ja gestern Abend nicht in der Gaststätte. Stell dir vor, Brinkmann ist vorbeigekommen und hat uns allen angeboten, seinen neuen Wellnessbereich zu testen. Kostenlos natürlich. Er hat eine neue Physiotherapeutin eingestellt, die macht auch gleich noch Kosmetik, nun bietet er Bäder in so einer Milch an, und Massagen auf heißen Steinen, was weiß ich. Wir sollen uns das jedenfalls alles ansehen und dann hofft er natürlich, dass Anne und Sophie ihre Gäste zu ihm schicken.«

»Aha.« Inka wundert sich ein bisschen, dass Steffi das erst jetzt erzählt. Na ja, auf der Fahrt hierher haben sie die ganze Zeit nur über ihre Probleme gesprochen.

Jetzt möchte sie nicht mehr daran denken und freut sich darauf, ihre beiden Freundinnen zu treffen. Trotzdem denkt sie ›Steffi ist auch irgendwie komisch heute‹, während sie zu den Umkleidekabinen gehen.

Kaum, dass sie mühsam beherrscht aus dem Haus getreten sind, rennt Anne los, holt ihr Auto und kommt gleichzeitig mit Berta im *Kehr wieder* an. Auch Arno ist inzwischen da. Ungeduldig wartet er zusammen mit Sophie auf den Bericht von Berta.

»Inka sollte damals auf den Jungen aufpassen. Und jetzt ist Steffi mit ihr nach Zinnowitz gefahren, in die Schwimmhalle.«

Mehr braucht sie nicht sagen. Sophie schlägt erschrocken die Hand vor den Mund. Aber Arno ergreift die Initiative. Er hat gesehen, dass Anne mit dem Auto gekommen ist.

»Hol deine Jacke, Sophie. Wir fahren hin. Und du, Berta, bleibst hier und rufst die Polizei an. Du kannst denen am besten erklären, was los ist.« Die Frauen nicken.

Während der Fahrt herrscht angespanntes Schweigen. Anne sagt nur einmal beschwörend »Wir schaffen es« und Sophie nickt. Beide sind froh, dass Arno fährt. Die Sicht wird immer schlechter und die Straße ist glatt.

Vor dem Eingang des Thermalbades springen sie aus dem Auto. Die Dame am Empfang ruft ihnen empört hinterher, als sie an ihr vorbeirennen, verstummt aber sofort verblüfft, denn direkt hinter den dreien kommen zwei Polizisten in das Gebäude. Auch sie halten sich nicht mit Erklärungen auf.

Diesmal muss es klappen. Es darf einfach nichts mehr dazwischen kommen. Ich bin so müde. Ich will mich nicht mehr verstellen, ich will meinen Hass hinausschreien! Sie sollen endlich alle wissen, welche Schuld sie tragen, was sie angerichtet haben!

Ich will nicht mehr weiter leben, als wäre nichts geschehen, als hätte es diese Familie nie gegeben. Sie sind alle tot, meine Enkelsöhne, mein Sohn, meine Schwiegertochter. Jetzt will ich zu ihnen, aber ich muss diese Aufgabe noch erfüllen. Nur ich bin noch da, um für Gerechtigkeit zu sorgen.

»Komm, Inka. Die anderen sind unterwegs, ich habe mit Berta telefoniert. Wir sollen schon vorgehen.«

Die junge Frau ist verwirrt. Wann hat Steffi telefoniert? Auf der Fahrt hierher hat sie kaum ein Wort gesprochen, nur vor sich in den Nebel gestarrt. Inka hat gedacht, sie muss sich auf das Fahren konzentrieren. Aber sie wirkt so fremd, so – böse. Und woher hat sie plötzlich einen Schlüssel für den Kellereingang der *Seeresidenz*? Das Mädchen will etwas sagen und blickt der alten Frau ins Gesicht.

Ihr stockt der Atem. Steffis Gesicht ist verzerrt, tiefe Falten ziehen die Mundwinkel nach unten, aus den Augen strahlt der blanke Wahnsinn.

Inka tritt unwillkürlich einen Schritt zurück, aber Steffi hat sie schon am Arm gepackt und zerrt sie ins Haus. Die Tür fällt hinter ihnen ins Schloss. Die alte Frau entwickelt erstaunliche Kräfte, entsetzt sieht das zierliche junge Mädchen das Chlorwasser leuchten, als das Licht flackernd angeht.

Steffi verschwendet keine Zeit mehr damit, dem Mädchen K.-o.-Tropfen zu verabreichen. Sie weiß, dass sie entdeckt ist. Es ist ihr genauso egal, wie das Schicksal von Christine Jahn und all den anderen, nur dieses Mädchen, das den kleinen Jungen allein ließ, darf nicht weiter leben.

Sie stößt Inka in das Schwimmbad, springt selbst hinterher, wirft sich auf sie und drückt den Kopf mit den kurzen blonden Haaren in das flache Wasser. Das Mädchen hat keine Chance. Seine Abwehr wird schwächer und als Steffi langsam aufsteht, treibt der leblose Körper im Becken.

* * *

Schwester Marita hat Urlaub, die Praxis ist geschlossen, Doktor Moll in der Entzugsklinik. Trotzdem kümmert sie sich um einige, hauptsächlich ältere Patienten, misst den Blutdruck, hilft den Diabetikern beim Spritzen oder geht, so wie heute, auch nur mal auf ein Gespräch vorbei. Nun steht sie auf der gegenüberliegenden Straßenseite und blickt zur *Seeresidenz*.

Es wird schon dunkel, der Nebel behindert zusätzlich die Sicht. Marita geht an der Straßenlaterne vorbei und bleibt im Schatten einer Hecke stehen. Die beiden Frauen haben sie nicht gesehen, aber ihr sind sie aufgefallen, als sie die Treppe hinabgingen, die von einem Bewegungsmelder beleuchtet wird. Das kam ihr komisch vor, denn zufällig weiß sie ganz genau, dass das Hotel geschlossen ist. Alexander Brinkmann ist ein Patient und hat es erwähnt. Er hat sich eine Grippeschutzimpfung geben lassen, am letzten Tag von Doktor Moll, und meinte, wenn Nebenwirkungen auftreten würden, hätte er jetzt ein paar Tage Zeit, sie auszukurieren.

Die hagere Frau zieht ihren langen, weiten Mantel enger um sich, ihr ist kalt. Trotzdem geht sie nicht weiter. Sie hat ein ungutes Gefühl. Steffi Karstens gefällt ihr nicht, die hat etwas Falsches an sich, findet sie. Marita streicht sich die Haare aus dem Gesicht, die bei der feuchten Luft noch krauser sind als sonst, und blickt angestrengt zum Hotel. Ob irgendwo im Hause Licht brennt, ist nicht zu erkennen. Sind die beiden überhaupt hineingegangen? Aber wo sollten sie sonst sein?

Einmal hatte die Krankenschwester den Verdacht, die blonde, dicke Kölnerin sei eine Kollegin. Nun, vielleicht hat sie sich geirrt, aber irgendetwas stimmt nicht mit dieser Frau. Was hat sie mit Inka Weber zu tun? Das Mädchen ist ohnehin traumatisiert seit diesem schrecklichen Unglück, sie kann keine neuen psychischen Belastungen gebrauchen.

Marita erwägt, die Polizei anzurufen. Wahrscheinlich gibt es eine ganz einfache Erklärung und sie macht sich lächerlich. Aber trotzdem kann sie sich nicht überwinden, nach Hause zu gehen. Stattdessen holt sie ihr Handy aus der Tasche und sieht die eingespeicherten Nummern durch. Fred Müller, da ist er. Sie hat sich schon mehrfach vorgenommen, das Hilfsangebot des netten jungen Mannes anzunehmen und mit ihm über die seltsamen Vorkommnisse in der Arztpraxis zu reden. Der Polizist wohnt im Ort und kann vielleicht einfach mal kurz herkommen und nachsehen, wohin Steffi und Inka gegangen sind, ohne gleich einen offiziellen Einsatz daraus zu machen.

Arno und die beiden Frauen sehen sich erstaunt um, als sie die Stimme von Kriminalhauptkommissar Schneider hören.

»Das ging ja schnell«, staunt Anne.

»Wir waren schon unterwegs, als Berta uns anrief«, erklärt Fred Müller kurz und sieht sich suchend um. Sein Vorgesetzter spricht schon mit den wenigen Badegästen. Eine Frau, die ein kleines Mädchen an der Hand hält, nickt aufgeregt und deutet mit der Hand zum Ausgang.

Die Männer sehen sich ratlos an. »Ihr wisst wohl auch nicht ...«, beginnt der Ortspolizist eine Frage an die drei, als sein Telefon klingelt.

Er meldet sich und hört dann sichtlich erstaunt zu. »In der *Seeresidenz*, in Bansin?«, vergewissert er sich, dann rennen die Polizisten los. Sophie, Anne und Arno sind noch im Gebäude, als sie schon das Signal des sich entfernenden Polizeiautos hören.

Obwohl das Becken flach ist, fällt es Steffi Karstens schwer, herauszukommen. Ihre Daunenjacke hat sich voll Wasser gesogen, sie streift sie einfach ab und wirft sie auf den Boden. Dabei blickt sie auf die zierliche Gestalt, die, mit dem Gesicht nach unten, vor ihr im Pool treibt.

Es ist vollbracht. Das war die Hauptschuldige. Sie spürt keinerlei Mitgefühl für die junge Frau, die ihr vertraut hat, oder für deren Mutter. Auch keinen Triumph. Sie ist nur müde. Wie nach einem langen anstrengenden Weg kann sie den Erfolg, am Ziel zu sein, noch nicht genießen, sie ist zu erschöpft, muss sich erst ausruhen.

Türenschlagen und lautes, aufgeregtes Rufen reißen die Mörderin aus ihrer Erstarrung. Die Polizei! So schnell sind sie ihr auf die Spur gekommen. Gut so, so sollte es sein. Sie hat nicht erwartet, straffrei davonzukommen. Sie hat auch gar keine Kraft mehr, sich zu verstellen, ihre Taten zu vertuschen.

Eigentlich hat sie sich nie Gedanken darüber gemacht, wie es weitergeht, wenn sie ihren Racheplan vollendet hat. Sie hat nur noch auf dieses Ziel hin gelebt, alle zu bestrafen, die sie für schuldig hält am Unglück ihrer Familie.

Von der Zeit danach hatte sie eine vage Vorstellung, in der sie sich in einer Gefängniszelle sah, von der Welt abgeschnitten, ohne Verantwortung für sich oder andere.

Nun, als sie die Stimmen hört, wird ihr plötzlich klar, dass es so einfach wohl nicht sein wird. Man wird sie mitnehmen, sie verhören, selbst wenn sie gar nichts sagt, wird man ihr immer wieder Fragen stellen, Vermutungen äußern, die Schuldigen verteidigen – niemand hätte Schuld, es wäre nur ein Unfall gewesen – dann noch die Gerichtsverhandlung, wieder werden sie die Wunden aufreißen. Nein, sie will nicht mehr.

Noch bevor die Polizisten die schwere Tür der Hotelschwimmhalle öffnen, hat Steffi Karstens den Raum durch den Nebeneingang verlassen, durch den sie auch hineingekommen ist. An der Strandpromenade bleibt sie kurz stehen. Sie hört das Rauschen des Meeres, spürt die Kälte nicht. Als sie durch den Strandsand stapft, lächelt sie erwartungsvoll, als kehre sie nach einer langen Reise zurück zu ihrer Familie, die sie freudig empfängt. »Ich komme, mein Kleiner«, flüstert sie und geht ohne zu zögern in die eiskalten Fluten.

Sonntag, 23. Dezember

Ungewöhnlich früh gab es in diesem Jahr schon Eis auf der Ostsee. Es ist keine geschlossene Eisdecke, denn das Meer bewegt sich. Heute ist das Wasser eisfrei und leuchtet strahlend blau in der Wintersonne. Der auflandige Wind hat die Eisschollen auf den Strand gedrückt, wo sie sich jetzt türmen und die Kinder zum Klettern einladen. Zu den kreischenden Möwen und den Nebelkrähen am Strand haben sich Schwäne gesellt. Sie stehen in Ufernähe und sind so zahm, oder so hungrig, dass sie den Spaziergängern aus der Hand fressen.

Im *Kehr wieder* zündet Sophie das vierte Licht am Adventsgesteck an. Dann setzt sie sich zu ihren Freunden an den Stammtisch. Anne verteilt Stollen, Berta gießt Kaffee ein. Neben ihr sitzt Inka, immer noch ein bisschen blass, aber sichtlich ruhiger und entspannter als in den letzten Wochen. Paul Plötz hat sich erfolgreich vor den letzten Weihnachtseinkäufen mit seiner Frau gedrückt und wirkt ganz fremd in seiner sonntäglichen Kleidung. Frank Sonnenberg kommt als Letzter in die Gaststätte, bleibt etwas verlegen neben dem Tisch stehen und fragt ungewohnt schüchtern: »Habt ihr noch einen Platz für mich?«

Arno legt seinen Arm besitzergreifend um Sophies Schultern, rückt aber bereitwillig etwas beiseite, damit noch ein Stuhl an den runden Tisch passt.

Fast wäre weihnachtliche Stimmung aufgekommen, aber dann spricht Plötz als Erster über die Ereignisse, an die sie alle denken.

»Ich kann das immer noch nicht glauben«, gibt er zu, »ich hab überhaupt nichts gemerkt. Ich hab die Frau wirklich gemocht, dabei muss die völlig irre gewesen sein.« Er schüttelt den Kopf.

»Ich denke immer noch, wir hätten eher auf Tante Berta hören müssen«, sagt Sophie leise. »Vielleicht hätte die Polizei auch schneller etwas herausgefunden, wenn wir unseren Verdacht gemeldet hätten.«

»Nein, das glaube ich nicht. Ich bin ja auch nicht darauf gekommen, obwohl ich von dem ertrunkenen Jungen wusste und alle kannte. Und ich war jeden Tag mit der Frau zusammen und habe nichts bemerkt. Bei aller Verrücktheit war die unheimlich raffiniert«, meint Berta.

»Hast du den Anschlag auf Arno denn nun eigentlich der Polizei gemeldet?«

»Nein.« Die alte Frau blickt ihre Nichte unschuldig an. »Ich dachte mir, das muss er selbst machen, ich wollte mich nicht in seine persönlichen Angelegenheiten mischen.«

»Natürlich«, spottet Sophie »das ist ja auch gar nicht deine Art. Und du hast auch nicht etwa befürchtet, dass du Plötz damit Ärger bereiten könntest, oder?«

»Wisst ihr denn, wie sie das alles angestellt hat? Und warum überhaupt?«, fragt Frank.

Berta nickt. »Hauptkommissar Schneider aus Anklam hat es mir gesagt. Er war wirklich nett. Na ja, ohne uns hätten sie den Fall wohl auch nicht so schnell aufgeklärt.«

Einiges von dem, was Berta erzählt, ist auch für Sophie, Anne und Arno neu.

Der kleine Junge, der vor fast zehn Jahren in der Ostsee ertrunken ist, war tatsächlich Steffis Enkel. Sie hatte der Familie ihres Sohnes die Reise nach Bansin zu Weihnachten geschenkt. Eigentlich wollte sie selbst auch mitfahren, aber dann war sie beruflich verhindert und musste kurzfristig absagen. Deshalb machte sie sich Vorwürfe. Der Polizeipsychologe vermutet, sie meinte, wenn sie da gewesen wäre, hätte sie auf den Jungen aufpassen können und es wäre nichts passiert.

Der Kleine war fünf Jahre alt und sein Bruder zwölf. Eine ganz normale, nette Familie, der Mann hat gearbeitet, als Bauarbeiter, die Frau war Erzieherin. Sie hatten sich sehr auf die Reise gefreut, die Kinder hatten noch nie zuvor das Meer gesehen und waren schon Wochen vorher total aufgeregt.

Und als sie dann aus diesem Urlaub zurückkehrten, war alles anders. Schon, dass sie ohne den Kleinen zurückkamen, war natürlich ganz furchtbar. Aber die Familie hat sich von dem Unglück nie wieder erholt. Die Eltern sind mit den Schuldgefühlen überhaupt nicht klargekommen, haben nur noch gestritten und irgendwann gar nicht mehr miteinander gesprochen. Den älteren Sohn haben sie dabei völlig vergessen, sich kaum noch um ihn gekümmert, geschweige denn mit ihm über das Unglück gesprochen. Er hätte dringend eine Therapie gebraucht. Schließlich war er mit dem Kleinen zusammen am Strand und ist weggegangen. Auch er hat sich eingeredet, er hätte seinen kleinen Bruder im Stich gelassen.

Ungefähr ein Jahr später hat die Mutter sich das Leben genommen und der Vater unmittelbar darauf angefangen zu trinken. Der Junge war zeitweise in einem Heim, dann wieder zu Hause, aber er ist dann völlig abgerutscht und vor zwei Jahren in Berlin an einer Überdosis harter Drogen gestorben.

Danach hat der Vater dann auch den letzten Halt verloren. Er hat sich regelrecht zu Tode gesoffen. Das war im September. Steffi war jetzt ganz allein, hatte keine anderen Verwandten. Da hat sie beschlossen, sich zu rächen, und dafür einen genauen Plan entwickelt. Übrigens war sie keine Friseurin, sondern Krankenschwester. Mit K.-o.-Tropfen kannte sie sich aus, sie hat auch sonst alles umfassend erkundet, Brinkmanns Hotel zum Beispiel. Schließlich hat sie Gerd Töpfer betäubt und auf den Bahnübergang gefahren. Dr. Moll hat sie die Trinkflasche mit Wodka gefüllt und noch einiges andere angetan, offenbar weil sie davon ausging, dass er damals betrunken war, als er den Jungen wiederbelebte. Dafür wollte sie ihn mit einem Rückfall bestrafen. Wer weiß, vielleicht wollte sie ihn auch noch ermorden.

Dieser Rachefeldzug muss wie ein Rausch für sie gewesen sein. Am Anfang wollte sie nur diejenigen bestrafen, die sie für schuldig am Tod ihres Enkels hielt. Aber dann hat sie sich immer mehr in diesen unbändigen Hass hineingesteigert. Es war Bansins Normalität, die sie rasend gemacht hat, das ruhige, friedliche Leben, das sie nicht mehr hatte. Sie wollte einfach nur noch zerstören. Den Schein der netten, freundlichen, humorvollen Frau zu wahren, ist ihr nicht schwer gefallen. So muss sie einmal gewesen sein, bevor der Unfall sie völlig aus der Bahn geworfen hat. Aber weil sie hier in ihrer Art akzeptiert und freundlich aufgenommen wurde, hat sie geglaubt, ihre tote Familie dadurch zu verraten, dass sie Leute wie uns mochte, dass sie mit uns sprach und lachte, und sie wurde noch böser. Vermutlich hat sie deshalb versucht, Arno zu ermorden.

Sie hatte natürlich viel Glück, dass sie nicht erwischt wurde, aber sie war auch sehr raffiniert. Sören hat sie mit Sophies Auto überfahren, durch das Unwetter gab es so gut wie keine Spuren. Und nachdem sie Jahn von der Steilküste gestoßen hatte, war sie noch so kaltblütig, ihrem Opfer sein Schlüsselbund aus der Tasche zu nehmen. Die Polizei hat sogar bemerkt, dass er keine Schlüssel dabei hatte, aber durch ein Missverständnis mit seiner Frau haben sie dann geglaubt, diese hätte sie zu Hause gefunden. Später hat Steffi das Schlüsselbund gegen den Ersatzschlüssel ausgetauscht. Dadurch konnte sie in das Haus gehen, so oft sie wollte, und Christine Jahn in den Wahnsinn treiben. Die sollte Selbstmord begehen, so wie die Mutter des Jungen. Als sie es nicht freiwillig tat, hat Steffi nachzuhelfen versucht.

Inka sollte ertrinken, genau wie das Kind, auf das sie nicht aufgepasst hatte. Doch als die beiden nach Zinnowitz aufbrachen, war die Polizei Steffi schon dicht auf den Fersen. Christine Jahn hatte im Krankenhaus von ihrem Verdacht erzählt, dass alles mit dem ertrunkenen Jungen zusammenhängt. Durch die ständigen Attacken war sie irgendwann darauf gekommen, was Sören, Töpfer, Dr. Moll und nicht zuletzt ihr eigener Mann und sie selbst damit zu tun hatten. Gleich als sie aufwachte, galt ihr erster Gedanke Inka, ihr war bewusst, dass das Mädchen sich in größter Gefahr befand.

Aber wahrscheinlich wäre die Polizei zu spät gekommen, wenn Schwester Marita nicht angerufen hätte. Sie hat Inka auch wiederbelebt.

Nach Bertas letzten Worten schweigen alle. Die Gefühle schwanken zwischen Abscheu und Mitleid.

»Jedenfalls«, verkündet Paul Plötz irgendwann, »lasse ich keine Fremden mehr in meine Bude, schon gar keine fremden Weiber. Und ihr passt demnächst gefälligst auf, wer sich hier am Stammtisch breitmacht. Man kann wohl nicht vorsichtig genug sein.«

»Genau!«, bestätigt Anne. »Schließlich ziehen wir alle am selben Boot.«

Alle Ereignisse und Figuren sind frei erfunden.

Die Autorin

Bestsellerautorin Elke Pupke,
geboren 1954 in Bansin, ist gelernte Bibliothekarin, führte ein eigenes Hotel und ist als Reiseleiterin auf und für Usedom tätig. Von ihr sind viele Ostseekrimis im Hinstorff Verlag erschienen – so ermittelt Berta Kelling z.B. in »Das Mordhaus im Kaiserbad«, »Tödliches Geheimnis auf Usedom« (beide 2014) und »Die Sturmnacht von Bansin« (2016) weiter. Von Elke Pupke stammen aber auch spannende Kriminalfälle, die in Ahlbeck, Heringsdorf und dem Usedomer Hinterland gelöst werden.

288 Seiten | 12,99 €
ISBN 978-3-356-01826-4

Berta Kelling ermittelt wieder! – Im Seebad Bansin auf Usedom hört ein Bauunternehmer, wie der 74-jährige Wilhelm Steinberg vom Dach seines Mietshauses gestoßen wird. Motive für diesen Mord gäbe es viele: Kurz vor seinem Tod bekamen alle Mieter im Haus ihre Kündigung, denn Steinberg wollte ihre Wohnungen in bester Lage sanieren und verkaufen. Auch unter den Erbberechtigten trauert offenbar niemand ehrlichen Herzens um Steinberg. Bei seinen Ermittlungen erinnert sich Hauptkommissar Schneider aus Anklam an Berta Kelling. Die im Altersruhestand befindliche Wirtin hat schließlich schon einmal den richtigen Riecher in einem Kriminalfall bewiesen.

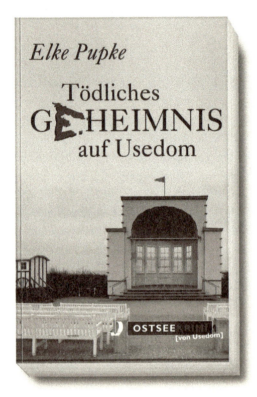

272 Seiten | 12,99 €
ISBN 978-3-356-01884-4

Unfall oder Mordanschlag? Eine junge Frau und ihre kleine Tochter werden im beschaulichen Bansin auf Usedom angefahren, der Fahrer flüchtet. Aus ihrer großen Verwandtschaft erfahren sie kaum Unterstützung. Und so sind es erneut die Pensionswirtin Berta Kelling und ihre Freunde, die den beiden helfen und ihren dritten Fall übernehmen. Sie beginnen, die Familiengeschichte zu erforschen und blicken plötzlich in Abgründe aus Erpressung, Erniedrigungen und familiärer Zerrüttung. Auf einem Dorffest führt der aufgewirbelte Staub schließlich zu einem Selbstmord. Oder war es Mord? Bald sind auch die Ermittler in Gefahr und die Polizei tappt im Dunkeln. Treibt schon wieder ein Gewaltverbrecher sein Unwesen auf Usedom? Und: Wer ist der Vater des angefahrenen Kindes? Die Antwort darauf führt hoffentlich zum Täter.

Weitere Ostseekrimis von Hinstorff

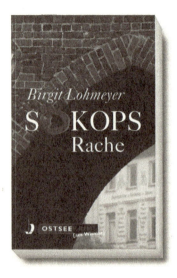

224 Seiten | Euro 9,99
ISBN 978-3-356-01484-6

224 Seiten | Euro 12,99
ISBN 978-3-356-01559-1

376 Seiten | Euro 12,99
ISBN 978-3-356-01400-6

248 Seiten | Euro 12,99
ISBN 978-3-356-01520-1

Und noch mehr Ostseekrimis von Hinstorff

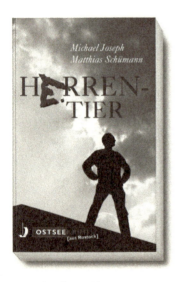

304 Seiten | Euro 12,99
ISBN 978-3-356-01519-5

352 Seiten | Euro 9,95
ISBN 978-3-356-01422-8

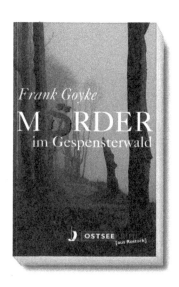

400 Seiten | Euro 12,99
ISBN 978-3-356-01483-9

336 Seiten | Euro 12,99
ISBN 978-3-356-01574-4

Liebe Leserin, lieber Leser, wie hat Ihnen die Lektüre gefallen?
Wir freuen uns über Ihre Bewertung im Internet!

Die Deutsche Nationalbibliothek verzeichnet diese Publikation in der Deutschen
Nationalbibliografie; detaillierte bibliografische Daten sind im Internet über
http://dnb.de abrufbar.

Alle Rechte vorbehalten, Reproduktionen, Speicherungen in Datenverarbeitungs-
anlagen, Wiedergabe auf fotomechanischen, elektronischen oder ähnlichen Wegen,
Vortrag und Funk – auch auszugsweise – nur mit Genehmigung des Verlages.

© Hinstorff Verlag GmbH, Rostock 2013

3. Auflage 2020
Herstellung: Hinstorff Verlag GmbH
Lektorat: Dr. Florian Ostrop
Titelbild: mauritius images/age
Druck: GGP Media GmbH, Pößneck
Printed in Germany
ISBN 978-3-356-01603-1